高等职业教育"十四五"规划旅游大类精品教材

总顾问 ◎ 王昆欣

旅游新媒体营销

(活页式)

Tourism New Media Marketing

主　编 ◎ 赖素贞
副主编 ◎ 苏家进　张彦

华中科技大学出版社
http://press.hust.edu.cn
中国·武汉

内容提要

新媒体的快速发展改变了旅游业的营销模式，本书依据国务院印发的《国家职业教育改革实施方案》的要求，结合新媒体营销传播速度快、传播范围广、传播成本低等优势，深度剖析旅游业依托新媒体平台进行营销的实战技巧。本书分为九个项目，先介绍旅游新媒体营销基础知识，帮助学生掌握新媒体营销技能，然后通过网站、微信公众号、微博、短视频、直播、小红书、今日头条等平台展示新媒体营销的策划与实施。

本书不仅可以作为高等职业院校旅游管理、电子商务、网络营销及直播电商等相关专业课程的教材，还可以作为旅游企业及社会相关从业人员学习新媒体营销技能的参考用书。

图书在版编目(CIP)数据

旅游新媒体营销：活页式/赖素贞主编. -- 武汉：华中科技大学出版社，2024.10(2025.2重印). --(高等职业教育"十四五"规划旅游大类精品教材). -- ISBN 978-7-5772-1072-8

Ⅰ. F590.82

中国国家版本馆CIP数据核字第2024AH8438号

旅游新媒体营销（活页式）
Lüyou Xinmeiti Yingxiao(Huoye Shi)

赖素贞　主编

总　策　划：李　欢
策划编辑：王　乾
责任编辑：阮晓琼　王　乾
封面设计：原色设计
责任校对：张会军
责任监印：周治超

出版发行：华中科技大学出版社（中国·武汉）　　电话：(027)81321913
　　　　　武汉市东湖新技术开发区华工科技园　　邮编：430223
录　　排：孙雅丽
印　　刷：武汉科源印刷设计有限公司
开　　本：787mm×1092mm　1/16
印　　张：15.5
字　　数：330千字
版　　次：2025年2月第1版第2次印刷
定　　价：49.80元

本书若有印装质量问题，请向出版社营销中心调换
全国免费服务热线：400-6679-118　　竭诚为您服务
版权所有　侵权必究

作者简介

赖素贞,女,管理学硕士、管理学副教授,漳州职业技术学院全媒体广告策划与营销专业教师,主讲"市场营销""微信公众号运营""直播营销""新媒体短视频创作"等课程。发表论文11篇,主持及参与省、市、校级课题6项。2021年入选漳州市第六批中青年领军人才和急需紧缺专业人才。主持出版《市场营销项目化教程》,主编《微信公众号运营》、参编《直播营销教程》。曾在学院新媒体工作室负责厦门市摩贝网络科技有限公司、漳州市天融工程项目咨询有限公司、漳州市咸鱼租赁公司的公众号运营宣传策划。

高等职业教育"十四五"规划旅游大类精品教材专家指导委员会、编委会

专家指导委员会

总顾问　王昆欣

顾　问　文广轩　李　丽　魏　凯　李　欢

编委会

编　委（排名不分先后）

李　俊	陈佳平	李　淼	程杰晟	舒伯阳	王　楠	白　露
杨　琼	许昌斌	陈　怡	朱　晔	李亚男	许　萍	贾玉芳
温　燕	胡扬帆	李玉华	王新平	韩国华	刘正华	赖素贞
曾　咪	焦云宏	庞　馨	聂晓茜	黄　昕	张俊刚	王　虹
刘雁琪	宋斐红	陈　瑶	李智贤	谢　璐	郭　峻	边喜英
丁　洁	李建民	李德美	李海英	张　晶	程　彬	林　东
崔筱力	李晓雯	张清影	黄宇方	李　心	周富广	曾鸿燕
高　媛	李　好	乔海燕	索　虹	刘翠萍		

活页式教材
使用说明

为了积极响应国务院《国家职业教育改革实施方案》（简称"职教20条"）以及教育部《职业院校教材管理办法》《"十四五"职业教育规划教材建设实施方案》的相关政策和文件精神，围绕深化教学改革和"互联网+职业教育"发展需求，我们开发了一批编排方式科学、配套资源丰富、呈现形式灵活、信息技术应用适当的新型活页式融媒体教材。

与传统普通胶装教材不同，活页式教材通常以单个任务为单位，以活页的形式将任务贯穿起来，强调在知识的理解与掌握的基础上进行实践和应用，适用于以学生为中心的教学模式，更多体现在以学生为主体的前提下，加强教材和学习者之间深层次的互动。本教材采取活页式设计，教材内页可通过活页圈进行内容重组，学生可以系统地学习本书全部内容，也可以选择某个项目单独学习。以上设计实现了翻转课堂"三段式"教学设计，便于"活教""活学""活用"，方便教师和学生根据实际教学情况灵活调整。

本新型活页式教材的建议使用方法如下：

 随书配件说明

1. 本教材随书赠送封面页和封底页、活页圈、笔记页。
2. 封面页和封底页用于组装时放在首页和末页对内页进行保护。
3. 活页圈用于组装活页式教材。
4. 笔记页可用于记录学习笔记。

 学员使用说明

1. 笔记页可按需随时添加到正文对应位置，方便复习。
2. 可自我添加学习辅助材料，如实训报告、试卷等。
3. 上课时不用带整本书，只带当节课需要的对应内容即可，简单方便。
4. 可根据自我学习进度随时调整学习顺序。

 教师使用说明

1. 可根据企业工作过程进行实训内容教学顺序的调整。可及时将新技术、新工艺、新规范、新标准形成讲义，随时更新教学内容。
2. 可将教案等内容记录或粘贴于笔记页，放置于正文对应处。
3. 可结合数字资源进行线上线下混合式教学，在课前预习、课中学习、课后复习中与活页式教材配套。
4. 可添加教辅资料。

总 序

习近平总书记在党的二十大报告中深刻指出,要"统筹职业教育、高等教育、继续教育协同创新,推进职普融通、产教融合、科教融汇,优化职业教育类型定位""实施科教兴国战略,强化现代化建设人才支撑""要坚持教育优先发展、科技自立自强、人才引领驱动""开辟发展新领域新赛道,不断塑造发展新动能新优势""坚持以文塑旅、以旅彰文,推进文化和旅游深度融合发展",这为职业教育发展提供了根本指引,也有力地提振了旅游职业教育发展的信念。

2021年,教育部立足增强职业教育适应性,体现职业教育人才培养定位,发布了《职业教育专业目录(2021年)》,2022年,又颁布了新版《职业教育专业简介》,全面更新了职业面向、拓展了能力要求、优化了课程体系。因此,出版一套以旅游职业教育立德树人为导向、融入党的二十大精神、匹配核心课程和职业能力进阶要求的高水准教材成为我国旅游职业教育和人才培养的迫切需要。

基于此,在全国有关旅游职业院校的大力支持和指导下,教育部直属大学出版社——华中科技大学出版社,在党的二十大精神的指引下,主动创新出版理念、改进方式方法,汇聚一大批国内高水平旅游院校的国家教学名师、全国旅游职业教育教学指导委员会委员、全国餐饮职业教育教学指导委员会委员、资深教授及中青年旅游学科带头人,编撰出版"高等职业教育'十四五'规划旅游大类精品教材"。本套教材具有以下特点。

一、全面融入党的二十大精神,落实立德树人根本任务

党的二十大报告中强调:"坚持和加强党的全面领导。"坚持党的领导是中国特色职业教育最本质的特征,是新时代中国特色社会主义教育事业高质量发展的根本保证。因此,本套教材在编写过程中注重提高政治站位,全面贯彻党的教育方针,"润物细无声"地融入中华优秀传统文化和现代化发展新成就,将正确的政治方向和价值导向作为本套教材的顶层设计并贯彻到具体项目任务和教学资源中,不仅仅培养学生的专业素养,更注重引导学生坚定理想信念、厚植爱国情怀、加强品德修养,以期落实"立德树人"这一教育的根本任务。

二、基于新版专业简介和专业标准编写,兼具权威性与时代适应性

教育部2022年颁布新版《职业教育专业简介》后,华中科技大学出版社特邀我担任总顾问,同时邀请了全国近百所职业院校知名教授、学科带头人和一线骨干教师,以及旅游行业专家成立编委会,对标新版专业简介,面向专业数字化转型要求,对教材书目进行科学且全面的梳理。例如,邀请职业教育国家级专业教学资源库建设单位课程负责人担任主编,编写《景区服务与管理》《中国传统建筑文化》及《旅游商品创意》(活页式)等教材;《旅游概论》《旅游规划实务》等教材为教育部授予的职业教育国家在线精品课程的配套教材;《旅游大数据分析与应用》等教材则获批省级规划教材。经过各位编委的努力,最终形成"高等职业教育'十四五'规划旅游大类精品教材"。

三、完整的配套教学资源,打造立体化互动教材

华中科技大学出版社为本套教材建设了内容全面的线上课程资源服务平台:在横向资源配套上,提供全系列教学计划书、教学课件、习题库、案例库、参考答案、教学视频等配套教学资源;在纵向资源开发上,构建了覆盖课程开发、习题管理、学生评论、班级管理等集开发、使用、管理、评价于一体的教学生态链,打造了线上线下、课内课外的新形态立体化互动教材。

本套教材既可以作为职业教育旅游大类相关专业教学用书,也可以作为职业本科旅游类专业教育的参考用书,同时,可以作为工具书供从事旅游类相关工作的企事业单位人员借鉴与参考。

在旅游职业教育发展的新时代,主编出版一套高质量的规划教材是一项重要的教学质量工程,更是一份重要的责任。本套教材在组织策划及编写出版过程中,得到了全国广大院校旅游教育教学专家教授、企业精英,以及华中科技大学出版社的大力支持,在此一并致谢!

衷心希望本套教材能够为全国职业院校的旅游学界、业界和对旅游知识充满渴望的社会大众带来真正的精神和知识营养,为我国旅游教育教材建设贡献力量。也希望并诚挚邀请更多旅游院校的学者加入我们的编者和读者队伍,为进一步促进旅游职业教育发展贡献力量。

王昆欣

世界旅游联盟(WTA)研究院首席研究员

高等职业教育"十四五"规划旅游大类精品教材总顾问

前言

　　进入21世纪以来,旅游业在新媒体技术的支持下迅速发展。为深入贯彻党的二十大精神,本书立足于新时代人才培养需求,在注重培养学生实践能力的同时,加强对学生的价值引导,提升其核心素养。在基础知识、同步思考、课堂实训、实战案例等方面均有机融入了党的二十大精神,以切实落实立德树人的根本任务,发挥教材铸魂育人的实效,为学生终身发展奠定基础。

　　随着新媒体的快速发展,众多新媒体营销平台应运而生,这使得用户在选择及运用新媒体营销平台时存在困难。目前,旅游业与新媒体营销结合的教材较少,而且现有教材偏向理论化,缺乏对常用新媒体平台的深入介绍,更缺乏实战演练内容。

　　本书在整体思路设计上,基于"项目导向、任务驱动"的教学模式,对接职业标准和岗位需求。根据企业需求构建9个学习项目,23个学习任务。以新媒体营销岗位的基本技能需求为主线,理论与实操相结合,详细介绍了微信、微博、视频、直播、小红书营销等新业态下企业常用的新媒体营销策略。有助于学习者通过新媒体营销实务的学习,形成新媒体营销的职业能力,并能有效开展新媒体营销活动,帮助企业培育新增长点、形成新动能。

　　本书主要有以下几个方面的特色。

　　一是体例灵活。采用活页式教材设计,体式新颖、应用灵活,基于岗位任务梳理项目任务,可操作性强。

　　二是实操性强。梳理出典型工作任务,基于企业真实场景,展现行业新业态、新水平、新技术,侧重实操训练,培养学生职业技能。

　　三是德育丰富。每个学习任务中加入课程思政要素,结合营销热点案例,具备以德树人的教育功能。

　　四是配套齐全。配套开发信息化资源,一体化设计课程。配套教学开发课件、微课视频等数字资源,帮助学生理解教材中的重点及难点。

　　本书在编写过程中,与漳州宝中国际旅行社有限公司开展合作,通过现场调研、访谈等形式,了解旅游企业在新媒体营销中存在的问题及解决思路,并根据企业需求设置学习任务。本书不仅可以作为高等职业院校旅游管理、电子商务、网络营销及直播电商等相关专业课程的教材,还可以作为旅游企业及社会相关从业人员学习新媒体营销技能的参考用书。

目 录

项目一　走进旅游新媒体营销　/1

　　任务一　认识旅游市场　/2
　　任务二　认识新媒体营销　/7

项目二　掌握新媒体营销技能　/29

　　任务一　掌握文案写作技能　/30
　　任务二　掌握图片处理技能　/45
　　任务三　掌握图文排版技能　/54

项目三　旅游网站营销　/65

　　任务一　认识旅游网站营销　/66
　　任务二　旅游网站营销准备　/69
　　任务三　旅游网站营销实施　/75

项目四　旅游微信公众号营销　/92

　　任务一　认识旅游微信公众号营销　/93
　　任务二　旅游微信公众号营销准备　/97
　　任务三　旅游微信公众号营销实施　/109

项目五　旅游微博营销　/126

　　任务一　认识旅游微博营销　/127
　　任务二　旅游微博营销准备　/129
　　任务三　旅游微博营销实施　/132

项目六　旅游短视频营销　/144

　　任务一　旅游短视频营销准备　/145
　　任务二　旅游短视频营销实施　/150

项目七　旅游直播营销　　/169
任务一　旅游直播营销准备　　/170
任务二　旅游直播营销策划　　/177

项目八　旅游小红书营销　　/189
任务一　认识旅游小红书营销　　/190
任务二　旅游小红书营销准备　　/195
任务三　旅游小红书营销　　/200

项目九　旅游今日头条营销　　/216
任务一　旅游今日头条营销准备　　/217
任务二　旅游今日头条营销策划　　/221

参考文献　　/231

项目一　走进旅游新媒体营销

项目情景

在互联网技术的推动下,微信、微博、抖音等新兴媒体以其互动性、实时性、个性化、虚拟性和开放性的特点,在旅游行业发展中发挥了巨大的作用,成为消费者获取旅游信息的重要途径。旅游市场也因新媒体的广泛应用形成了新的消费行为和消费理念。在消费观念上,消费者越来越注重旅游体验;在旅游出行方式的选择上,相比自助游,跟团游的市场占比仍旧较高,用户的旅游产品订购习惯向移动端迁移。各旅游目的地只有充分意识并把握新媒体营销的特点、工具、营销策略等,才能适应当前人们消费方式的快速变化与技术革新。

为更好地开展新媒体营销活动,首先需要对旅游市场及新媒体营销形成综合的认知。通过任务一学习旅游市场的基本知识,了解旅游市场的特点,掌握旅游者消费行为模式、购买影响因素及购买决策过程。其次,通过任务二学习新媒体营销的基本知识,学会选择合适的新媒体平台、组建新媒体营销团队、采用多种营销策略、借助多种方式为消费者创造高质量的综合感受。

教学目标

1.知识目标

(1)了解旅游市场概念及特征,旅游者旅游消费行为模式;
(2)了解新媒体和新媒体营销的概念及特征;
(3)熟悉新媒体营销岗位的职责及团队组建相关知识;
(4)掌握新媒体营销各类平台的特点。

2.能力目标

(1)能独立分析旅游消费行为影响因素和购买决策过程；
(2)能在不同的新媒体平台开展营销；
(3)能胜任新媒体营销岗位；
(4)能灵活运用新媒体营销策略。

3.素养目标

(1)强化安全意识、底线意识和法律意识；
(2)厚植爱国情怀，增强文化自信；
(3)培养创新创业及团队协作精神。

思维导图

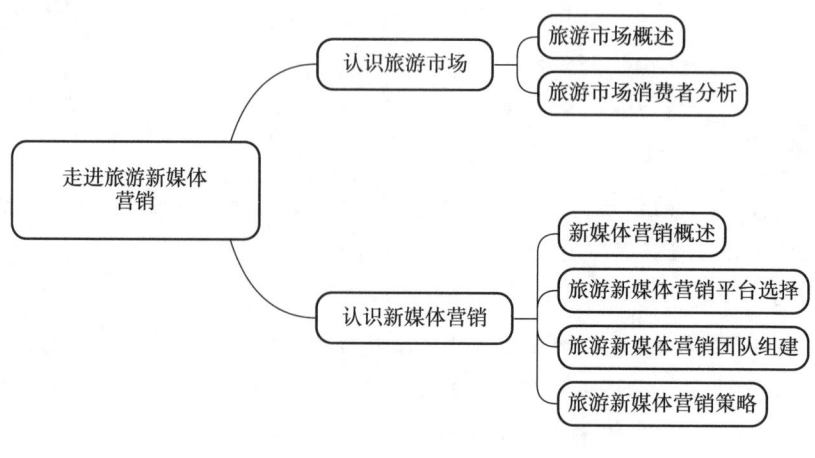

任务一 认识旅游市场

案例导入

焕河村是一个位于贵州省铜仁市德江县大山深处的土家族村寨，村庄至今保留着青瓦房、青石路、古井、古树等古村特色。2018年，一个"85后"年轻人——丁浪的到来改变了这个宁静的小村庄。

丁浪凭借多年的电商经验，以焕河村当地的特产、美食和风景为素材，先后打造了两个抖音账号"黔东农仓"和"古村乐乐"，直接带火了焕河村。2021年8月起，"焕河村"每天会迎来近八百位游客。八月和九月累计接待游客5万余人。截至2024年1月，两个抖音账号的粉丝数总计超过300万。

思考：焕河村如何从无人问津变成网红打卡地？

随着互联网的快速发展,消费者可以更快捷获得旅游信息,掌握旅游市场行情,提升旅游体验。新媒体的运用改变了传统消费观念及消费行为,推动旅游业高质量发展。

一、旅游市场概述

(一)旅游市场概念

1. 市场

生活中存在各类市场,如水果批发市场、农贸市场、建材市场等。从营销角度来看,市场应包含三种含义,即商品买卖的场所、商品交换关系的总和、某一特定产品的经常购买者或潜在购买者。

2. 旅游市场

旅游市场是旅游商品交换的场所,是对旅游商品具有需求、支付能力和购买欲望的人或组织,是商品交换关系的总和。旅游客源市场是指旅游区某一特定旅游产品的现实购买者与潜在购买者。

(二)旅游市场特征

1. 整体性

指旅游发展不再局限于单一景点或有限区域,而是将整个地域作为旅游目的地,充分利用旅游目的地丰富的自然、人文、历史和文化资源,为游客提供多样化的旅游体验和服务,实现全域旅游模式。

2. 季节性

指旅游现象的暂时不平衡性,表现在客流量、旅游花费、交通流量、旅游景点流量等关键性因素上。旅游目的地的季节性会受到自然性因素和制度性因素的共同影响,前者主要与气候变动、季节变迁有关,后者则与社会文化、休假制度、旅游业经营时间等相关。根据旅游季节性需求的差异,旅游目的地呈现出淡季、平季和旺季之分。

3. 多样性

指由于性别、年龄、收入等不同,消费者需求呈现多样性特征。旅游消费需求多元化,出现了如"围炉煮茶"式的仪式感旅游、"盛唐密盒"式的互动体验游等不同需求方式。

4. 竞争性

指每个地区都有独特的旅游资源和吸引力。竞争不仅来自行业内部,也来自行业外部,特色景点、住宿、交通、服务等方面都存在高度竞争。

> **同步思考**
>
> 国内滨海旅游的客流峰值非常明显,存在较强的季节性,35%的客流集中在6—8月份,在暑期达到高峰,这主要是由于暑假假期及夏季游客对避暑需求的增加。
>
> 思考:滨海旅游目的地如何应对季节性困扰?

二、旅游市场消费者分析

研究消费者的行为是营销活动成败的关键,而实施营销活动是为了开发、提升和销售产品。为了取得良好的营销效果,就必须了解旅游者是如何做出购买旅游产品决定的。

(一)旅游消费者概念

旅游消费者是指为了达到旅行和游览的目的的现实的和潜在的旅游产品的购买者,简称旅游者,即游客。

(二)旅游者消费行为

1. 旅游者消费行为含义

狭义的旅游者消费行为指旅游者进行旅游的行为和对旅游产品的实际消费。广义的旅游者消费行为是旅游者为了满足旅游需求在收集有关旅游产品的信息基础上,选择购买、消费、评估旅游产品和服务等一系列活动的总和。其内涵为"5W1H",即What——买什么产品;Why——为什么买这个产品;When——何时买这个产品;Where——在何处买这个产品;Who——何人买这个产品;How——如何买这个产品。

2. 旅游者消费行为模式

旅游消费者的需要、动机以及购买行为构成了旅游消费行为的链条。当旅游者产生旅游需要而未得到满足时,就会引起一定程度的心理紧张。当出现满足需要的目标时,旅游者的这种需要就会转换为内在的动机,动机驱动旅游者产生具体的旅游消费行为,从而构成"需求—动机—行为"模式。

(1)需求。

根据马斯洛需求层次模型,如图1-1所示,人的需求形成金字塔结构,逐层递进,依次分为生理需求、安全需求、社交需求、尊重需求和自我需求五类。在生理和安全需求得到满足的基础上,人们又渴望更高层次的精神和社会需求,旅游本质上是一种追求身体和精神双重愉悦的过程。

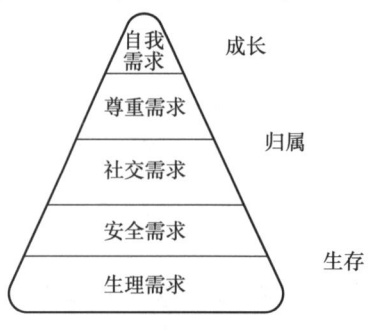

图1-1 马斯洛需求层次模型

(2)动机。

旅游动机是驱动旅游者产生具体的旅游消费行为的内部驱动力。旅游动机是在旅游需求的刺激下产生的。当需求处于萌芽状态,并且缺乏能够满足需求的对象时,需求仅表现为一种意愿或意向,无法产生动机。只有当需求被强化到一定程度,且客观上存在能够满足需求的对象时,需求才转化为动机。例如美国学者约翰托马斯总结的文化教育动机(如研学)、休息娱乐动机(如浪漫邂逅)及文化传统动机(如瞻仰故土)等。

(3)行为。

潜在的旅游消费者产生了旅游消费动机,就会通过各种渠道搜集信息,并产生决策、购买、消费、评估及处理等一系列行为,而旅游决策是驱动旅游者产生旅游消费行为的驱动力,对后续行为有着直接的影响,因此如何影响潜在消费者的旅游决策行为一直是旅游营销研究的重点内容。

"需求—动机—行为"的模式如图1-2所示。

图1-2 "需求—动机—行为"的模式

同步思考

深圳世界之窗的"创世纪"、民俗文化村的"绿宝石"、珠海圆明新园的"华夏明珠"等演出活动,运用大制作、大场面、大色块的现代广场表演理念,配备专业的演员,采用通俗的表现手法,深受游客喜爱。

思考:以上景点满足旅游者什么动机?

3.旅游者消费行为影响因素

(1)文化因素。

文化是指一个国家或地区的民族特征、文化传统、价值观、宗教信仰、社会结构及风俗习惯等情况。文化是一个社会所有成员共同拥有和认同的,往往决定着一个社会的消费习惯、伦理道德、价值观念和思维方式等,文化的差异决定消费行为的差异。

(2)社会因素。

社会阶层:社会阶层是根据人们的社会地位、声望、价值观及生活方式等划分的相对稳定的人的群体。同一社会阶层的人的行为具有很大的相似性。

相关群体：相关群体是指人们在相互交往的基础之上形成的不同社会群体。相关群体一般可分为三类，即关系一般的群体、关系密切的群体和崇拜群体。

家庭：在旅游消费中，大部分旅游活动是以家庭形式进行的，家庭成员对旅游决策的影响作用是首位的。家庭中的角色和地位（丈夫主导、妻子主导及孩子主导）对旅游决策的影响力也不容忽视。

(3) 个人因素。

年龄和性别：年龄和性别的差异往往意味着生理和心理状况、收入及旅游购买经验的差异。例如，年轻人喜欢新奇、冒险性较强、体力消耗较大的旅游活动；老年人则倾向于节奏舒缓、舒适且体力消耗较小的旅游活动。

职业：职业在很大程度上决定一个人的收入水平、社会地位及闲暇时间。

生活方式：生活方式是一个人所表现出来的有关其活动、兴趣和看法的生活模式。

个性：个性是指一个人独特的心理特征，个性促使个人对自身周围环境产生相对一致、持续的反应。

(4) 心理因素。

动机：动机是旅游消费行为的内部驱动力或愿望，不同的动机会触发不同的旅游消费行为。一般来说，旅游动机可分为身体方面的动机，如选择度假、娱乐消遣、避暑等旅游项目；文化方面的动机，如进行学术交流和艺术交流等；人际方面的动机，如探亲访友、旧地重游、开展社交活动等。

知觉：知觉是指人对外部事物的信息进行筛选、加工和解释的过程。

学习：学习是人在生活过程中获得行为经验的过程。旅游者的学习内容包括旅游动机的学习、旅游态度的学习和旅游经验的学习。

态度：态度是指人们对某种客观事物或观念比较一贯的评价、感觉及行动倾向。如旅游营销过程中，可以通过游客评价了解消费者对原有产品与服务的态度，通过增加新产品或改进旧产品以提升游客满意度。

综上所述，旅游者消费行为影响因素如图1-3所示。

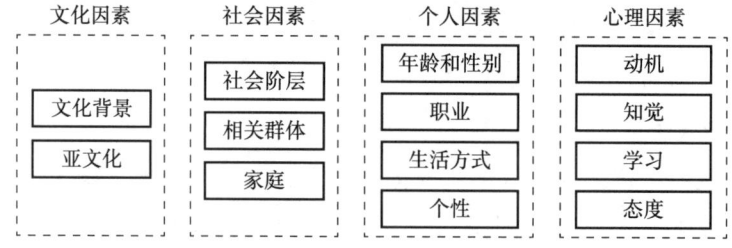

图1-3 旅游者消费行为影响因素

4. 旅游者购买决策过程

旅游者的购买决策过程，是一个相互关联的消费行为，旅游购买决策过程在购买行动发生之前已经开始，且包括购买后的行为，一般分为五个阶段，如图1-4所示。

图1-4 旅游者购买决策过程

(1) 认识需求。

购买决策首先从认识需求开始,即人们认识到自己对旅游服务产品的需求。在这一阶段,旅游营销人员要了解旅游消费者有什么需求,努力唤起和强化消费者的需求,并协助他们确认需求,创造需求。

(2) 搜集信息。

人们认识到自己对某项旅游产品的需求后,就会对他所需对象产生兴趣,因而有意识地通过微信、小红书等渠道搜集相关信息,以加深认识。

(3) 判断选择。

判断选择是指旅游者搜集各方面旅游服务产品相关的信息,并对其进行分析、整理、评估,以形成自己的观念和倾向。

(4) 购买决策。

旅游者在对信息、资料、可选方案进行比较评估后,初步产生购买意向,如果没有其他相左意见或信息的干扰,购买决策过程即可完成。

(5) 购后行为。

购后行为即购买消费产品之后的行为,它既是一次旅游消费活动的结束,同时也可能是下次购买或不购买的开始。购后行为在一定程度上是对购买决策的反馈。当旅游者认为购买到理想的旅游服务产品时,就会认可接受该产品;如果旅游者不满意其服务与质量,今后就会转向选择其他的旅游产品。旅游者购后的评价取决于他们对产品的期望与实际产品表现之间的比较。

> **同 步 思 考**
>
> 2022年上半年,旅游城市酒店外卖订单量环比增长了三成,"躺吃旅行"成为旅行常态。年轻旅游者并不热衷于传统的旅游景点,他们更喜欢的是选一个陌生的城市住酒店、吃外卖,错峰错城只为躺得舒服。鹤岗这个因为过低的房价而被网友关注的东北小城也因此火了一把。
>
> 思考:躺吃旅行受哪些因素的影响。

任务二 认识新媒体营销

案例导入

青海"茶卡盐湖"是柴达木盆地四大盐湖之一,被旅行者称为中国"天空之镜",被《国家旅游地理》杂志评为"人一生必去的55个地方"之一。2018年,用户在抖音上发起"茶卡盐湖"摄影挑战,迅速火爆网络,相关话题获得超100万次的点赞量,吸引着前赴后继的游客前来景区打卡拍照留念。茶卡盐湖本就因梦境一般的景色充满神秘性,而短视频平台上的趣味性挑战活动又极大增强了用户参与度,加快了景区品牌的传播速度,直接扩大了茶卡盐湖的知名度。

思考:青海"茶卡盐湖"营销成功的原因。

新媒体营销是基于目前营销环境,在传统媒体基础上不断发展演变而来的。新媒体的内涵和形式逐渐丰富,企业与品牌纷纷借助新媒体平台进行产品营销和品牌运营。

一、新媒体营销概述

(一)新媒体概念和特点

1. 新媒体概念

相较于报刊、户外广告、广播和电视等传统媒体,新媒体的重点在于其新颖性。新媒体是利用数字技术、网络技术,通过互联网、宽带局域网、无线通信网、卫星等渠道,以及电脑、手机、数字电视机等终端,向用户提供信息和娱乐服务的传播形态。新媒体可以通过传播文字、声音、图像等各种形态,快速满足不同消费者的需求。

2. 新媒体特点

与传统媒体相比,新媒体不仅具有信息载体功能,还具有信息识别、信息处理等功能。在信息传播方法、传播内容、传播行为、传播速度等方面具有鲜明的特征。

(1)交互性。

传统媒体传播信息的方式是单向的,媒体负责传播信息,用户负责接收信息。但新媒体改变传统模式,用户既是信息发送者,也是信息的接收者;既是信息的制作者,也是信息的传播者。任何人都可以是消息的来源,受众也可以随时对信息进行反馈、评论、补充和互动,优化了传播效果。

(2)实时性。

与广播、电视等传统媒体相比,新媒体具有无时间限制的特点,随时可以进行信息加工和发布。其高度的交互性使得信息传播者与接收者之间的关系更加平等,受众不再被轻易操控,而是能够通过互动平台主动发出更多声音,影响信息的传播。

(3)多样性。

新媒体形式多样,各种形式的表现过程比较丰富,可将图片、文字、音视频融为一体,做到即时地、无限地扩展内容,使内容变成"活物"。理论上来说,只要具备适当的计算机条件,新媒体可以满足全球的信息存储需求。除了具备容量大的特点外,新媒体还有易于检索的特性,能够方便地存储、查找以及关联相关内容。

(二)新媒体营销概念和特点

1. 新媒体营销概念

新媒体营销指利用新媒体平台如门户网站、搜索引擎、微博、微信、博客、播客、论坛、手机、App等基于特定产品的概念诉求与问题分析,对消费者进行针对性心理引导的一种营销模式,是企业软性渗透的商业策略在新媒体形式上的实现,通常借助媒体表达与舆论传播使消费者认同某种概念、观点和分析思路,从而达到企业品牌宣传、产品销售的目的。

2. 新媒体营销特点

在新媒体营销策略中,所有企业都从同样的起点出发,享有公平竞争的条件。新媒体营销的特点如下。

(1)成本更低。

区别于传统媒体,互联网技术大大降低了信息的非对称性。消费者可以更早了解关于品牌的相关知识,缩短选择时间;企业可以更迅速地了解消费者的刚需,从而迅速做出回应。

(2)传播速度更快。

新媒体平台不受时间空间限制,具有信息发布便捷的优点,用户可以随时随地接收新媒体信息并表达自己的观点。因此,新媒体的传播速度较快,话题度较高,能够快速引起消费者的关注和共鸣。

(3)目标更准。

基于智能化的信息搜集使得企业的个性化营销的实践得以实现。企业通过搜集顾客的在线信息,建立数据库,用以精准沟通和定位,进而在各类媒介上实施个性化营销策略。

(4)覆盖更广。

新媒体营销基于互联网环境的支持,能够覆盖全国乃至全球的目标消费人群。

> **同步思考**
>
> 四川稻城亚丁风景区集雪山、冰川、海子、草甸、森林等高原风光于一身,有着"香格里拉之魂""最后的香巴拉"的称号,因电影《从你的全世界路过》而迅速闻名,成为抖音十大网红景点之一,也被称为"蓝色星球的最后一片净土"。截至2018年11月,抖音上与稻城亚丁相关的视频总播放量就已经超过了17亿次,用户通过电影和短视频平台关注稻城,直接带动了当地文旅产业的发展。
>
> 思考:四川稻城亚丁风景区营销特点。

二、旅游新媒体营销平台选择

当前的新媒体众多,一个平台的调性就好比一个人的性格,不同的平台其调性也各不相同。同样的内容在不同的平台发布也会产生不一样的效果,那么企业该如何选择适合推广的新媒体平台呢?想要解决这个问题,就需要了解各大媒体平台的特性。

(一)旅游网站

旅游网站是指通过互联网向用户提供旅行相关信息和服务的在线平台。这些网站一般包含旅游目的地的介绍、景点推荐、酒店预订、交通工具安排、行程规划等内容。通过旅游网站,用户可以方便地查找并选择适合自己的旅行项目,提前做好各种准备工作。

例如为提升海外游客对贵州旅游的认知,推动贵州文化和旅游业高质量发展,"一码游贵州"国际版官方网站上线运行。"一码游贵州"国际版网站包含英文版、日文版、韩文版三个版本。国际版网站的建设有助于促进贵州旅游业的可持续发展,引导更多的国际游客前来贵州旅游,为当地经济发展带来新的机遇和活力。

旅游网站的主要特点如下。

(1)提供丰富的信息资源。

旅游网站汇集了各种旅行目的地的详细信息,包括景点介绍、当地文化、特色活动等。丰富的信息使得用户可以在不同的选择中做出最适合自己需求的决策。

(2)提供便捷的预订服务。

通过旅游网站,用户可以轻松地预订机票、酒店、旅游团等,避免了传统方式中烦琐的手续和排队等待。

(3)个性化推荐。

旅游网站通过分析用户的浏览历史和偏好,能够向用户提供个性化的旅行推荐。这样的推荐系统,使得用户更容易找到符合自己需求的旅行项目,提高了用户的满意度。

(4)实现多平台适配。

现代旅游网站通常会兼容不同的设备,包括电脑、手机和平板等。这种多平台适配的设计,使得用户可以随时随地访问旅游网站,获取所需信息。

(二)微信公众平台

随着用户对多样化、个性化内容需求的日益提升,庞大的创作群体发展迅速,由此加速了微信公众平台的发展,粉丝量的激增促使微信公众平台由单纯内容输出向商业化和专业化转变。微信公众平台承载公众号、视频号、小程序等多种功能。

微信公众平台主要特点如下。

（1）展示景区景点信息。

展示门票信息、景区地图、景区住宿点分布、景区特色推荐等，让游客在到达景区之前就能掌握需要的信息，如图1-5所示。

（2）为游客提供在线服务。

通过在线预订平台，利用微信设置景区在线疑问咨询，为游客提供在线门票、酒店、交通的预订。将微信二维码投放到景区宣传单、景区门票、宣传广告、景区网站、景区展板、景区内交通车辆等位置，游客可以随时通过扫码了解景区的相关信息，获得良好的服务体验。

（3）提供与游客互动的平台。

景区通过微信与游客进行互动，比如举办"当日最美相片评比""景区最美女神评比"等活动，吸引更多的游客通过景区内投放的二维码参与活动，与游客互动，增加与游客的黏性。

（4）帮景区零成本做口碑。

游客离开景区后，可以通过微信公众号平台对景区旅游体验进行点评。这种方式一方面能促使景区提高服务水平，另一方面能为景区培养一批忠诚度高的游客。而且，游客所发的照片或游记，都能成为景区有力的宣传。

图1-5 哈尔滨文旅微信公众号营销

（三）微博

微博是一个基于用户社交关系的信息分享、传播及获取平台。作为社交媒体，微博平台上涵盖消费者、明星、旅游相关部门、旅游企业、品牌等多元角色，热门资讯、旅游攻略、必备好物清单等旅行相关内容层出不穷。

微博的主要特点如下。

（1）实现更广传播，互动性更强。

微博以泛娱乐内容为主，用户之间交流氛围轻松，用户活跃度较高，容易吸引用户开展大范围讨论分享提高话题热度。例如2023年9月某知名演员在微博晒出了广西百色凌云县浩坤湖旅行照并配文：翻山越岭只为看到这风景。2023年10月#广西一座山因某知名演员打卡成网红#话题登上热搜；第40届洛阳牡丹文化节的主题为"花开洛阳，青春登场"，洛阳文旅以#洛阳全城剧本杀#和#元宇宙幻城之夜复原古都盛世#以及#隋唐洛阳城绝美华服秀#为宣传主话题，强势登榜微博热搜榜，话题阅读曝光量超3亿次,省内外媒体联动,引发微博热议,全国垂直类"大V"发布,实现影响力全覆盖。

(2)实现即时分享,时效性更强。

企业以微博为平台,通过文字、语音、图片、视频等形式向旅游者提供出行旅游攻略、介绍旅游线路、推介旅游当地美食等,从而实现塑造旅游目的地形象,引起微博用户的关注与参与,最终达到旅游营销目的。

从淄博烧烤到云南大理,网红城市、网红景点成为2023年旅游消费一大亮点。2023年12月,携程与新浪微博将旅游消费趋势与微博热搜热点内容相结合,推出"旅行趋势榜"(见图1-6)为双端数亿用户提供旅游灵感、旅行决策参考,发掘更多城市旅行热点,推荐具有当下热度的旅游景点,进一步提升大众旅游消费热情。

图1-6 旅行趋势榜

(四)短视频

抖音集团旗下数字化营销服务平台巨量引擎发布的《2023抖音旅游行业白皮书》显示,2023年第一季度,抖音平台"旅行"相关内容发布人数占全行业比重居第二位。抖音旅游兴趣用户数量超过4亿,同比增长13%。

当下,各地文旅愈发重视网络短视频平台宣传阵地,一个个网红旅游目的地在互联网上火爆出圈,带动当地旅游产业迅速发展。短视频营销是以短视频为载体,根据当地特色、风俗、文化,拍摄有特点的视频进行营销,从而激发消费者的兴趣,促使其进行消费的活动。例如河南卫视《重阳奇妙游》里的精彩片段(见图1-7),将传统国潮文化元素整合得炉火纯青,诗剑舞《逍遥》提取重阳节登高、饮酒等元素,也带火了拍摄地河南云台山瀑布。通过抖音的二次成功传播,这段《重阳奇妙游》视频在抖音的热度居高不下,进一步扩大了河南文旅的知名度。

图1-7　河南卫视《重阳奇妙游》短视频

短视频的主要特点如下。

(1)短。

短视频内容时长短,有助于用户利用碎片化时间接收其中的信息,这种简短精炼又相对完整的内容形式更强调双向互动,提高传播效率。

(2)低。

制作成本和门槛低,用户可以轻松用手机制作出特效丰富、剪辑清晰的短视频,这也不需要占用用户过多的时间,利用碎片化时间即可完成。

(3)快。

内容节奏快,能在短时间内向用户完整展示内容创作者意图,而且能通过用户的社交网络,迅速在网络用户间传播。

(4)强。

用户具有很强的参与性,用户既可以是内容创作者,也可以是其他短视频观看者。

(五)直播

网络直播从产生之日起就以平民化的个性色彩进入大众的生活。消费者可以通过与主播互动和交流的方式,更全面地了解相关旅游产品,并在主播的引导下身临其境地感受该旅游产品是否真正符合自己的旅行需求。"文旅+直播"新模式的持续火热也表明旅游行业越来越注重消费体验和氛围的营造。对于平台而言,直播入口能缩短交易链条,使其更加直接参与文旅经济,发挥更大的作用。目前,主流的直播平台有抖音、快手、虎牙等。

从微观视角看,每一座旅游城市都拥有区别于其他地区的独特文化风貌,依托主播的讲述和解说对地域文化进行展示;从个体视角出发,对在地文化进行更细分、更具体的再现,推动了文化的深入挖掘与创新传播。例如2023年新年期间,抖音上线"中轴线上过大年"系列直播。活动期间共邀请17位主播开播175场,总看播人数达305.9万,在故宫、恭王府等地开展北京文旅地标直播,讲人文、说历史,输出积极的人生观、历史观,展示北京中轴线上丰富多彩的旅游资源。

直播的主要特点如下。

(1) 实时互动强。

用户能够即时参与互动,通过文字或视频连线等互动形式,加强互动的深入性。

(2) 传播范围广。

网络直播事件与话题效应强,可以快速引起传播和关注。而且直播以视频作为媒介形式,容易二次传播和营销。

(3) 精准营销。

在各垂直细分领域下进行的营销能够精准定位用户群体。

(六) 小红书

小红书作为社交电商平台,于2013年由苏宁易购集团旗下的苏宁云商推出。它最初是一个用户分享购物心得和美妆护肤经验的社区,但随着时间的推移,逐渐发展成为一个集购物、社交和内容创作于一体的综合平台。小红书的用户主要是年轻女性,她们可以在平台上分享自己的购物心得、护肤经验、美妆技巧等,也可以浏览其他用户的推荐和评价。平台上有大量的商品推荐和购物指南,用户可以通过小红书了解到最新的潮流趋势和产品信息。

小红书《2023年度旅行趋势报告》显示,2023年小红书旅游笔记发布同比上涨273%,用户在小红书上记录、分享自己的旅途见闻和信息,用游记、攻略等构筑起丰富的旅行故事,形成人人皆可乐享其中的旅行新方式、大趋势。

小红书的主要特点如下。

(1) 旅游决策首选。

疫情给旅游业带来的最大变化是用户旅游决策的转变,用户在进行旅游决策时,对传统OTA平台、旅行垂直社区的依赖降低,导致旅游入口发生变化。随着休闲旅游兴起,居民旅行成本降低、频次提高,内容"种草"引发需求的效率也随之提升,根据比达咨询发布的《2020上半年度中国旅游行业发展分析报告》,2020上半年在用户旅游决策方面,小红书超越携程、飞猪、马蜂窝、同程等传统旅游决策平台,排名第一。小红书旅游推荐内容如图1-8所示。

图1-8 小红书旅游推荐

(2)客群定位精准。

在客群定位上,小红书聚焦一、二线城市的年轻消费者。国金证券研究所2022年发布的《小红书新消费研究思路与实践专题分析报告》数据显示,小红书平台30岁及以下的年轻用户占比达78%,女性用户占比达89%,90%的用户分布在一、二线城市。小红书是通过分享生活方式来持续引领潮流,其平台层出不穷涌现的"OOTD"(Outfit of the Day,今日穿搭)"探店""露营"等潮流话题,既迎合了都市年轻人的时尚化、个性化需求,又通过用户分享的新生活方式带动了一批新品牌快速成长。

(3)内容共创更强。

小红书平台为用户提供滤镜、音乐、贴纸、标签、剪辑等便捷的创作工具,大大降低了笔记内容创作门槛,也增进了消费者与社区的情感联结。消费者参与内容共创,促进了"浏览笔记—种草—拔草—发布笔记"的正向循环,消费者浏览笔记后"种草"、下单"拔草"后发布的笔记又吸引更多的消费者"种草",如此循环往复,提升了用户活跃度和流量转化率。

(七)今日头条

今日头条是北京字节跳动科技有限公司开发的一款基于数据挖掘的推荐引擎产品,为用户推荐信息、提供连接人与信息服务的产品。今日头条通过多渠道聚合各行各业信息,根据用户偏好进行个性化推荐。围绕核心用户需求,今日头条已形成了丰富的内容生态,囊括图文、视频、微头条、直播等多种内容体裁,涵盖科技、体育、健康、美食、教育、国风等,超过100个内容领域。在今日头条,每周有超200万创作者、媒体发文,平均每天发布150万条内容,每天的内容阅读/播放量超50亿次。

今日头条的主要特点如下。

(1)个性化的内容定制。

今日头条基于用户的社交行为、阅读行为、地理位置、职业等进行社交行为分析,能快速计算出用户兴趣,为其推荐符合个人阅读兴趣的内容。

(2)信息资源丰富。

今日头条通过与媒体、企业、网站等内容生产机构合作获取海量信息,同时搭建平台,引进创作者获取大量内容。

(3)聚焦主流消费群体。

今日头条的核心用户拥有"高知""高线""高价值"的特性,覆盖了都市中产、精英白领、品质宝妈等不同社会群体,构成了当下的主流消费人群。

> **同步思考**
>
> 抖音上从来不缺少"网红",而"好客山东"却是一个成功地借助抖音阵地成为网红品牌的国内旅游目的地的账号。自2018年入驻抖音起,接连荣获全国各省级文化和旅游部门的抖音号传播力指数第一名,年年拿奖到手软。究其根本,"好客山东"账号的成功吸睛恰恰说明大众审美智慧与平民草根话语权正在成为目的地营销的主要影响力。
>
> 思考:观看抖音"好客山东"账号的内容,分析其运营成功的原因。

三、旅游新媒体营销团队组建

随着新媒体时代的到来,传统的营销方式已不能满足当代市场的营销需求。运用手机App、微博、微信等工具已成为企业进行智慧营销必不可少的手段。云南、四川等各地旅游新媒体营销,基于旅游大数据分析,构建360度多维立体营销生态闭环,包括新媒体平台运营、资讯网站优化、创意营销活动策划等。四川用创意活动撬动流量,策划了如微电影《爱,在四川》、大型明星户外真人秀栏目《两天一夜》、大型文博探索节目《四川宝藏》等多个创意营销活动,其中《爱,在四川》年度传播量为2亿次,《两天一夜》年度传播量为6亿次。越来越多的企业涉足智慧旅游营销,企业内部设置新媒体营销岗位也逐渐普遍。

(一)新媒体营销团队架构

新媒体营销团队包含策划、设计、推广等岗位,团队架构如图1-9所示。

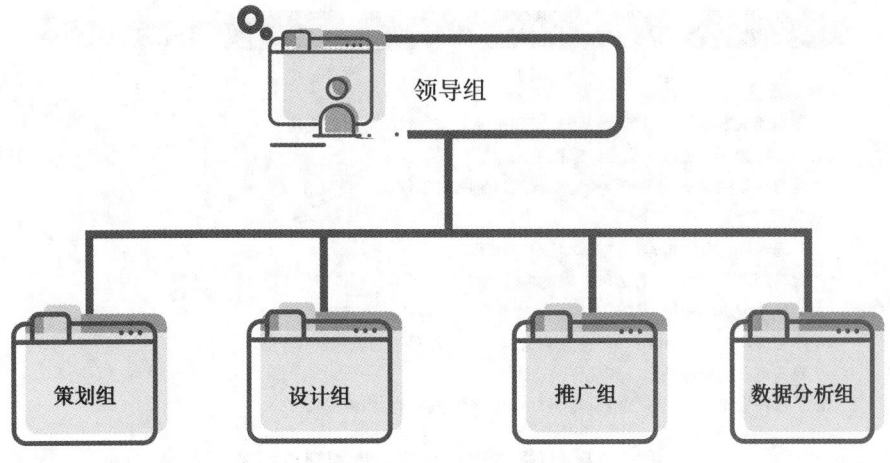

图1-9 新媒体营销团队架构

（二）新媒体营销团队职责

新媒体营销团队应明确岗位职责，具体职责如图1-10所示。

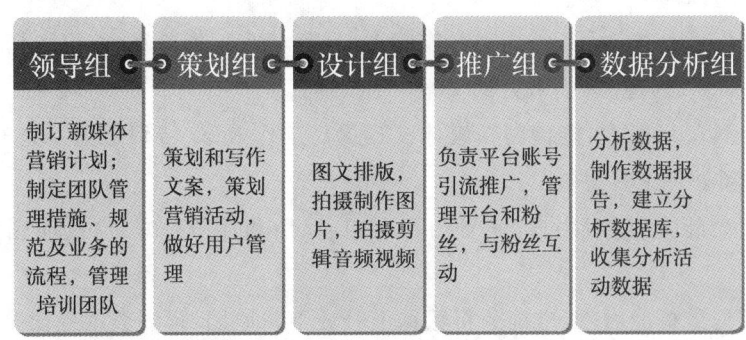

图1-10 新媒体营销团队岗位职责

（三）新媒体营销岗位要求

新媒体营销岗位对任职人员的专业、经验、知识以及能力都有相关要求，如图1-11所示。

1. 任职要求

（1）专业要求：要求求职者有市场营销、广告、电子商务等相关专业的背景。

（2）经验要求：根据岗位及薪资水平的不同，不同企业对任职者的经验要求不同，但是一般有一年新媒体行业运营经验者优先。

（3）知识要求：要求熟悉各新媒体平台知识。

（4）能力要求：能快速捕捉热点，具备创新能力和活跃思维，善于沟通，具备解决问题能力。

短视频运营

岗位职责：
1. 负责完成宣传片、抖音等视频剪辑及包装工作，对成片质量负责；
2. 负责视频平台上传、运营维护相关工作；
3. 做好现场拍摄支持工作及领导交代的其他临时工作。

岗位要求：
1. 广播电视、导演编导、广告、艺术设计等相关专业；
2. 具有2年以上相关工作经验，熟悉视频制作流程；
3. 对整个视频的主题、镜头衔接、节奏感等方面有较好的把握；
4. 熟练使用AE、Premiere等视频编辑以及PS、AI等平面设计软件；
5. 具有良好的沟通能力、应变协调及执行能力；
6. 工作积极主动，有较强的审美能力、良好的沟通能力和责任心。

图1-11 新媒体营销岗位职责和岗位要求

2. 岗位要求

（1）网感：能抓准最新的热点新闻和热门话题，捕捉大众兴趣交汇点，带动互动，产生"人传人"裂变式传播。充分理解自己的品牌/产品/服务的属性，熟悉人际交往和传播学知识。

（2）文案写作能力：具备扎实写作能力，具备精密写作逻辑，能自由切换语言风格，写出高质量、有趣、有吸引力的文案。

（3）工具应用能力：能借助新媒体工具提高工作效率，特别是图片处理工具、排版工具、视频处理工具等。

（4）策划能力：能对用户、账号内容方向、风格和性质做好定位，能完成营销活动设计。

（5）数据分析能力：能准确分析数据上升或下降原因，预测数据变化趋势。

四、旅游新媒体营销策略

旅游新媒体营销有体验营销、互动营销、事件营销、IP营销、情感营销、KOL营销等方式，企业将营销策略和产品相结合，通常能够达到很好的效果。

（一）体验营销

全民体验时代，营销应快速转变固有的"观光"思维，通过看、听、用、参与等手段，充分刺激和调动消费者的感官、情感、思考、行动、联想等向社会化、生活化发展。旅游体验营销是根据游客情感需求的特点，结合旅游产品、服务的属性（卖点），策划有特定氛围的营销活动，让游客参与并获得美好而深刻的体验，满足其情感需求，从而扩大旅游产品和服务销售的一种新型营销活动方式。

首先，我国拥有丰富的旅游资源，这为夯实文旅消费场景提供了坚实的基础。其次，由于中国传统文化自带人物、故事、情节、建筑、名胜等要素，本身就具备为文旅消费场景增加内涵的巨大优势。企业利用场景体验呈现消费痛点,如2023年"只有红楼梦·戏剧幻城"戏剧主题公园在河北廊坊开园。首期共有4个大型室内剧场、8个小型室内剧场、108个情景空间及室外剧场等。该戏剧主题公园以中国式审美讲述人人心中的"红楼梦",如图1-12所示。在幻城中,游客会走进一座江南老宅、一栋拥挤的筒子楼……游客遇到的人物可能是古董商、支边青年,也有可能是满嘴京味儿的胡同串子……小到一日三餐、穿衣用度、节日祭祀,大到处世为人、宗族存续、生死轮回,中国人面对生活、生存、生命的方式和哲学都潜藏在这座主题公园中。

图1-12 "只有红楼梦·戏剧幻城"

(二)互动营销

互动营销是指供需双方通过消除信息不对称以达到交易平衡状态的一种营销方式。企业要明确用户需求痛点,用户则会获得企业服务信息,从而在传播中促使交易实现可持续循环。

2023年4月,西安大唐不夜城景区推出的"盛唐密盒"频频出圈。该互动节目由"房玄龄"和"杜如晦"的扮演者出题,随机挑选游客上台参与答题。"房谋杜断"组合配合默契,与游客进行沉浸式互动,使得整个表演爆梗不断,充满了乐趣。"盛唐密盒"(见图1-13)视频通过互联网产生裂变效应,一时火遍网络。

图1-13 盛唐密盒

(三)事件营销

事件营销是企业围绕既定主题,借助社会热点、重大事件或利用有目的性活动的策划与实施,形成一定时期内密集的传播效应,以迅速提高品牌知名度与美誉度,并最终促进产品或服务销售的营销方式。事件营销的核心是巧妙地借助正在发生的重大事件或制造震撼人心的重大事件,以达到营销旅游的目的。成功的事件营销,既可以大大提高品牌的知名度,又可以直接创造和实现品牌价值。因此,要在坚持与品牌营销相统一的原则下,尽可能更多地、更有效地策划和开展事件营销。

例如,一位退休水墨画老师,因操心自己儿子的婚事而亲手绘制"水墨求婚18式"教儿子在云南丽江雪山小镇大胆求爱,谁知刚到丽江,水墨画就被女方发现,惊喜之下发出朋友圈秀恩爱。事件曝出后迅速在网上走红,丽江雪山小镇瞄准事件热点,联系求婚情侣,拍摄"水墨求婚18式"视频。视频将"水墨求婚18式"对应的画面一一呈现,利用男女主之间的亲密互动切换场景,使视频更具有沉浸感。通过巧妙的情节安排,将丽江雪山小镇的度假体验真实地展现在视频中,结合声光电技术,为观众提供全面的感官体验,留下深刻的印象。丽江雪山小镇以精准的人群定位和快速的执行力,借助这一热点事件进行营销,不仅追赶上了事件的热度,更将品牌与热点形成关联,实现了热度最大化,牢牢抓住了最佳时机。

(四)IP营销

IP营销借助火爆的品牌效应引动粉丝,达到流量与价值的双重变现。品牌与IP应建立深厚的内容关联,通过深耕整合营销的内容策略,从传统的商业化转向娱乐化。这不仅能让粉丝获得愉悦的观看体验,还能反过来促进商业销售。

例如"故宫淘宝"是故宫博物院销售周边产品的文创IP。腾讯巧妙运用互联网思维,借势故宫强大的流量IP,整合"穿越"及"说唱"等新兴内容,发布以H5技术制作的《穿越故宫来看你》。H5与短视频的结合做到天衣无缝,历史人物说唱与画面更是相得益彰,前端技术的运用恰到好处,这样的惊喜牢牢抓住了受众的眼球,做到了强吸引强互动,仅上线一天访问量就突破300万,实现现象级的品牌推广效果。

(五)情感营销

情感营销是从消费者的情感需要出发,唤起和激起消费者的情感需求,引起消费者心灵上的共鸣,寓情感于营销之中,让有情的营销赢得无情的竞争。成功与否,在于营销方式是流于表面还是触碰心灵。

例如黑龙江的营销方式是抛开传统的美景刷屏模式,讲了一个有关冰雪的人生故事。将五个重要的人生节点——儿童、少年、青年、壮年、老年中发生的重要事件,结合黑龙江的冬日风光,还原成五个与冰雪相结合的人生场景。简单的故事、简单的布景,传递的却是黑龙江冬天的"温暖"。"黑龙江不仅有冰天雪地,还有太多的回忆"等宣传语也引发了受众的情感共鸣。

（六）KOL营销

KOL是（Key Opinion Leader，关键意见领袖）拥有更多、更准确的产品信息，且为相关群体所接受或信任，并对该群体的购买行为有较大影响力的人。KOL营销被视为一种比较新的营销手段，它发挥了社交媒体在覆盖面和影响力方面的优势。KOL的鼎力站台与发声，不仅为品牌构筑起一座坚实的信任桥梁，更引领着形成一群高度忠诚且活跃的粉丝后援团。这种由口碑力量自然驱动的效应，深刻塑造并强化了品牌的独特魅力与影响力。

例如"品牌美国"（美国旅游促进会旗下主营品牌）邀请了在国际旅游界有影响力的人物，对美国的五大著名旅行线路进行实地体验。参与的名人为"品牌美国"收集旅途中所见所闻，不断将旅途中的照片和视频发布到社交媒体，在各类社交媒体上获得数以百万计的观点、评论和印象，带来巨大的品牌效应。

> **同步思考**
>
> 河南的宝泉旅游度假区，坐落于新乡辉县市薄壁境内，背靠巍峨的太行山，前眺壮观的黄河，山峰奇特，峭壁如削，泉水丰盈，土地灵秀，故得名"宝泉"，也常被人们亲切地称为"中原小九寨"。2019年，景区决定推出一款独特的IP产品——宝泉郁金香节，并结合时下流行的抖音平台，举办了抖音区域互动赛。此次活动，景区特地联合了一批头部和腰部的KOL进行推广，发起了一场名为"花花世界抖来觅"的社会化营销活动。
>
> 在短短的69小时内，相关视频的播放量就突破了亿次；到了6月，这个数字更是飙升到了2亿。同时，参与话题挑战的视频多达1.5万条，总点赞数高达211万次。
>
> **思考**：请分析河南宝泉旅游度假区是如何巧妙选择新媒体营销策略达到良好的营销效果的。

课后自测

课堂实训

一、实训目标

进行自我分析、职业分析、岗位分析，提出目标、制订计划，撰写职业生涯规划书。

二、实训准备

项目分组:将学生按4—6人分组,明确每组工作任务,并完善学生分组表(见表1-1)。

表1-1 学生分组表

组别	工作任务
1	收集新媒体营销岗位招聘信息
2	自我分析
3	职业分析
4	制定目标
5	制订计划

工作准备:登录招聘网站,收集10个新媒体营销岗位招聘信息。

三、实训操作

引导问题:如何才能成长为一名优秀的新媒体营销人员?

(一)自我分析

从兴趣爱好、性格特征、职业能力、职业价值观等角度进行自我分析,并填写自我分析表(见表1-2)。

表1-2 自我分析表

分析角度	具体分析
兴趣爱好	
性格特征	
职业能力	
职业价值观	

> 小技巧(Tips):职业能力评价要围绕岗位能力进行。

(二)职业分析

登录招聘网站,收集新媒体营销岗位招聘信息10个,查看招聘企业的招聘信息后进行总结分析,填写职业分析表(见表1-3)。

表1-3 职业分析

分析角度	具体分析
招聘企业数量	
未来能晋升到的岗位	
需要具备的素质、技能	
薪酬待遇	

(三)制定目标

制定短期(1—2年)、中期(3—5年)目标。短期目标要具体明确可行;中期目标要有激励性。

(四)制订计划

引导问题:如果你想在五年内提高到哪个层次,就要了解该层次需要哪些能力、哪些资源。

> **小技巧(Tips)**:想要了解这些能力、资源,需要先在搜索引擎上找到目标行业Top3的企业,并通过这些企业找到对标职业偶像,分析他们的履历。

1. 找到目标行业Top企业

首先,把目标精准到对标行业的Top3企业中,这样可以方便寻找到目标行业里目标职业的偶像人物。例如目标是互联网行业、排名靠前的互联网公司如阿里巴巴、腾讯、百度。

2. 找到对标偶像人物

找到了Top3的企业以后,还要进一步精确到目标职业的对标偶像人物,通过公开信息,看看偶像人物的职业经历。

3. 分析偶像职业经历

了解完对标偶像的经历,还要从薪资职级、能力经验、技术、资源、学习、管理、系统思维等方面分析偶像人物的经历。

4. 分析自身差距

针对职业岗位素养、能力要求,找出自身差距并提出可行性措施。如提升文案写作能力,可以坚持每天写作一篇,阅读一篇点赞、评论高的文章。

(五)撰写职业生涯规划书

综合以上内容,完成职业生涯规划书的撰写。

四、实训评价

完成上述内容后,教师填写表1-4对学生进行评价,学生填写表1-5、表1-6,进行实训自评和互评。

表1-4 实训评价表(教师)

序号	评分内容	总分	教师打分	改进意见
1	是否做出清晰的自我分析			
2	职业分析是否完整全面			
3	是否设立恰当的个人目标			
4	是否制订详细的提升计划			
5	职业生涯规划书内容是否完整、逻辑是否清晰			

表1-5 实训评价表(学生互评)

序号	评分内容	总分	互评	改进意见
1	是否做出清晰的自我分析			
2	职业分析是否完整全面			
3	是否提出恰当的个人目标			
4	是否制订详细的提升计划			
5	职业生涯规划书内容是否完整、逻辑是否清晰			

表1-6 实训评价表(学生自评)

序号	完成情况	评分	改进意见
1	是否在规定时间内完成(20%)		
2	任务完成效果(50%)		
3	团队合作精神(20%)		
4	材料上交情况(10%)		
5	总分(满分100分)		

五、实训总结

小组推荐代表进行汇报。

实战案例

案例1：哈尔滨文旅营销

作为久负盛名的中国冰雪之都，此次哈尔滨市以其独特的文旅营销策略，成功吸引了全球游客的目光，让"冷资源"释放出"热效应"。要破解冰城此次营销的成功之道，就得从梳理哈尔滨旅游爆火的关键词入手。

一、营销关键词

（一）游玩胜地

哈尔滨，这座位于中国东北的城市，以其得天独厚的地理位置和气候条件，成为了冬季冰雪旅游、夏季避暑胜地的代名词。伴随着2022年张家口冬奥会的东风，中国的冰雪旅游正逐渐变得火热，滑雪冰雕等冰雪旅游令人心驰神往。当南方的小伙伴们还在忍受高温酷暑时，哈尔滨的市民们已经在享受清凉的夏日时光。当大多数南方的"小土豆"还不知道"北方的雪及玩雪"为何物的时候，奔赴冰城哈尔滨的"小土豆"已经解锁了各式各样的花式玩法。凉爽的气候、清新的空气，充满异国情调的建筑，让游客纷纷感叹仿佛置身于欧洲的某个小镇，基于用户深度体验和参与的沉浸式口碑值得以在短期内迅速拉满。

（二）美食天堂

哈尔滨的美食，也是吸引游客的一大亮点。从道里区的中央大街，到南岗区的革新街，美食琳琅满目，令人垂涎三尺。东北人特有的冬日美食——冻梨雪糕，让南方人吃惊的同时大快朵颐，马迭尔冰棍、哈尔滨红肠、锅包肉……这些美食不仅满足了游客的味蕾，更满足了游客对于冬日美好浪漫的种种幻想。"爱上一座城，先从爱上这座城市的美食开始"，享受美味佳肴之后获得的满足感，很容易让游客对热情、奔放的东北人，以及哈尔滨这座东北的冰雪旅游城市产生深深的眷恋。

（三）文化交融

黑龙江省位于我国东北地区，与俄罗斯隔江相望，边境口岸和城市众多，是我国向北开放的重要窗口、"一带一路"重要节点、对俄经贸合作最前沿、东北亚区域合作中心枢纽。交通格局以航空、公路、铁路及航运为主体，覆盖全省。同时还形成了以哈尔滨市为中心的1—2小时高铁交通圈，极大改善了旅游的可进入性和便捷性。

哈尔滨的历史文化底蕴深厚，既有古老的中华传统文化，也有来自俄罗斯、日本等国的异域文化。多元文化的交融，使得哈尔滨成为一个独具魅力的城市。在这里，你可以欣赏到中央大街上的俄罗斯建筑，也可以参观哈尔滨博物馆，了解这座城市的历史变迁。

(四)政策组合

哈尔滨市政府近年来一直致力于旅游业的发展,出台了一系列旅游政策。2023年11月17日,黑龙江省人民政府印发了《黑龙江省旅游业高质量发展规划》,同日公开发布了《黑龙江省释放旅游消费潜力推动旅游业高质量发展50条措施》。50条措施涵盖了加大优质旅游产品和服务供给、大力发展冰雪经济、打造互联互通的旅游交通网络、激发旅游消费需求、加强边境旅游服务、加大旅游市场主体培育力度、提升行业综合能力、强化工作保障措施八大方面内容,明确提出:实施"红色旅游+"战略,推动五大红色旅游片区建设的发展路线;打造践行"冰天雪地也是金山银山"先行区的战略定位;培育哈尔滨俄式西餐、老道外风味等餐饮名品名企名店的重要工作抓手;着力打造"对俄文化和旅游交流走廊"的开放创新路径;重点"抓龙头""强骨干",加大旅游市场主体培育力度是工作重点。

为了方便游客出行,哈尔滨市推出了"一卡通"旅游服务,游客只需一张卡片,就可以轻松游遍哈尔滨的各大景点,获得更加便捷、舒适的旅游体验。

总而言之,哈尔滨旅游爆火的背后,离不开人们旅居需求密切相关的游玩胜地、美食天堂、文化交融和旅游政策这四大关键词,也就是通常所说的"逛吃胜地"。正是这些因素的共同作用,让哈尔滨成为此轮城市IP营销大战的最大赢家。

二、时间脉络

结合此次哈尔滨的城市IP营销关键时间节点及前后逻辑,哈尔滨城市IP塑造定义为以下四大阶段。

(一)蓄势阶段

蓄势阶段(多年来):哈尔滨市政府和相关部门对冰雪文旅产业进行大力扶持,投入资金、制定政策,推动了产业的快速发展。

(二)破冰阶段

破冰阶段(近年来至2023年底):哈尔滨市通过创意营销方式,如冰雪节庆、文化创意与冰雪文旅的结合等,吸引了大量游客参与和关注。

(三)破圈阶段

破圈阶段(2024年初):以"南方小土豆"事件营销为引爆点,持续发酵出境,哈尔滨文旅市场持续火爆,成为国内外游客小土豆的热门目的地。

(四)融冰阶段

融冰阶段(此次营销破冰之后):主要看后续哈尔滨能否借助此次成功营销所积累的良好口碑及客群持续经营,做大做好做强做久地区的城市影响力及游客口碑,让哈尔滨良好的城市口碑及城市形象真正深入人心,叫响海内外,也就是网友们口中常说的"这泼天的富贵,哈尔滨能否接住"。

哈尔滨成功营销的密码是什么?

1.化独特资源优势为组合营销卖点

哈尔滨市拥有得天独厚的冰雪、历史文化、地方特产、美食游玩等资源,很容易创设吸引游客深度体验和参与的多元丰富场景,这些资源为冰雪文旅等特色文旅产业的发展提供了有力保障。

2.系列配套政策组合持续保驾护航

无论是雪乡事件,还是后续哈尔滨发力打造"南方小土豆"的破冰营销,当地政府都在第一时间采取了满足广大群众,尤其是当代网民心理需求的有力应对措施,并通过政策扶持和资金投入、监管服务提升等方式加以固化,为冰雪文旅产业的发展提供了有力支持。

3.创意营销追求用户极致愉悦体验

在我国高质量发展爬坡过坎的重要历史阶段,在应对科技革命产业变革重大机遇及挑战的时代,快乐无疑已经成为一种能够在心理层面为我们提供持续前进动力及精神食粮的重要生产力。哈尔滨市采用独特的创意营销方式,如与文化创意结合、举办冰雪节庆活动等,成功吸引了大量游客的关注和参与。

4.持续跨界协同打造海内外影响力

哈尔滨市的冰雪文旅产业在国内外的知名度不断提升,成为国内外游客冬季旅游的首选目的地之一。政府层面,由上到下的积极配合协同,社区层面各界广大群众的积极参与助力,让当地居民成为地区形象展示的一大线上线下对接入口,同时吸引越来越多的社区居民参与到本地冰雪文旅产业的发展中来,增强他们的文化认同感和归属感。哈尔滨市在发展冰雪文旅产业的同时,通过部门间持续配合打好城市营商环境的攻坚保卫战,也为地区生态生产生活环境的持续优化和保护提供支撑,更为后续的可持续性发展奠定基础,确保哈尔滨文旅产业的长期健康发展。

概括来看,哈尔滨文旅营销的成功,离不开其独特的创意、丰富的资源、有力的政策扶持以及与文化创意的紧密结合。更重要的是,持续不断地创新和改进,是其保持竞争力的关键。从加强与国内外媒体的合作关系,到运用最新的技术手段进行宣传推广,哈尔滨市的文旅产业始终与时俱进,与时代发展同步。而社区的积极参与和环境的可持续性发展理念,也为产业的长期发展注入了强大的动力。

(案例来源:高新技术产业研究与咨询《南方小土豆能否消融北方的雪,从哈尔滨文旅成功破圈看高质量城市IP打造密码》。)

思考:哈尔滨文旅要如何保持良好的发展态势?

案例2：淄博烧烤的优秀营销逻辑

山东淄博凭借特色烧烤"灵魂"三件套——"小饼、香葱、蘸料"，在2023年的春天火遍全国，一夜之间抖音、微博、朋友圈等渠道关于淄博烧烤的消息比比皆是。频繁上微博热搜，多个有关话题讨论实现热度飙升。截至2023年9月，抖音平台数据显示淄博烧烤的相关话题达到了285.1亿次播放量。淄博烧烤为淄博带来了火热的流量，流量可以实现变现，最明显表现为烧烤店业务量的爆发式增长，甚至有商家因为生意太火爆、员工超负荷运转，而不得不暂时停业休息。

淄博烧烤爆火的主要原因如下。

1. 紧跟社交热点，官方助力引流

淄博烧烤开始在互联网上成为大众关注的热点的时候，当地官方部门及时捕捉"天降"的热度，迅速出台了一系列的贴心便利的配套措施。淄博文旅局推出了与烧烤有关的文创产品、试吃等，用烧烤专列、专车接送等文旅新服务，积极回应网友的热情。

2. "文旅＋"创新，构建品牌营销新生态

除了利用热点创造新话题，淄博烧烤还通过"文旅＋"创新模式，构建起了自己的城市营销生态，让吃烧烤不仅能够果腹消遣，还能让大众愉悦心情释放压力。

围绕2023年3月份"淄博烧烤"的爆火旅游现象，同年4月份淄博发出了一封"劝退信"，感谢了大家对淄博"人好物美心齐"城市印象的"鼓与呼"，坦言中心城区的酒店已基本售罄，客流量超出接待能力，呼吁游客错峰出游，展现了淄博城市的热情与真诚。这一行为把热点巧妙地转化成了城市形象传播与文化传播的契机。

3. 融合夜经济，激发情感共鸣

夜经济一直是社交媒体上讨论的焦点，淄博烧烤很好地将本地的烧烤饮食文化与当下的热门旅游联系到一起，让大众日常的短途旅行从饱眼福到视觉与味蕾的双重满足，也让淄博更具吸引力。

淄博烧烤通过"文旅＋特色美食"的主题消费，将淄博变成了一座极具人文气息与温度感的城市，来淄博不仅仅还是因为美食，更加是因为这座城独有的温情。

（案例来源：苏腾文化《淄博烧烤的优秀营销逻辑》。）

思考：结合新媒体营销策略，借鉴淄博烧烤经验，为漳州古城营销制定营销策略。

项目二　掌握新媒体营销技能

项目情景

新媒体营销的主要工作就是通过输出优质的内容，引起用户对营销内容的认同与共鸣，提升关注度和粉丝量，推销产品实现变现的目的。营销内容中图片也是必不可少的元素之一，它不仅可以丰富页面、强化视觉感受，还能帮助消费者理解所想要表达的内容。同时，一篇好的营销文章还包括整体外观的工整和精美。好的图文排版在体现品牌风格和形象的同时，能让用户阅读体验更顺畅，并方便用户快速获取信息、提高阅读效率。

优秀的新媒体文案，能够辅助企业或品牌实现营销目标。首先，通过学习任务一掌握文案写作技能，了解文案类型和结构、熟悉文案写作流程，掌握文案标题和正文的撰写技能，从而创作出高质量、高点击率、高转发率的文案。其次，学习任务二掌握图片处理技能，能掌握封面图、信息长图、GIF 动图、表情包制作技巧。最后，通过学习任务三掌握图文排版技能，熟悉常见图文排版工具，掌握图文排版的原则，能用 135 编辑器编辑排版图文，用 MAKA 设计 H5 海报，从而提升用户阅读体验，增强文案内容的表达效果。

教学目标

1. 知识目标

（1）了解新媒体文案类型和写作流程；
（2）熟悉图片处理工具；
（3）熟悉图文排版工具和排版原则。

2.能力目标

（1）能够撰写有创意有吸引力的新媒体文案；
（2）能够制作出精美的封面图、信息长图、GIF动图等；
（3）能够使用排版工具排版图文，制作出优质的H5海报。

3.素养目标

（1）培养精益求精的工匠精神及创新精神；
（2）能遵守法律法规，合法从事商业活动。

思维导图

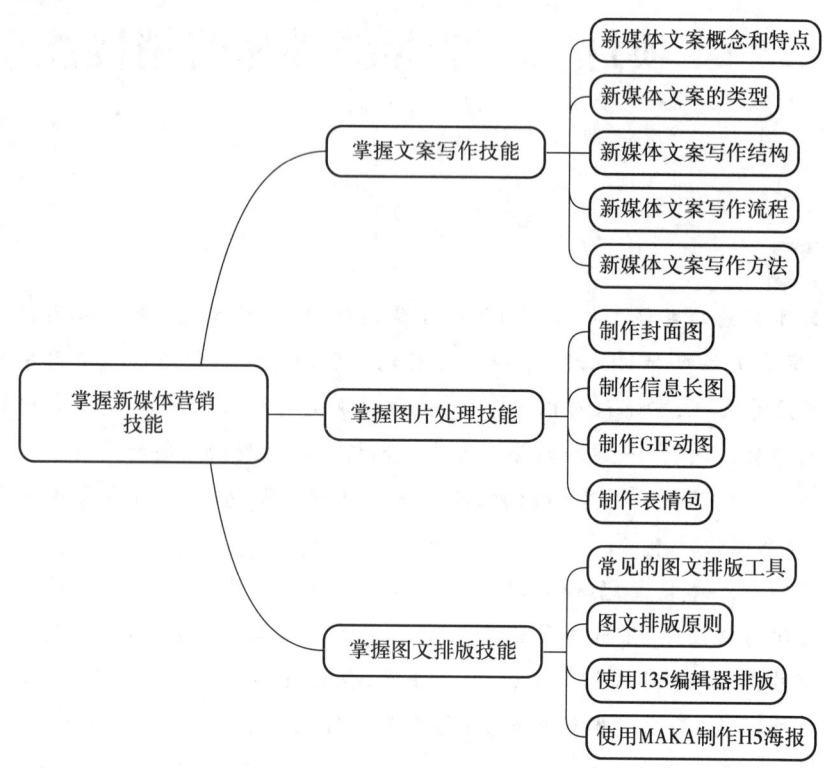

任务一　掌握文案写作技能

案例导入

房琪的旅游文案，简单纯粹却又字字珠玑。对于云南昆明，她是这样描述的：

生活在这样的城市，就算遇到再美的初夏，也不会惊讶。所以在迷花谷碰到这一片杜鹃花，我没有惊讶，哪怕它的颜色甚至明媚过天边的云霞。所以在斗南湿地,看到落日洒满时我没有惊讶,哪怕滇池的水在岸边拍打,一声声对我说话。

在彩云之南的大地图里,昆明不只是短暂落脚的驿站,去看看金马碧鸡的一眼古今,或者太和宫的青山三亩地。

带上一部手机游云南,春城无处不飞花,此刻正烂漫。

思考:房琪的文案有什么特点?

新媒体文案需要让消费者在碎片化时间中被标题、广告主题快速吸引注意力,在内容上需有代入感,能够持续吸引人进一步读下去;与此同时还需有信任感,这样消费者才会对产品或服务有购买意向或提升品牌的好感度。

一、新媒体文案概念和特点

(一)新媒体文案概念

新媒体文案是指以现有的新兴媒体为传播平台,利用其交互性、进行有创意的广告内容输出,辅助企业实现营销目标。

(二)新媒体文案的特点

1. 短

内容能短则短,要在最短的时间内吸引观众的注意力,并且将最核心的信息表达出来。

2. 平

表达方式平易近人,新媒体文案主流发布平台都有粉丝订阅功能,更强调通过优质内容吸引和留住用户,成为潜在用户流量池和传播的能量源。因此,新媒体文案写作要从用户角度出发打造专业人设,获得用户认同和信任。

3. 快

因为传播的快速性,新媒体最大的特点是热点事件传播扩散快速,如果能结合热点进行借势植入,就会吸引大量用户端的主流用户,从而获得流量。

> **同步思考**
>
> 爱彼迎在2021年暑期发布了一组走心的旅行文案:"听说,住在大自然,暑假会变慢。看着牦牛一动不动,小溪也不着急赶路。发现蘑菇,会慢慢开伞和那里的朋友一起唱首夏天的歌……住进爱彼迎与大自然同频。"
>
> 通过这段文案,用户仿佛看到云慢慢飘、鸟慢慢飞、蘑菇的伞盖慢慢打开、牦牛在草原慢慢移动……光看文字就画面感十足。小溪不着急赶

路,蘑菇慢慢开伞……这些童真又生动的描述,让人更加向往亲近大自然,在大自然中体验慢节奏悠然自得的生活。

思考:说明爱彼迎这段文案适合的人群特点。

二、新媒体文案的类型

(一)按广告目的:销售文案和传播文案

企业的所有广告文案都是为销售服务的,为了更好地区分文案类型,可根据企业广告的主要目的分为销售文案和传播文案。销售文案即能够立刻带来销售的文案,如商品销售页介绍商品信息的文案,为了提升销售而制作的引流广告图等;传播文案即为了达到扩大品牌影响力的文案,侧重于是否能够引起人的共鸣,引发受众自主自发传播,如图2-1所示。

图2-1 西安传播文案

(二)按篇幅长短:长文案和短文案

长文案为1000字及以上的文案,短文案为低于1000字的文案。通常来说,长文案需构建强大的情感场景,而短文案则在于快速触动,表现核心信息。另外,行业属性不同,文案的运用也有不同。在价格昂贵、顾客决策成本较高的行业通常要运用长文案,如珠宝、汽车行业;而在价格较低、顾客决策成本较低的行业,则一般运用短文案,如日用品。

(三)按广告植入方式:软广告和硬广告

软广告即不直接介绍商品服务,而是通过其他的方式带入广告。如在案例分析中植入品牌广告,在故事情节中植入品牌广告。软广告的存在不容易直接觉察,具有隐藏性。硬广告则相反,是以直白的内容发布在对应的渠道媒体上,企业会根据不同情况进行选择。

一般的品牌传播广告需要强度高的品牌曝光次数以及直接带动销售,企业会选择硬广告,但企业在需要补充、增加品牌曝光时,则一般选择软广告。

(四)按渠道及表现方式的不同分类

传播渠道不同,文案的表现形式也有不同。如微信公众号支持多种形式的文案表现,纯文字、语音、图片、图文、视频等;微博的发布仅支持140字,也可附图。

三、新媒体文案写作结构

文案写作需要较强的逻辑思维能力,而逻辑思维能力则决定了最终呈现给用户的是怎样的结构,以及这样的结构是否能够被用户所快速接受并理解。好的文案写作结构清晰顺畅,有助于读者阅读和理解,也方便写作者构思和成文,提高效率。

(一)总分总结构

1. 总

开头时介绍一下"由头",即写这篇文章的出发点、核心主题。先要让读者知道你为什么要写这篇文章,要解决什么问题。

2. 分

分条列出自己的观点,以及佐证自己观点的证据或者案例,并加以说明。这几个分论点之间可以是并列关系、递进关系、对比关系等,如一个人的几个不同侧面、一件事的几个方面、同一主题下的几件不同的事。

3. 总

最后要进行总结,亮出最终的观点。可以是重新提炼的新的总结观点,也可以将前面说的分观点做汇总。

例如,"成都景区直通车"微信公众号发布的《三星堆是个什么堆?三星堆最全游园指南7.0版!》的文案(见图2-2)就是总分总结构。第一段总结全文要讲述的内容,然后展开论述,介绍三星堆相关基础知识和具体的游园指南,包括交通、票务、餐饮等,最后祝福游客度过有意义的一天。文案脉络清晰,将游园的方方面面介绍得十分清楚。

图2-2 "成都景区直通车"微信公众号发布
《三星堆是个什么堆？三星堆最全游园指南7.0版！》

（二）并列式结构

并列式结构常从推广对象的特征入手，如颜色、形状、美食、活动等，不分先后顺序和主次，各部分并列，可以从多角度阐明问题，同时各部分联系紧密，共同为文案主题服务。

例如"文旅云南"微信公众号发布的文章《来云南，开启一场春日视觉盛宴》（见图2-3），展示云南6种不同颜色的花，如樱花粉、油菜黄、山茶红等，描绘多彩的春景、多彩的云南，吸引用户来云南邂逅一场春日浪漫。

云南的春天是樱花粉
昨日小楼微雨过
樱桃花落晚风晴
云南的春天是油菜黄
垄亩花烂漫
原野遍金黄

图2-3 来云南，开启一场春日视觉盛宴

（三）递进式结构

递进式结构是把用户关注的问题层层剥离，在论证过程中层层深入，一环扣一环，逻辑严密，各部分内容按一定顺序排列，不可随意颠倒。通过层层递进，引导消费者逐步进入品牌搭建的语境场景内，多了情绪的铺垫和语义上的停顿，能帮助品牌更顺畅地完成双向沟通。递进式结构常分为三种类型：一是由现象到本质，由事实递进到规律；二是直接将道理层层深入；三是按照是什么、为什么、怎么样的顺序展开。

例如美妆品牌blankme半分一的短视频文案（见图2-4）：

爱一座城

如同爱一个人

请多多记得她的好

图2-4　blankme半分一短视频

短片借生活在上海的女性身上多样化的美，侧面展现出上海的城市魅力，同时传达品牌的理念。短视频内容从人物生活、到城市特质、再到人与城市的相融，情绪层层递进，传达blankme半分一想要帮助女性展现多样美的渴望。有了前面的铺垫，这种情绪的爆发就不会很突兀，更容易被消费者接受，体现由现象到本质的递进式结构。

（四）欲扬先抑式结构

欲扬先抑式也称"抑扬式"，是指为了肯定某人、事、景、物，先用曲解或嘲讽的态度去贬低或否定它，然后再肯定它的写作方法。例如要写某个人的好，开头先写他的不好，再通过表扬来说明他的好，但要注意"抑少扬多，扬能压抑"。不要让用户看到文案开头就知道结尾，而是要做到千折百转，让文案内容不停地给用户带来惊喜。

如故宫博物院微信公众号发布的文章《芳菲已尽？用故宫流行色留住春天！》，

（见图2-5）开头用立夏时节的惜春伤时奠定一种不舍与眷念的情感基调，然后再用故宫藏品中充满春天感的"生活好物"吸引用户的兴趣。

图2-5 故宫博物院文章《芳菲已尽？用故宫流行色留住春天！》

同步思考

四川文旅厅微信公众号在2023年3月22日世界水日发布《今天水一篇》，文案先用图片展示四川不同江河之美，在用户以为要宣传珍惜水资源的主题时，作者提出跟着四川"水"出发，找一个旅游目的地，然后分享锦江、长江、嘉陵江、黄河等江河之美，展现四川水资源的丰富和自然景观的壮美。

思考：文案采用的结构是什么，这种结构特点是什么？

四、新媒体文案写作流程

新媒体文案写作要有清晰的逻辑结构，遵循一定的写作步骤，才能写出结构清晰、逻辑严密、语言流畅能满足用户需求的文案。新媒体文案写作步骤如图2-6所示。

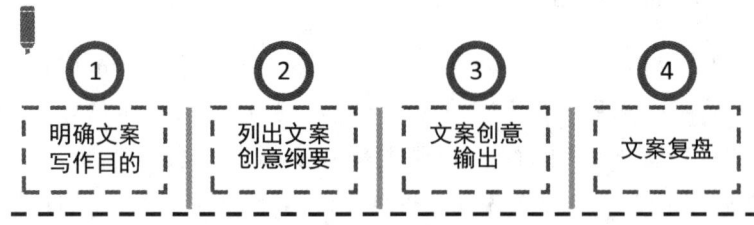

图2-6 新媒体文案写作步骤

（一）明确文案写作目的

文案写作目的不同，则写作重点不同，所运用的写作思路和方向就不同。只有目的确定了，写文案才会有方向，才能够有思考的基准，才有可能知道需要写什么样的内容来打动别人。文案的写作目的分为促进商品销售、品牌传播、与用户互动、活动推广，不同写作目的的不同写作重点如图2-7所示。

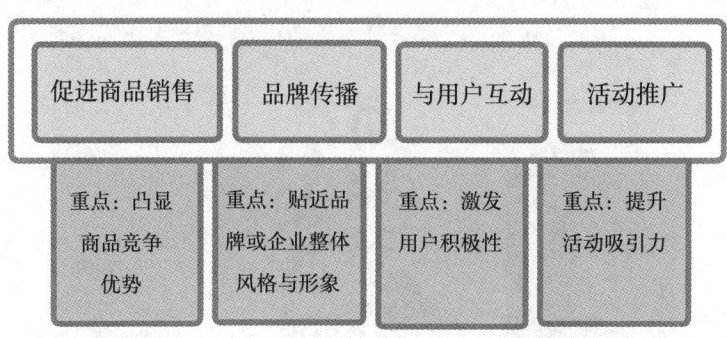

图2-7 不同写作目的的不同写作重点

例如，对比"清新福建 文旅之声"微信公众号里的两篇文案，发现其写作目的是不同的，如图2-8、图2-9所示。

图2-8 东方甄选来福建

图 2-9 以考古之光照见中华文明的根与魂

图 2-8 东方甄选来福建,主要是做活动推广,说明时间、形式和内容,重点展现产品活动的吸引力;图 2-9 则是品牌传播,从历史考证角度出发说明福建文化内涵深厚、底蕴丰富,塑造福建的风格形象。

(二)列出文案创意纲要

文案创意纲要也叫创意简报,在广告公司主要用来指导文案的创意、撰写及制作。但对于企业文案来说,自行列出文案创意纲要有利于文案的最终出品。要明确对谁说、说什么、怎么说,主要包含以下三个部分。

1.目标说明

简单具体地说明广告的目的或要解决的问题,同时包括产品或品牌相关名称、具体的目标消费者描述。以马蜂窝微信公众号文章《五一小长假带娃去哪玩?收好这 8 个推荐,小众玩法,精华路线,感受旅行意义!》为例,第一部分内容为:五一假期就快到了,许多家长已经开始规划旅行了!精选 8 条国内小众亲子旅行线路,近距离看火箭升空、探火山看石窟、对话长安璀璨文明、支教公益、保护珊瑚、穿越沙漠、房车漫游青海湖……这一段具体说明解决的问题是五一假期亲子游安排,具体的目标消费者是家庭。

2.支持性说明

对支持产品卖点的证据进行简要的说明。同样以上述马蜂窝微信公众号的文章为例,第二部分为读者推荐具体的旅游线路。例如第一个路线是海南火箭观礼,支持卖点的说明是消费者体验的活动内容:亲临火箭发射现场,仅60席VIP包场C位观礼、点火到升空1秒不错过;特邀航天专家科普讲座,现场与航天专家面对面交流;专业老师讲解太空育种知识,了解太空种子生长培育……

3. 品牌特点或品牌风格说明

对支持产品卖点的证据进行简要的说明。以上述海南火箭观礼为例,体验活动包含活动结束后获得硬核航天研学证书、证明专业性、提升活动吸引力。

(三)文案创意输出

营销人员需要提前进行市场调研,分析竞争对手和目标用户,然后搜集整理景区或产品相关资料,找出商品卖点,选择表现风格再输出文案内容。文案创意输出方法见图2-10。

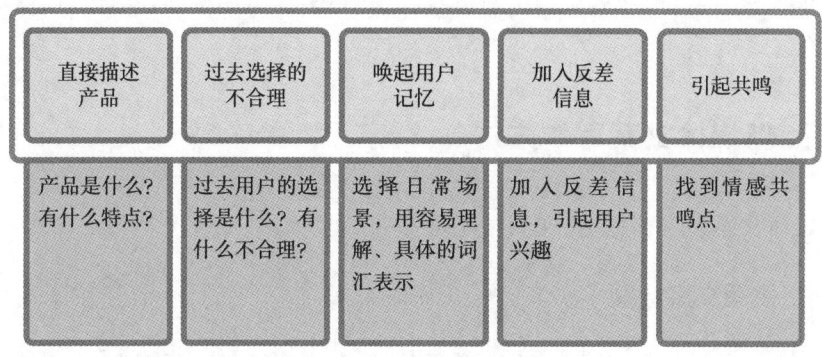

图2-10 文案创意输出方法

例如,撰写亲子游文案的流程主要为:第一分析用户。用户特点通常以家庭为单位,周边游为主,决策时间比较短。用户关注行程安全性、孩子喜好度、旅游对亲子关系提升度;第二分析商品卖点。商品卖点要围绕用户关注展开,针对亲子关系,要注重用户的核心需求,即是否适合家庭出游和方便照顾儿童,有没有危险。因此,文案内容要以软广为主,结合高价值的传达与适度的夸张描述,激发用户的好奇心。

> **同 步 思 考**
>
> "侠侣亲子"微信公众号发布的文章《三亚度假天花板!亚特兰蒂斯6周年,海景房低至1983元/晚,2大2小无限次畅玩水族馆和水乐园!抢国清明五一》显示,全家入住亚特兰蒂斯酒店期间可以无限次畅玩两大网红乐园(水族馆和水乐园),并打卡热门影视剧同款巨幕水族馆(见图2-11)。
>
> 思考:亚特兰蒂斯水上乐园的文案特点是什么?

图 2-11　亚特兰蒂斯水乐园

（四）文案复盘

营销结束后，营销人员需要重新梳理工作内容，总结优缺点，寻找可以改进的地方和方法。

五、新媒体文案写作方法

新媒体文案包含标题、正文和结尾三部分。

（一）撰写文案标题

在信息爆炸的时代，大量信息不断涌现，一篇文案要想脱颖而出、吸引用户点击阅读，一个优秀的标题至关重要。下面介绍标题的种写作方法。

1. 数字符号型

（1）数字型标题。

数字型标题是最常见的一种标题，通过具体数字能简明地表达出文章的主要信息，让用户在没看内容之前做到心中有数。而关于数字，这里也有个小技巧，奇数比偶数更能吸引读者。例如携程微信公众号发布一篇标题为《含税低至 700 元直飞，免签游两国！这座海滨城市，拥有千万块积木拼出的乐园！》的文章，标题中含有"700""两国""千万块"等字眼，表现出旅游地价格优惠、内容丰富的优势。

（2）符号型标题。

符号型标题是在标题里加个符号，可以使标题更具吸引力，比如加感叹号可以使标题语气更加强烈，加省略号可以激发读者的好奇。使用符号是当下比较流行的一种方式，更能吸引读者的关注。例如携程的微信公众号一篇文章标题为《首站常州！凤凰传奇演唱会即将开售！连唱两天！》，标题中连续使用三个感叹号，更容易引起读者注意。

2. 悬念式

悬念式标题利用了人们的好奇心,通过留下强烈的悬念来吸引读者点击阅读。

典型地运用了悬念式标题的例子有《国家级名单公布!漳州上榜的是→》《那天,盲人也看到了烟花》(见图2-12)。

图2-12　《那天,盲人也看到了烟花》

3. 视觉具体化

视觉具体化又称代入场景型标题。往往采用第一人称或是一些描述场景句子让用户产生视觉感,身临其境,从而增加文章感染力。例如标题《睡入2000亩茶园秘境!开门见茶山,推窗漫入竹海!山顶竹林温泉!杭州1h直达神仙山水!》就是很典型的视觉具体化,让读者身临其境;再如视觉具体化之前的标题为《河南甘肃美食联手》,经过视觉具体化之后,标题可以改为《"麻辣烫+砂锅"河南和甘肃这对旅游搭子升级"饭搭子"》,这样的标题更加生动和具体化,更能吸引读者的注意。

4. 反差式

反差式标题通过引入新的视角或对比,让标题变得与众不同,使读者耳目一新,是新媒体发展下的一种创新标题形式。数字对比、认知矛盾都是形成反差的方法。例如,普通标题为《安吉超火爆的动物酒店》,反差式标题为《住进古罗马斗兽场,与狮子老虎同眠》(见图2-13),反差式标题的吸引力更强。

图2-13　形同古罗马斗兽场的安吉狮王酒店

(二)撰写文案正文

新媒体文案正文包含开头、中间和结尾三部分,每部分的撰写需要采用不同的方法。

1. 撰写文案开头

开篇要能够在前三秒钟激发读者兴趣,争取留住他们的注意力。

(1)提出问题法。

开篇以问题为导向,引导读者带着问题阅读。例如一条记录凯里风光的短视频,开头为:"你赶过这样的老市集吗?它藏在深山里,没有吃喝,只有绣品。"

(2)情景导入法。

开篇通过文、图、音等营造场景,调动读者兴趣。例如某知名旅行博主的短视频文案写武汉,开头为:"嘿,武汉下樱花雨了,公交车站的樱花树,终于舒展开来,迎接518路。武大校园的樱花邮局开始营业,一颗樱花糖,点亮一个春天。"这条文案向读者展现了一个处处都是樱花气息的武汉,通过观看短视频,读者仿佛进入了樱花的世界。

(3)开门见山法。

开宗明义,直奔主题,不绕弯路。例如:"作为一个土生土长的哈尔滨姑娘,最近我的家乡变得很陌生。"

(4)故事引导法。

讲一个故事,调动读者兴趣。例如讲一个励志故事:"有个普通家庭出身的女孩,在毕业8年之后,靠自己的努力带着父母去环球旅行看世界,还给爸妈在海南买了一套房。"

(5)总结提炼法。

提炼文章大概内容,让读者提前了解主要信息。例如关于佛山的短视频开头为:"今天才把佛山介绍给您,是我的失职。它是美食天堂,不用我多说了吧。顺德作为功夫之城声名远扬,毕竟这是黄飞鸿、李小龙、叶问共同的故乡。"

(6)巧妙引用法。

引用网络热点或有趣故事,以此引出讨论话题。例如:"第二次看完《大鱼海棠》,我决定出发去寻找椿的家——神之围楼。"

2. 撰写文案中间

可以按照提前确定的文案结构如总分总并列式、递进式、欲扬先抑式撰写文案中间的内容。例如分析某知名旅行博主文案,如图2-14所示。

原文：	分析：
大理的蓝花楹 大朵大朵地开了 当洱海和翻涌的云 陪它一起装点初夏 我还怎么让你相信 这是现实不是漫画 在离洱海边最近的咖啡店 等一场盛夏 海浪声在敲打 就让晚风替我挽起你的头发 水面的粼粼波光 怎么都不肯停下 你说,那是银河吧 大理,是洱海的蓝 是蓝花楹的蓝 是白族扎染的蓝 蓝底白花的图案 是白族穿在身上的浪漫 而香气扑鼻的乳扇 和大理独特风格的小酸奶 是白族舌尖上的小圆满 人会在不同年纪、不同节气 反复爱上大理 爱上白族的浪漫 爱上味蕾绽放的饱满 爱上它风吹盛夏的慵懒 也爱上它上天入海的蔚蓝	【结构】 总:交代主题,初夏的大理 分:场景1,洱海边看海 分:场景2,白族扎染文化 总:情感升华,首尾呼应 (1)开篇吸引眼球(唤醒注意力/引起共鸣); (2)抓住读者最想了解的点/爆点,营造画面感; (3)深层次表达,深挖内容,除了景观还有人文意义等; (4)总结升华,情感表达。

图2-14 某知名旅行博主文案分析

3.撰写文案结尾

受众对文案的印象以及后续行为常常会受文案结尾的影响,不同的结尾形式会产生不同的营销效果。因此结尾部分也至关重要,主要的设计方法有转折结尾、引导行动式结尾、金句结尾、幽默结尾、制造场景结尾、话题讨论结尾等。

(1)转折结尾。

转折结尾利用出其不意的逻辑思维,使内容与结局形成反差,从而创造出令人意想不到的效果。这种写作方法的特点是正文营造的氛围会在读者读到结局时戛然而止,氛围落差会在读者心里产生震撼的效果,给读者留下深刻印象。

(2)引导行动式结尾。

引导行动式结尾也可以称为动之以情式结尾,这种引导行动式就是从情感上打动受众,让产品有温度、有情感,做到"以情动人"。这种结尾还可以通过说明利益和好处对受众进行引导。在推广文案中采用这种结尾方式,能够引导受众产生积极行

动,从而促进销售。例如,微信公众号"西安文旅之声"发布的文章《在老菜场!偶遇人间三月好春光》的结尾是这样的:

在西安这座有温度的城市/我们不仅需要的是/有个性化设计风格的建筑/我们还需要/不循规蹈矩的创意想法/抽空快来这里打卡吧。

常见的诱之以利从而促使受众产生行动的文案结尾,可设置为"现在下单,再赠送好礼三选,活动只到春节前!"这类意思直白的文字,或撰写"读者优惠购买通道,点击阅读原文或长按扫描图中二维码"等这样具有动作指向性的文案,也可促使受众产生购买行为。

(3) 金句结尾。

除了用名言开头之外,在写作新媒体文案时,还可使用金句结尾来深化文章主题,引起受众共鸣。这些金句可以来自名言警句、影视文学作品,还可以是文案人员个人总结,重要的是能帮助受众深刻地领悟文案思想,增强他们对文案的认同感。例如,微信公众号"西安文旅之声"发布的文章《就在今天!经典版〈长恨歌〉邀您入宫赏景!》的结尾是这样的:

2024《长恨歌》/长安故地,骊山脚下/历史悠悠,风华再现/让我们一起/体会传颂千年的爱情绝响/共赏震撼万众的盛世华章。

(4) 幽默结尾。

幽默的话语不仅能获得受众的会心一笑,还能与受众更好地互动,积累受众的好感。如文案能在结尾时使用幽默的语言,就会给受众带来很好的阅读体验。

(5) 制造场景结尾。

制造场景结尾就是通过环境影响受众,因为在一定的场景氛围内很容易带动受众的情绪,真实地打动他们。例如微信公众号"西安文旅之声"发布的文章《跑步、放风筝、野餐……这才是春日该有的模样~》的结尾是这样的:

还有超大的草坪/非常适合放风筝、野餐/静静躺平晒太阳/草坪广阔、流水潺潺/田园风十足/极适合喜欢安静漫步的小伙伴。

超大草坪见图2-15。

(6) 话题讨论结尾。

在文案结尾采用话题提问形式是新媒体文案常使用的结尾方法。提问可以引导受众思考,激发他们的互动积极性,促进留言互动,从而提升文案的互动和影响力。讨论的话题一般可以根据文案内容进行设置。

图 2-15　超大草坪

同步思考

四川文旅厅微信公众号发布的文章《我的心啊,我的心,整栋出租给四川的春~》结尾:"岁时春已半,人间正芬芳/四川春天拍拍你/该出门撒欢啦。"

思考:这篇文章的结尾属于什么类型?

任务二　掌握图片处理技能

案例导入

小红书是一个以分享购物心得和美妆护肤为主题的社交平台,其中一个重要的元素就是封面图。在博主克劳德的旅行的笔记里,封面图常选择一张美丽的风景照片,这些图片往往颜色鲜艳,极具吸引力,在快速吸引读者注意的同时还方便读者了解笔记的主题。例如她的笔记《新疆20点56分》(见图2-16),通过封面图明亮的色彩以及人物动作,读者可以直观地了解主题。

思考:分析克劳德的旅行的笔记《西藏没有海,也收集了世上所有的蓝》封面图(见图2-17)的特点。

图 2-16　克劳德的旅行笔记《新疆20点56分》

读图时代,图片作为视觉化呈现的重要一环,重要性不言而喻。无论是微信公众号、头条号还是百家号,都需要为文章配图。与传统媒体不同的是,新媒体配图的形式更加多样化,既有常规的图片插入,又有衬托文字场景的GIF动图,还有承载更多内容的信息长图等。

一、制作封面图

图2-17 克劳德的旅行笔记《西藏没有海,也收集了世上所有的蓝》

封面图就是用作文案封面的图片,是创作者内容制作水平、内容深耕领域、内容审美标准的重要体现,它能吸引受众的注意力并点击。作为进入受众视线的第一张图,封面图的重要性不言而喻。

(一)封面图的要求

1. 关联性强

封面图和文章内容的关联性要强,让受众看一眼就知道文章的主要内容,这样清晰明了的形式更符合当下"碎片化阅读"的特点。

2. 突出重点

在封面图上,使用突出的文字来凸显重点内容,让受众能够一目了然,从而帮助他们快速做出决策。

3. 风格统一

公众号系列文案封面图的风格统一,能给受众留下好印象,自然比"今天的封面图是风景、明天换成人物、后天换成漫画"的多变风格,更能获得受众的信任与好感。

(二)封面图形式

目前新媒体封面图主要有以下两种形式。

(1)直接使用图片作为封面图。

(2)将添加文字以突出文章主题的图片作为封面图。

(三)封面图的规格

不同的新媒体平台,封面图的规格有所不同,如表2-1所示。

表2-1 封面图的规格

类型	规格
微信公众号	长方形大封面尺寸:900 px×383 px(2.35:1) 正方形小封面尺寸:200 px×200 px(1:1)
微信视频号	竖版尺寸:1080 px×1260 px(6:7) 横版尺寸:1080 px×608 px(16:9)

续表

类型	规格
小红书	竖版图文封面：1242 px×1660 px(3∶4) 方版图文封面：1080 px×1080 px(1∶1) 横版图文封面：2560 px×1440 px(16∶9) 小红书视频封面：竖版视频封面：3∶4 横版视频封面：4∶3或16∶9
抖音	抖音个人背景图：1125 px×633 px 视频封面竖图尺寸：1242 px×1660 px(9∶16) 视频封面横图尺寸：1080 px×608 px
微博	微博主页封面图：980 px×300 px 微博头条封面图：980 px×560 px 微博焦点图片：540 px×26 px 微博长图：800 px×2000 px
B站	视频封面：1146 px×717 px

（四）封面图图片来源

要搜索高清无版权图片，建议使用谷歌图片搜索和必应图片搜索，它们在搜索图片内容的精准度和可用图片的丰富度方面都表现出色。常用的五个高清图片免版权网站是Gratisography、摄图网、FREEIMAGES、Pixabay、PhoTopin。

（五）制作封面图流程

制作封面图有很多工具，如PHOTOSHOP、美图秀秀、Fotor懒设计、创客贴等。其中创客贴、Fotor懒设计是两款极简的在线平面设计工具，无须下载任何客户端，只要计算机处于联网状态，打开浏览器进入网站即可使用。

以使用创客贴制作微信公众号封面图为例，具体操作如下。

步骤1：登录创客贴网站，根据网站的操作步骤提示，选择"开始设计"，如图2-18所示。

图2-18　登录创客贴网站

步骤2：选择常用场景下面的"公众号首图"，如图2-19所示。

图2-19　选择公众号首图

步骤3：在搜索框输入关键词，如"旅游"，然后点击搜索，如图2-20所示。

图2-20　输入关键词

步骤4：根据具体需求选择模板，如图2-21所示。

图2-21　选择模板

步骤5：选择好模板以后，在打开的页面中查看模板信息，然后点击左侧面板可以进行添加图片文字等素材，如图2-22所示。

图 2-22 添加图片文字等素材

步骤 6：完成字体字号的处理后，点击右上方以 png 形式下载封面图，将图片保存到电脑中，如图 2-23 所示。

图 2-23 处理字体字号

二、制作信息长图

信息长图是指长度较长、包含较多信息的图片，常用于详细解释某项活动流程或某件事情来龙去脉，帮助用户更直观地查看内容。例如，某景区为吸引更多游客，计划在 5 月份开展"满 200 减 20 元"的优惠活动，需要制作信息长图并在公众号发布，信息长图需注明具体活动内容、规则、时间等，同样以创客贴为制作工具，具体步骤如下。

步骤 1：进入创客贴网站首页，在左侧菜单栏中选择"模板中心"选项。在打开页面"场景"中选择"长图海报"，选择右下方的"免费"按钮，选择需要的模板，如图 2-24 所示。

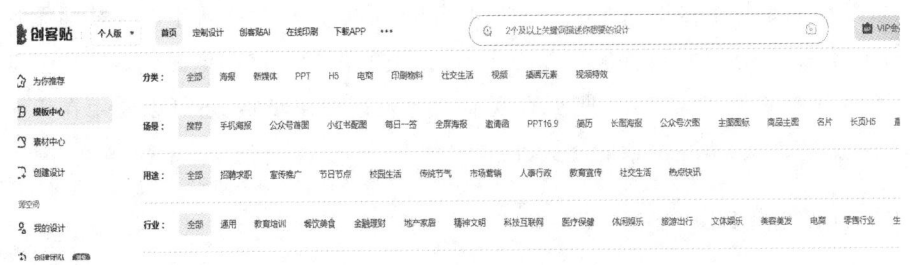

图 2-24 选择长图海报

步骤2：选择右下方的"免费"按钮，在打开的界面中选择自己需要的模板，如图2-25所示。

图2-25　选择模板

步骤3：在模板中进行内容修改，以图2-26选中的模板为例，"鸡尾酒买一送一"修改为"满200减20元"，模板中的时间、地点、联系方式、二维码也进行相应的修改。

图2-26　修改模板内容

步骤4：信息修改完成后，点击页面右侧的下载按钮，打开下载作品对话框，选择文件类型、尺寸、使用类型，此处保持默认设置，然后单击下载按钮，将制作好的封面图保存在电脑里。

三、制作GIF动图

GIF动图是将多张图像一帧一帧串联起来，形成一种动态效果。与普通图片相比，GIF动图更加生动，包含信息量更大，可以更好展示品牌和商品信息。GIF动图一般可使用在教程类文章中，能更直观清晰地表达操作步骤；还可以使用在娱乐类文章中，调动气氛，增强文章的阅读性。

（一）动图形式

GIF动图的形式主要有两种：图片组合转换动图和视频转换动图。

（二）动图制作工具

1. GIF 中文网

GIF 中文网是一款专业的在线 GIF 制作工具（见图 2-27），支持多种 GIF 在线编辑功能，包括 GIF 合成、视频转 GIF、GIF 压缩、GIF 拼图、GIF 裁剪、GIF 改大小、GIF 加字、GIF 分解等，操作简单快捷高效。该工具支持 jpg、png、GIF 等图像格式，以及 mp4 等视频格式。GIF 中文网需用户微信扫码登录后使用，提供免费版本和 VIP 版本，一般情况下，免费版本基本能满足用户需求。

图 2-27　GIF 中文网

2. GIPHY

GIPHY 是一个在线动态 GIF 图片搜索引擎（见图 2-28），可以帮助用户搜索互联网中的 GIF 动画图片资源，被称为 GIF 界的谷歌。的使用方法和其他搜索引擎一样，只需在页面顶部的搜索框中输入、上传自己想搜索的内容，就可以找到需要的结果。网站要求上传的 GIF 和视频必须小于 100 兆字节且短于 10 分钟。

图 2-28　GIPHY

3. GIFntext

GIFntext 是一款在线的免费 GIF 编辑器（见图 2-29），可将动画文本和图像添加到 GIF。该工具功能齐全，其中包含无强制水印、可在 GIF 上添加移动文本、在 GIF 上添加移动图像、控制文本在 GIF 上的显示时间、自定义文本颜色和轮廓、为 GIF 添加字幕或字幕、裁剪动图、调整GIF的大小、反转动图,同时还能够在GIF的每一帧上为添加的图像或文本添加动画,加快和减慢GIF,编辑和修剪GIF的开始帧和结束帧。

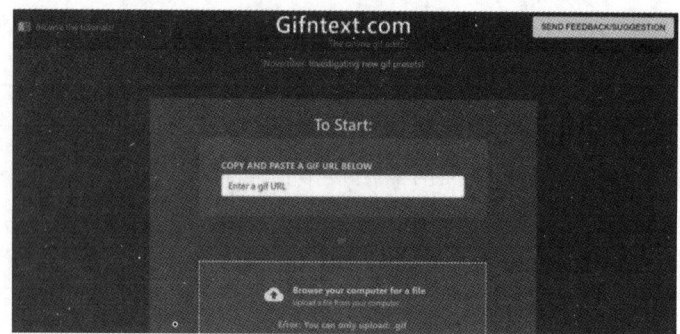

图2-29　GIFntext

(三)动图制作流程

以SOOGIF为GIF制作工具,GIF动图的具体制作流程如下。

步骤1:登录SOOGIF官网,选择左侧菜单栏的"多图合成GIF",如图2-30所示。

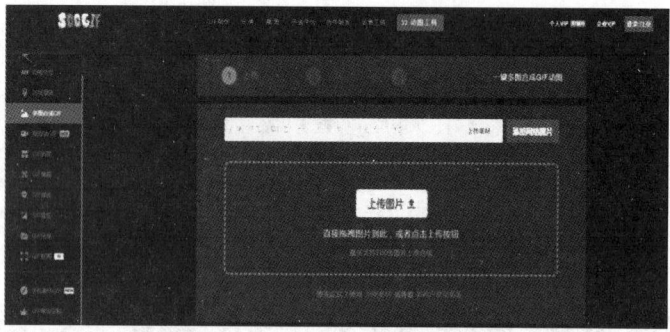

图2-30　SOOGIF官网登录界面

步骤2:添加要上传的图片,可以调整动图的速度、画质和尺寸,如图2-31所示。

图2-31　调整动图速度、画质、尺寸界面

步骤3:点击生成GIF并下载,也可以直接将生成的GIF复制到公众号,如图2-32所示。

项目二 掌握新媒体营销技能

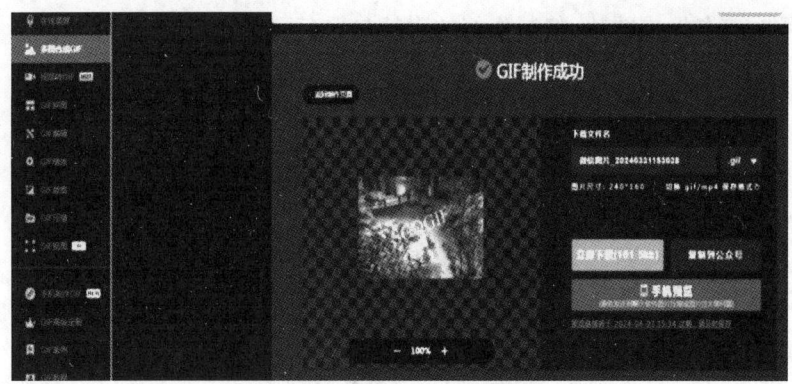

图 2-32　生成并下载 GIF 界面

四、制作表情包

表情包是语言和非语言符号组合形成的图案，它能将字符、图片组合起来，模拟表情、体态、动作，常被用来在网络交流中表达感情和情绪，用在新媒体文案中能增强文案的趣味性。

某景区为增强互动，打算制作表情包放在公众号文章里，具体制作流程如下。

步骤1：打开手机微信小程序，选择表情包制作工具并打开，如图2-33所示。

步骤2：先选择模板，再选择表情制作，最后添加文字，根据需求调整文字大小和位置，如图2-34所示。

图 2-33　选择表情包制作小程序

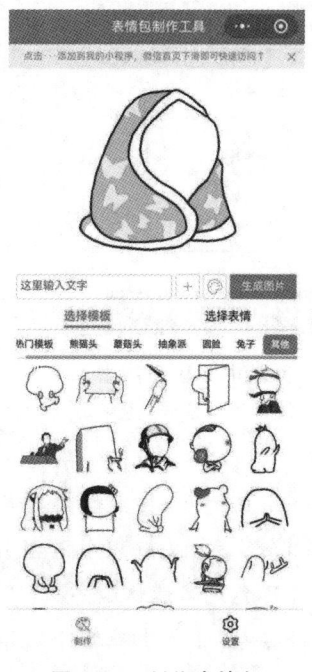

图 2-34　制作表情包

步骤3:点击生成图片,将制作好的表情包保存到手机,如图2-35所示。

图2-35　生成表情包

同步思考

某景区公众号为吸引受众关注,决定在三月推文中制作系列表情包,表现开心、惊奇、温暖等,封面图为表情包的合集。

思考:你将如何完成以上任务?

任务三　掌握图文排版技能

案例导入

图2-36　青岛市文化和旅游局微信公众号

旅游行业的微信公众号受众广,一般选题方向主要为旅游景点介绍、旅游攻略、特价优惠福利、园区相关通知等,文案内容整体倾向于给受众提供有意义、价值的内容。以青岛市文化和旅游局微信公众号为例(见图2-36),其字体字号统一文字字号在14—15 px,字间距在1—1.5 px,行间距在1.75—2 px,对齐方式为两端对齐。整体文章内容分段多,有效减轻了受众的阅读压力。

一篇文案,如果能图文并茂,就会给受众带来视觉冲击力。受众既可以阅读文本,又可以观赏图片,文字的内涵与视觉的美感的融合,极大地提升了受众阅读体验。

思考:公众号图文排版有什么要求。

优质的排版一定是以受众阅读体验为前提,减轻阅读压力,让受众看得舒服,看得轻松。优质的排版能把文章的逻辑理顺,清晰展现内容概述、重点词句,让受众在最短的时间内理解文章所传达的意思。文章中的文字色调、配图风格、头尾引导等排版模块,都会影响受众对公众号或品牌的认知。

一、常见的图文排版工具

(一)秀米编辑器

秀米编辑器(见图2-37)是一款在线图文排版工具,常用于微信公众号文章的排版,也可制作H5动图,进行图片设计。制作好的文案可以通过复制粘贴和同步上传两种方式上传至微信公众号后台,也可以生成链接单独分享至微信朋友圈。

图2-37 秀米编辑器

(二)135编辑器

135编辑器(见图2-38)是一款在线图文排版工具,拥有大量模板,操作简单,可以编辑微信公众号文章,也可以将已排版的文章转换成图片并发布到小红书、微博、知乎等新媒体平台,同时授权将内容同步至微信公众号后台。一个编辑器账号可以同步管理多个微信公众号。

图2-38 135编辑器

（三）365编辑器

365编辑器是一款实用的微信图文排版和内容编辑器的在线工具（见图2-39）。编辑器里有丰富的模板和素材，用户可根据自己的需求选择合适的模板去排版，提高文章编辑的效率。同时365编辑器还支持用户将处理好的文章一键同步至微信公众号，也可以分享至微信朋友圈。

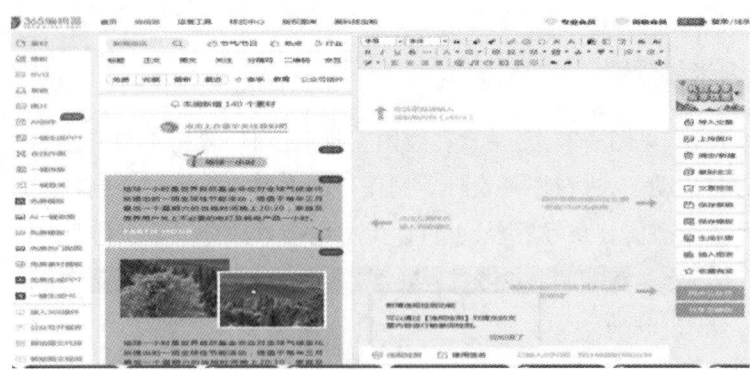

图2-39　365编辑器

二、图文排版原则

为避免内容杂乱，一篇文案的整体风格需要保持统一。即无论图片数量多少，都应保持整体页面的设计风格一致，避免出现混乱的视觉效果。同时要注重的文字搭配，图片与文字的结合是设计的关键，要合理搭配文字和图片，使信息传达得更加清晰明了。

在图片排版中，适当留白可以增加页面的呼吸感，使整体布局更加舒适自然。具体的留白操作如下。

（1）文字颜色：以灰黑色为主，#7f7f7f、#565656、#3f3f3f的视觉效果较好，重点强调的信息可以采用暖色系颜色，如采用红色橙色等突出显示。

（2）文字字号：建议字号保持在14—20 px，微信公众号文章正文字号一般为14—16 px。

（3）字间距：字间距一般设置为1 px或2 px，微信公众号行间距一般为1.5—2倍行距，当正文字号为15 px，段间距一般为10 px或15 px。

（4）字体：同一篇文章中使用字体一般不超过三种。

三、使用135编辑器排版

135编辑器功能全面、模板丰富，是常用的排版工具。某景区结合三月出游主题,准备在微信公众号上推出一篇主题为推荐四个适合出游的景点的文章,并运用135编辑器进行文案内容的排版。具体操作流程如下。

步骤1:扫码登录135编辑器,进入135编辑器主界面,输入文字信息,如图2-40所示。

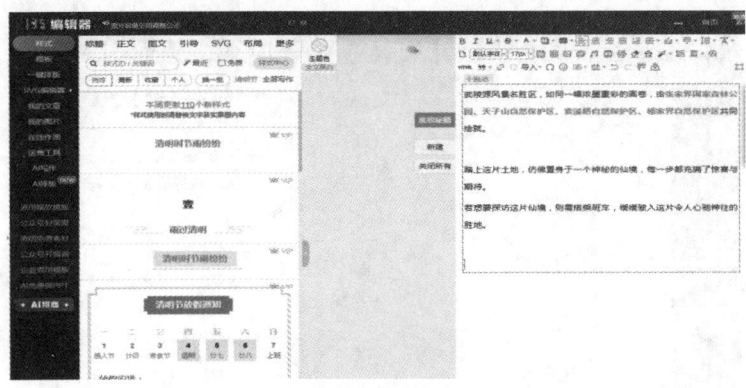

图 2-40　登录135编辑器

步骤2:单击编辑工具栏中的单图上传按钮,打开对话框,选择要插入的素材图片,将图片居中对齐,如图2-41所示。

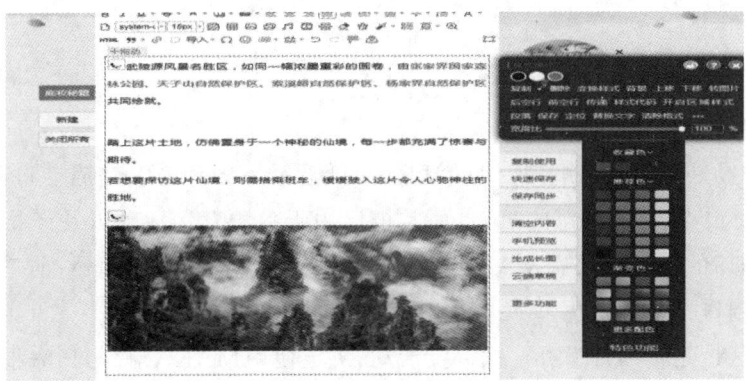

图 2-41　上传图片

步骤3:选中左侧样式功能区中标题,选择编号标题选中样式,应用于下图中。输入标题内容湖南:张家界,如图2-42所示。

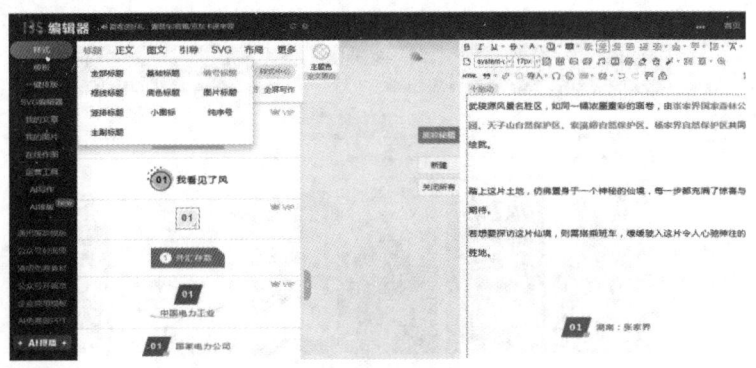

图 2-42　标题设置

步骤4：重复以上步骤输入标题和插入图片。

步骤5：选中文字，进行字体字号颜色及行距排版，CTRL＋A全选文案，单击工具栏中15 px选项修改，颜色选用#7f7f7f，重要内容用绿色突出显示，行距选择1.5倍，如图2-43所示。

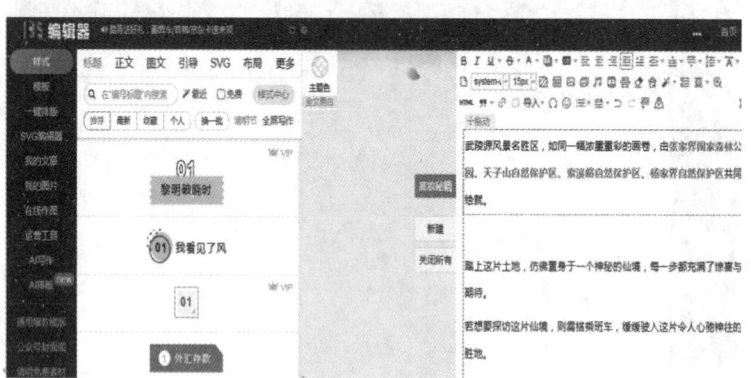

图2-43　整体排版

步骤6：排版完成后点击界面右侧快速保存文案，单击界面左侧"我的文章"选项卡查看保存好的文案。

四、使用MAKA制作H5海报

H5海报是利用H5制作而成的海报，可随意插入图片、文字、链接和音视频等。能直观显示丰富营销信息的H5页面常被运用于各种营销活动以及产品简化宣传中。制作H5的工具主要有MAKA、易企秀、高定设计和秀米编辑器，前三个工具库可以在线制作，非常快捷。

某景区计划在四月举办一次寻宝活动，决定使用MAKA制作H5海报进行活动宣传，具体操作流程如下。

步骤1：进入MAKA官方网站，打开MAKA首页，单击模板中心选项，打开模板页面，如图2-44所示。

图2-44　MAKA官方网站登录界面

步骤2：选择品类里的"手机海报"，选择合适的模板打开，点击开始制作，如图2-45所示。

图2-45 选择模板界面

步骤3：修改模板里的标题、时间、活动说明及联系方式、活动地址、二维码等信息，如图2-46所示。

图2-46 修改内容界面

步骤4：海报制作完成后点击下载保存，如图2-47所示。

图2-47 下载保存界面

课堂实训

一、实训目标

福建省福州市长乐区梅花镇是历史上著名的古镇,也称"梅城"。梅花镇有"闽江南喉"之称,是闽江口海防要津,历代军事之要塞,古代因山多植梅花而得名。镇里保留了大量历史文化遗迹,保存较为完整的有明朝海防古城墙、蔡夫人庙、林位宫等,新近发掘的还有明代万历年间的"清官碑"。请为福州长乐梅花古镇撰写新媒体文案,提高梅花古镇知名度。

二、实训准备

项目分组:将学生按4—6人分成四组,明确每组工作任务,并完善分组任务表(见表2-2)。

表2-2 学生分组任务表

组别	工作任务
1	用九宫格思考法寻找选题
2	列出文案创意纲要
3	撰写文案,文案标题和正文须体现利益点
4	使用135编辑器排版

工作准备:熟悉标题及正文写作方法

三、实训操作

引导问题:如何找到梅花古镇新媒体文案的切入点

(一)明确文案写作目的

文案写作的目的是进行梅花古镇的品牌传播,写作重点是贴近品牌或企业风格,结合梅花古镇的景点,使用九宫格思考法寻找选题,并填写表2-3。

表2-3 使用九宫格思考法寻找选题

九宫格思考法是画一个九宫格,在中间的格子填上想要发挥的主题,然后根据

这个主题自然联想,想到什么就填到周围的格子内。九宫格思考法是在选题策划阶段用于发散思维和搜集信息的一种方法。它本质上是一种结构化的思维方式,通过自问自答的方式来展开思维。具体来说,可以针对特定主题划分九个格子,每个格子代表一个问题,通过回答这些问题来搜集关于主题的信息,其中涵盖事实性和主观性信息。九宫格的数量并不一定限定为九个,每个问题都可以进一步细化,形成新的九宫格。

(二)列出文案创意纲要

(1)目标说明。

简单具体地说明梅花古镇传播文案的目的或要解决的问题,也包括产品或品牌相关信息、具体的目标消费者描述。

(2)支持性说明。

对支持产品卖点的证据进行简要的说明。支持产品卖点的证据是产品或服务特定的优势或价值主张,需要通过具体的事实或数据来支持。例如明朝海防古城墙、梅花古镇东门、蔡夫人庙等历史景点的支持卖点是其具有很高的军事学术研究价值。

(3)品牌特点或品牌风格说明。

对品牌特点或品牌风格进行简要的说明,如具有浓厚的历史底蕴等。

(三)文案创意输出

(1)确定文章写作结构。

(2)撰写标题。

可以采用视觉具体化标题,如"暗香疏影 唯有梅花开""江南无所有,聊赠一枝春"或数字符号标题"100亩梅花含苞待开"等。

(3)撰写正文。

可以运用总分总结构来进行正文的撰写。例如:总——说明梅花古镇的总体情况;分——分层次展开梅花古镇景点特点,突出重点是梅花;总——概括梅花古镇的特色,和主题呼应,邀请游客来此游玩。

(四)文案复盘

结合用户特征,修改文案。

(五)使用135编辑器排版文案

(1)扫码登录135编辑器,打开文档(梅花古镇文案),将文案复制到135编辑器中。

(2)准备图片素材,选择插入,点击单图上传,调整图片大小并居中排列。

（3）选择标题样式，调整字体字号颜色行距等。

（4）单击快速保存，点击"我的文章"选项卡，查看保存好的文章，完成排版。

四、实训评价

完成上述内容后，教师填写表2-4对学生进行评价，学生填写表2-5、表2-6，进行实训互评和自评。

表2-4 实训评价表（教师）

序号	评分内容	总分	教师打分	改进意见
1	是否能根据九宫格思考法列出选题			
2	选题是否具备创意			
3	文案创意纲要是否符合要求			
4	文案标题是否独特且具有吸引力			
5	文案正文是否按照结构要求组织			
6	文案排版是否美观，符合主题要求			

表2-5 实训评价表（学生互评）

序号	评分内容	总分	教师打分	改进意见
1	是否能根据九宫格思考法列出选题			
2	选题是否具备创意			
3	文案创意纲要是否符合要求			
4	文案标题是否独特且具有吸引力			
5	文案正文是否按照结构要求组织			
6	文案排版是否美观，符合主题要求			

表2-6 实训评价表（学生自评）

序号	完成情况	评分	改进意见
1	是否在规定时间内完成（20%）		
2	任务完成效果（50%）		
3	团队合作精神（20%）		
4	材料上交情况（10%）		
5	总分（满分100分）		

实战案例

案例1：文旅博主房琪kiki：为何能点燃千万人的心？（节选）

首先，房琪有着出色的内容创作能力。房琪的旅行记录不同于一般的旅游攻略或游记。她的视频往往充满了情感和深度，她用文字和镜头捕捉到了旅行的精髓和美丽。在她的视频中，我们不仅可以欣赏到美丽的风景，还可以感受到她的情感。她的每一篇作品都充满了情感和温度，用细腻的文字和深情的语言，描绘出一个个令人向往的旅行目的地。她不仅分享了美丽的风景，还分享了她在旅途中的故事和体验，让读者能够深入地了解每一个地方的人文风情。这种深入人心的内容创作方式，使得她的作品具有了极高的吸引力。

其次，房琪有着独特的个人魅力。房琪的视频文案往往富有诗意，她用文字描绘出旅行的美好和意义。例如，她在描述某个城市时，会用细腻的文字描绘出这个城市的特色和氛围；在描述某个景点时，会融入自己的情感和感受，使得观众能够更好地理解和欣赏这个景点。她的语言风格清新自然，娓娓道来，仿佛是一位老朋友在和你分享她的故事。她的笑容充满感染力，让人感受到阳光和温暖。她的热情和坚持也激励了无数的人去追求自己的梦想。这种独特的个人魅力，使得她能够和千万网友建立起深厚的信任和情感连接。

再次，房琪懂得如何与粉丝互动。除了文字，房琪还擅长运用镜头来记录旅行的点滴。她的视频中充满了生动的画面和感人的细节。她擅长捕捉旅途中的美好瞬间，让观众能够感受到旅行的魅力和意义。房琪的文旅视频不仅仅是关于旅行的记录，更是关于生活的思考和感悟。在她的视频中，我们可以看到她对旅行的热爱和对生活的敬畏。她用自己的方式诠释了旅行的意义和价值，让我们更加深入地思考旅行的本质和意义。她在每一篇作品中都会留下一些问题或者话题，引导读者进行思考和讨论。这种互动方式使得粉丝们能够更加深入地参与到她的内容中，也使得她的作品更具影响力。同时，她也会积极回应读者的反馈和建议，这种互动和沟通的方式，让她与粉丝之间建立了紧密的联系。

最后，房琪有着强烈的社会责任感。她不仅在视频内容中传递了积极向上的价值观，还积极参与公益活动，用自己的影响力去帮助那些需要帮助的人。这种社会责任感使得她不仅仅是一个网红博主，更是一个有温度、有情怀的社会使者。

（节选自微信公众号地球网红局文章《文旅博主房琪kiki：为何能点燃千万人的心？》。）

思考：观看一篇房琪的文案并深入分析文案特点。

案例2:后疫情时代崛起的旅游博主是如何制造爆款的?(节选)

旅游博主木齐制造爆款的方式如下。

1. 内容定位

木齐的视频内容十分丰富,每到达一个站点都会拍摄与剪辑。他会对某个景点进行规划,按自己规划的路线到达,用视频代替文字,将风景记录下来。他拍摄的地方都十分美丽,令人心驰神往。网友在不能出门的时候,跟随他的视频来云旅游,愉悦心情。

2. 变现方式

截至2022年9月,小红书上#旅游#话题有24.3亿次浏览量,发布的内容大多分为三类:一是旅游攻略,如最适合情侣去的5个地方或××城市应该如何玩;二是旅行Vlog,记录博主的游玩过程;三是从旅行延伸出的安全问题,如旅游住酒店要注意这7点。第三类账号的涨粉需要依靠扎实、优质的内容,而不仅仅是单支爆款内容。一些露脸的旅行博主的变现方式基本还是广告,但投放品牌较广泛。以博主木齐为例,他在2022年9月一共接了两条广告,单条视频报价18万,图文报价20万,是一笔非常可观的收入。旅游博主这个职业看似光鲜亮丽,但实际上背后需要极大的毅力和坚持。

如果决定成为旅行博主,成功的关键是垂直定位,内容专注于旅游这个细分领域。如果能有一条原创内容在市场上大受欢迎,账号将会迎来显著的转变。以下是运营账号的几点建议。

(1)对目标用户进行画像。旅行博主的黏性受众主要是热爱旅行、享受生活的用户,可以通过拆分详细的旅行主题,进一步细分目标受众。

(2)封面要形成自己独特的风格。可以是单图,也可以是多图合成配以文字,还可以搭配表情包、感叹号等。

(3)文案排版需要分段处理。在旅行笔记中,详细记录旅游攻略和美食推荐等内容,使读者能够直接收藏。博主应当专注于内容创作,可以制定自己的固定模板,确保内容的深度和实用性。

(4)弱化营销痕迹。在早期阶段的文案中,避免过度推荐产品,以免被认定为营销账号,从而无法获得推荐和引流,更应该注重推出高质量的原创内容。

(5)可以在内容中巧妙地使用热门关键词。例如"旅游""必打卡地××",并且可以精确地针对特定的目标受众。

(节选自微信公众号摸鱼运营社文章《后疫情时代崛起的旅游博主是如何制造爆款的?》)

思考:如果你计划成为一名旅游博主,你该如何运营自己的账号。

项目三　旅游网站营销

项目情景

　　互联网的全球化和公开化特征使得旅游者拥有了比过去更大的选择空间,他们可根据各自的意愿和需求在全球范围内寻找满意的旅游产品,而不受地域限制。旅游信息渠道日益增多,旅游目的地的官方网站已经成为提升旅游目的地公信力的重要途径。政府在组织和操作方面具有显著的优势,因此,旅游者往往对政府官网产生更强的信任感。此外,诸如携程、去哪儿等在线旅游品牌网站,因其庞大的信息存储量和及时更新的功能,能够确保旅游者获取到最新的所需信息。旅游者只需轻点鼠标,就能实时查询和预订如机票、酒店以及旅游线路等,几乎所有事务都可以在几分钟内完成。这种便利性显著促进了旅游市场中买卖双方建立起"双赢"的价值体系。

　　为建设一个优秀的网站,首先要了解旅游网站的概念、特点及优势。其次需要做好网站营销准备,明确网站营销目标及定位,设计网站功能模块及栏目结构,搜集全面、详细、准确、及时的旅游信息,开发综合服务产品,提升网站技术,保障网站安全性。最后,要开展网站营销策划,通过分析旅游网站营销问题,实施解决方案,即提升品牌影响力、打造差异化产品、实现精准营销、采用多渠道营销模式、提升用户满意度等。

教学目标

1. 知识目标

（1）了解旅游网站的概念及特点；
（2）了解旅游网站的优势。

2. 能力目标

（1）能够明确网站目标和定位，设计网站功能模块和栏目，搜集旅游信息，开发综合服务产品和提升网站技术；
（2）能够分析网站营销问题；
（3）能够开展网站营销策划；
（4）强化安全意识、底线意识和法律意识；
（5）守正创新，培养团队协作精神。

思维导图

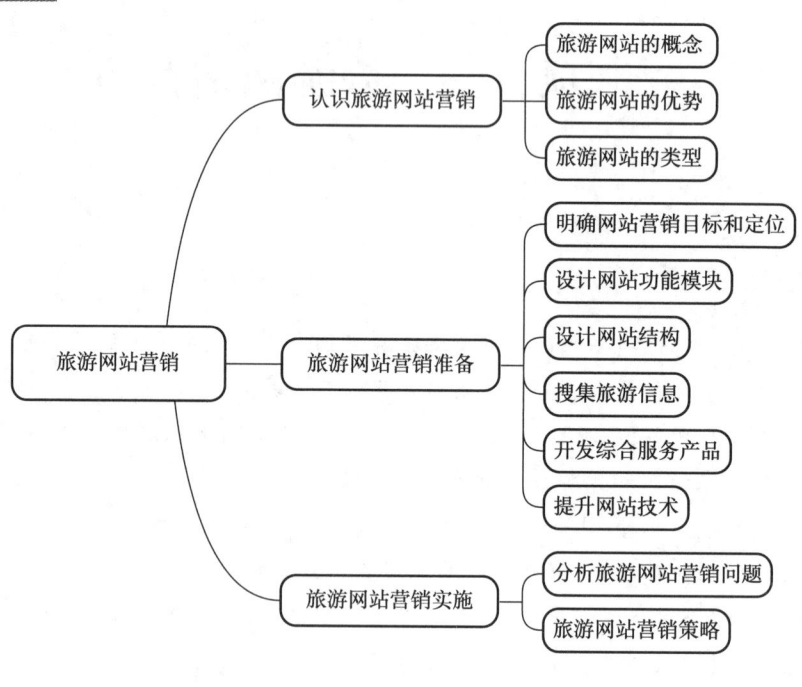

任务一　认识旅游网站营销

案例导入

黄山市旅游资源丰富，官方平台自2019年上线以来，便积极整合黄山风景区、黄山市及周边文旅资源及要素，发挥黄山旅游品牌优势，应用"互联网＋"、大数据、人工智能等技术，构建"吃、住、行、游、购、娱"一站式旅游产品和便捷智能服务平台，打造集智慧服务、智慧管理、智慧营销于一体的目的地智慧旅游创新运营体系。

官方平台为游客提供支付宝、微信小程序和公众号、H5和PC官网等多端口的登录入口，可满足不同终端用户使用需求。进入平台后，用户可一键实现景区景点、酒店民宿、租车导游、土特产品和文创纪念品等全业态文旅产品的预订服务,还可在平台上发现更多"惊喜"内容,如新鲜玩法、特色活动、出游攻略等。平台界面准确囊括了旅游出行的必备干货,也为用户旅途的行前、行中提供了更多信息参考。

思考:旅游官方平台具有哪些优势?

在网络空间运营商务,关键在于建立一个高质量的网站。网站的质量决定了在线商务的成败。当前,许多国内旅游企业已经进入互联网,但仍然面临着网页内容不丰富、信息量不足及互动功能不强等问题。

一、旅游网站的概念

旅游网站是指通过互联网向用户提供旅行相关信息、服务和预订功能的在线平台。这些网站可以包含旅游目的地的介绍、景点推荐、酒店预订、交通工具安排、行程规划等内容。通过旅游网站,用户可以方便地查找并选择适合自己的旅行项目,提前做好行前的各种准备工作。

二、旅游网站的优势

旅游营销者可以充分利用网络营销优势,做好服务和促销工作。网络具有成本低廉、快速便捷、手段多样等优势,因此利用网络进行旅游服务和促销活动具有广阔的发展前景。

1. 利用网络提供多种服务

例如网上调查。旅游营销者可以通过电子布告板、电子邮件、电子刊物等进行形式多样的旅游调查活动及促销活动。通过网络,旅游营销者可以很轻易地对旅游者进行各种调查——只需按计算机中的网络用户名单发送一些电子邮件即可。而对旅游者来说,接受调查也变得轻松多了,轻松到只需按几下鼠标。随着计算机技术与网络的进一步发展,还出现了一些全新的网上促销方式,如虚拟现实旅游体验,等等。

2. 促进旅游产品定制营销的发展

随着社会经济的发展,个性化消费日益成为人们的追求目标。在旅游业中体现为对个性化旅游体验的追求,如个性化旅游线路、独特的旅游经历以及定制的旅游纪念品等。但是,由于以往信息交流手段本身的局限性,旅游营销者很难了解到每一个潜在旅游者的需求,个性化的旅游很难成为旅游活动的主流。网络营销的应用,则为个性化的旅游的实现提供了先决条件,这种全新的信息交流方式使旅游营销者可以清楚地了解到每一个旅游者的兴趣、爱好和要求。旅游线路设计体系与旅游纪念品制造系统的完善,则进一步为个性化旅游提供了物质基础,旅游企业可以在成本上涨幅度不大的前提下,为旅游者提供多样化的旅游线路和不同的旅游纪念品,推动旅游产品朝着量身定制的方向发展。在这些背景下,旅游产品的定制营销将成为旅游营销的重要组成部分,个性化的旅游将成为旅游活动的主流。

3. 利用网络转账支付方式进行旅游产品的网上交易

旅游企业通过网络为旅游者提供所需要的旅游信息,为旅游者设计旅游线路,并帮助安排交通和住宿等,旅游者可以利用网络直接与旅游企业进行交易。

三、旅游网站的类型

除官方旅游网站外,国内知名的旅游网站有携程旅行、同程旅行、飞猪旅行、去哪儿网、马蜂窝、途牛旅游网等。

1. 携程旅行

携程旅行是一个在线票务服务公司,创立于1999年,总部设在中国上海。携程旅行网拥有国内外五千余家会员酒店可供预订,是中国领先的酒店预订服务中心。2004年9月携程旅行与招商银行联合推出国内首张双币种旅行信用卡。2021年11月,携程旅行位2021年中国互联网综合实力前百家企业第18名。

2. 同程旅行

同程旅行创立于2004年,总部设在中国苏州,是中国领先的休闲旅游在线服务商,国家高新技术企业,商务部首批电子商务示范企业,同程旅行连续三年入选"中国旅游集团20强"。2020年4月,同程艺龙宣布正式启动品牌升级,"同程旅游"App及"同程艺龙"小程序更名为"同程旅行"。

3. 飞猪旅行

飞猪旅行是阿里巴巴集团旗下的综合性旅游服务平台,提供国内外交通、酒店住宿、景区门票、目的地游玩等产品及旅游周边服务。飞猪旅行开创了旅游企业和品牌的官方旗舰店模式,为商家打造"第二官网",在这里,商家可以直接与消费者进行互动,自主运营、管理和累积其数字化资产,飞猪旅行将推动旅游业的数字化转型作为长期战略。

4. 途牛旅游网。

途牛旅游网2006年创立于南京,作为中国领先的休闲旅游公司,途牛旅游网为线上、线下消费者提供包括跟团、自助、自驾、邮轮、景区门票,以及公司旅游、机票、酒店等在内的产品和服务。途牛旅游网先后打造了高品质跟团游"牛人专线"等一系列产品品牌。伴随着用户出游趋势的个性化、碎片化,途牛旅游网建设了全品类动态打包系统,实现了"打包订,更便宜"的产品优势。

5. 马蜂窝

马蜂窝是中国领先的旅行玩乐平台,创立于2006年,得益于"内容+交易"的核心优势,马蜂窝将复杂的旅游决策、预订和体验,变得简单、高效和便捷,是广受中国年轻一代追捧的旅行网站。

6. 美团

美团作为中国领先的生活服务电子商务平台,拥有美团、大众点评、美团外卖等被消费者熟知的App,服务涵盖餐饮、外卖、打车、共享单车、酒店旅游、电影、休闲娱乐等200多个品类,业务覆盖全国2800个县区市。截至2019年9月,美团年度交易用户总数达4.4亿,平台活跃商户总数达590万,用户平均交易笔数为26.5笔。

7. 去哪儿网

去哪儿网作为中国领先的旅游搜索引擎,也是全球最大的中文在线旅行网站,创立于2005年2月,总部在北京。去哪儿网为消费者提供机票、酒店、会场、度假产品的实时搜索,并提供旅游产品团购以及其他旅游信息服务,为旅游行业合作伙伴提供在线技术、移动技术解决方案。去哪儿旅行App首页如图3-1所示。

图 3-1 "去哪儿旅行" App 首页

任务二 旅游网站营销准备

案例导入

> 为了强化消费者对于"比价"的认知,去哪儿旅行发布了一款喜感十足的 TVC(Television Commercial,电视广告片),用两个脑洞反转小故事,让"旅行上去哪儿旅行比比看"成为用户出游前的行为模式。短片虚构了两个经典"白日梦"幻想:在飞机上遇到迪拜富豪一家出价百万请求互换飞机舱位;成为豪华酒店第9999位幸运顾客获得总统套房终生免费入住大奖。当幻想掉落到现实,形成强烈的反差,制造了"天上掉馅饼的快乐很难有,比价的快乐天天有"的趣味化卖点输出。
>
> 思考:趣味性卖点输出有什么作用?

随着互联网的普及和人们对旅游需求的增加,旅游网站在市场中的竞争也越来越激烈。为了在激烈的竞争环境中脱颖而出,旅游网站需要制定并实施一系列的营销策略来吸引用户并提升品牌影响力,主要准备工作如下。

一、明确网站营销目标和定位

旅游网站旨在为用户提供最新、最全面的旅游信息,包括旅游景点介绍、酒店预订、机票预订等,成为用户在计划旅行时的首选网站。

1. 明确网站营销目标

旅游网站的营销目标通常包括提高品牌知名度、吸引更多的潜在客户、提升客户满意度,以及提高企业的经济效益。通过网络营销,旅游企业可以突破地域限制,增加市场份额。

2. 明确网站营销定位

要明确网站营销的定位,核心是了解目标用户群体的需求。首先需要明确该用户群体的类型及其特点,进而确定产品的市场定位。随后,通过及时宣传并更新旅游信息,为游客提供一个全面、便捷的旅游服务平台及沟通渠道,了解用户的想法和建议。

例如,作为中国首屈一指的综合性旅行服务公司,携程旅行精准锁定了中等收入及以上水平的白领阶层作为主要目标客户群,其服务重心聚焦于三大核心客户群:追求高品质的星级酒店住客、频繁出行的商务人士,以及追求生活品质的中高档成功人士。这些客户的出行以商务旅行为主,辅以散客出游,这使得携程旅行的业务运营呈现出较为稳定的态势,有效规避了传统旅游行业因季节变化而带来的利润波动。针对这一特定用户群体的消费需求与习惯,携程旅行精心策划了一系列多元化、个性化的旅游产品,涵盖家庭出游、亲子时光、情侣度假、朋友聚会等多种场景,提供了涵盖全国知名景区的门票与周边酒店配套套餐,以及远离尘嚣的郊区度假胜地与配备丰富休闲设施的酒店套餐,极大地拓宽了消费者的自由行选择范围,并简化了决策过程。此外,携程旅行还依托先进的技术力量,实现了线上线下无缝衔接的 24 小时客服支持,确保用户随时随地都能享受到便捷的服务。其创新的会员制度,包括免费注册即享的折扣优惠、会员等级晋升体系,以及充满活力的在线社区与 VIP 专属服务区域,不仅增强了用户黏性,还为其市场营销战略增添了强有力的保障,助力其在竞争激烈的旅游市场中持续领跑。

二、设计网站功能模块

常见的网站功能模块主要包含。

1. 网站信息发布系统

网站信息发布系统主要用于本站会员信息的发布和管理,以及企业会员商业信息的发布和管理。

2. 网站订单系统

网站订单系统主要用于游客在网站上订购酒店、往返机票、景区门票等，这种系统方便业务管理、具有强大的订单查询和数据统计功能。

3. 线路预订系统

线路预订功能是旅游网站电子商务化的关键要素之一，它不仅是吸引用户访问的主要驱动力，也是用户利用旅游网站进行行程规划的核心目的。这一功能模块专为旅行社设计，便于其高效地发布、管理并销售多样化的线路产品。同时，它也为网站会员提供了一个直观、便捷的在线预订平台，使他们能够轻松浏览并预订心仪的旅行线路。通过这种方式，旅行社成功地将传统线下线路产品的销售模式转移至线上，不仅拓宽了销售渠道，还探索了更多元化的销售方式，从而开辟了全新的盈利增长点。

4. 文章攻略系统

旅行网站利用文字介绍特定旅游景点、线路和目的地，向网站访客传递详尽的旅游信息和实用的出游经验。通过内容营销推广，特别是利用文章攻略功能进行SEO优化，旅行网站能够在线上扩展客户群，增加网站的流量和销售量。

5. 签证服务系统

随着世界全球化的发展和交通技术的不断进步，世界旅游市场不断壮大，办理旅游签证变得更加普遍和便利，很多国家为促进当地旅游业的发展专门为来访旅游者颁发旅游签证。为了方便旅游者，旅游网站管理系统的签证服务是必不可少的。

6. 在线支付系统

为了能够同步实现预订与支付的实时性，对支付方式而言，管理系统应自带各种支付接口，如网银、支付宝、微信、快钱、财付通等。

以携程旅行网站界面为例（见图3-2），完整展示以上六大功能模块，即展示信息发布、文章攻略（攻略、景点）、签证服务、线路预订、订单和支付系统。

图3-2　携程旅行网功能模块

三、设计网站结构

旅游网站内容丰富,包括线路、景点、旅游资讯、酒店、机票、租车、签证、户外拓展等。优秀的旅游类网页设计应确保易读性高、视觉对比度明显、信息层次结构清晰,以及信息展示清晰易懂。后台管理应方便快捷,同时保证搜索引擎友好,以降低用户的学习成本。这样才能打造一个在搜索引擎竞争中具有强大影响力和高客户转化率的网站。

具体来说,旅游网站的策划应当合理安排各个栏目,如线路、酒店、机票、签证、户外活动、租车等应当分开展示,其中旅游线路应被重点突出。旅游线路根据出发城市分为多个子站点,然后根据旅游类型如出境游、省外游、周边游、港澳台游、自由行、自驾游、团队游等进行分类,最后根据目的地进行归类。栏目结构策划应该清晰明了,便于导航,使用户能够快速找到所需的线路信息。每个部分都应包含清晰的标签和链接,以便用户能迅速找到他们需要的信息。下面以途牛旅游网的网站结构进行分析。

1. 栏目内容丰富

途牛旅游网提供多样化的旅游模式,包括跟团游、自由行、牛人专线、自驾游、主题游、邮轮游及定制游。同时,提供广泛的服务,涵盖机票、火车票、门票、酒店预订和签证办理,还包括金融服务。此外,网站还提供及时的咨询服务,包括在线咨询和微信咨询等渠道。途牛旅游网首页如图3-3所示。

图3-3 途牛旅游网首页

2. 栏目结构重点突出,标签清晰

途牛旅游网栏目重点突出旅游路线(见图3-4),例如首页中出境游提供出境短线和出境长线两种模式,满足商务和深度旅游体验需求。以热门景点为切入点,推荐不同目的的旅游,标签清晰并体现时间、旅游方式、价格、满意度等。

图 3-4　途牛旅游网栏目标签清晰

3. 设计快捷链接，查询方便

用户只要轻松点击某个旅游项目的快捷链接，如纯玩无购物，即可直接跳转到该项目的详情页。详情页左侧展示美丽风景图片及每日不同的促销价格，右侧则可通过途牛专属定制师介绍，详细了解该产品的路线活动等详细信息，用户满意后可选择立即预订，如图3-5所示。

图 3-5　途牛旅游网预订界面

4. 关注特殊群体，体现企业社会责任

途牛旅游网精心打造了盲人专区（见图3-6），提供了全方位的语音导航与个性化设置选项，包括专为读屏软件优化的界面、灵活的声音控制开关、可调节的语速以及多样化的阅读模式，让盲人用户能够轻松浏览途牛商旅服务、旅游百货商品等丰富内容，充分彰显了途牛对特殊群体需求的深切关怀与细致考量。

图 3-6　途牛旅游网盲人专区

四、搜集旅游信息

由于旅游产品的独特性,游客对旅游信息的需求非常强烈。旅游企业获取信息的途径多样,包括但不限于各大旅行社、酒店、航空公司及用户本身。信息的搜集可以通过多种方式进行,如市场调研、与行业协会的交流和合作,以及利用大数据技术进行数据分析。

1. 旅游信息特点

海量信息在旅游行业中表现出数据量大、时效性强、更新及时、传递速度快等特点。信息的多媒体化表现形式丰富多样,包括文字、图片、动画、音频、视频和三维仿真等。这些特性不仅增强了旅游活动的体验性和互动性,例如在线沟通和个性化服务的提供,而且使用户能够更深入地参与和享受旅游活动。

2. 旅游信息需求

旅游信息需求分为核心旅游信息需求和一般旅游信息需求。核心信息需求包括目的地及景区、地图和交通、价格、住宿、旅游线路及行程,这些信息是旅游系统中最基础、最迫切的,为完成一次旅游活动提供了基本支持;一般信息需求包括天气、购物、娱乐活动、特色饮食、民俗风情等,这些信息丰富了旅游体验,帮助游客更好地了解旅游目的地的文化。

3. 旅游信息搜集

旅游企业通过与旅行社、景区、酒店、行业协会等合作,运用大数据搜集旅游消费者数据。一是了解游客对旅游产品的兴趣和需求,从而掌握当前旅游市场的需求状况和发展趋势,为策划开发新产品提供依据。二是利用大数据构建客户画像。在线企业可以通过游客的线上行为搜集游客的性别、年龄、职业、地域、收入状况、旅行偏好等相关资料,为游客构建客户画像,添加标签,了解游客的个性化需求。三是根据客户画像,实行精准化营销。通过数据分析,在线旅游企业可以向游客推送可能感兴趣的产品和服务,既提高了游客购买产品和服务的概率,又可以屏蔽掉多余的产品信息,避免游客因信息过载和选择困难而对企业产生负面影响,同时也降低了企业的营销成本。

同步思考

在运营初期,途牛旅游网与旅行社进行合作,将旅行社提供的旅游路线汇总并按照具体类型进行管理。随后,这些信息被发布到网站上供游客浏览。当游客在网站上查看并预订感兴趣的旅游路线时,途牛将获得预订金额的一部分作为佣金,佣金比例通常为百分之三到七。2008年,途牛旅游网开始筹建自己的旅行社,并依托大数据技术系统建立了自己的数据库。利用大数据技术,途牛旅游网实施了自动化精准营销。网站上的会员拥有各自的属性标签,自动化营销系统会根据这些标签精准触发服务，向他们推荐相关产品，以确保满足其个性化的出游需求。

思考：会员的属性标签包含哪些内容？

五、开发综合服务产品

除了旅游路线产品，旅游网站还应提供综合服务以提升品牌形象。目的地与客源地之间的空间距离和文化差异可能引发旅游者的不安和不确定感，因此，引入目的地电子地图导览功能和VR全景展示是一种有效的解决方案。通过电子地图和实景展示，旅游者可以在出游前就更深入地了解目的地，消除顾虑，形成良好的认知形象。这不仅有助于旅游者坚定选择目的地，还能提升游览时的便利性。例如，马蜂窝订酒店模块提供查看地图和安全提示功能，如图3-7所示。

图3-7 马蜂窝服务功能

六、提升网站技术

旅游网站需要保障网站信息安全和交易安全。在整合资源发展旅游官网电子交易功能的同时，更为关键的是从技术上保障用户能安全地进行在线支付和在线交易。

任务三 旅游网站营销实施

案例导入

马蜂窝是提供自由行信息的平台，网站以亮黄色为主色调，页面给人明亮轻快的感觉，彰显活泼年轻的风格。马蜂窝沿用社交模块的导航模式，且各个模块UI（User Interface，用户界面设计）风格一致，为用户打造心流式体验。文章排版和图片展示清晰直观，让用户能够快速获取信息。马蜂窝在网站内设置了多个入口，方便满足用户在浏览和查找攻略的过程中的各种需求。首页、发现页面和笔记内容的展示采用了高效的瀑布流布局,提高了用户的浏览效率。

思考:马蜂窝的营销特点是什么?

通过门户网站,企业可以通过文字、图片和视频等多种方式,全面宣传企业形象,详细介绍旅游产品和服务。网站能生动地展示景区景点、住宿、交通、美食和娱乐等信息,有效激发游客的消费兴趣。随着网络技术的发展,旅游网站的内容更加丰富,功能越来越完善。虽然在线旅游业的营销方式较多,取得了较好的效果,但仍存在一些问题,这些问题制约着在线旅游业的发展。

一、分析旅游网站营销问题

(一)产品同质化严重

目前,在线旅游企业的营销模式严重同质化,营销方式以低价格、团购等为主,产品和服务缺乏创新性。携程旅行、同程旅行、途牛旅游网、去哪儿网等在线旅游企业所推出的旅游产品非常相似,提供的机票、门票、酒店等产品的服务和价格也基本相同,缺乏自己的特色。业内一旦推出新产品,各在线企业争相模仿。比如针对有闲暇时间和经济能力的老年人,各在线旅游企业纷纷推出"老年游"项目,虽然产品名称各不相同,但线路安排、食宿服务、产品价格基本一致。为了争夺市场份额,各在线旅游企业纷纷采取低价竞争的方式,降低了企业的利润,却没有使游客获得满意的体验。有些企业为了吸引游客,采取超低价格策略,但在服务品质上有所降低,这导致游客在体验方面产生了巨大的落差,进而企业收到了大量的投诉。

例如,对比途牛旅游网和携程旅行网,两者的旅游方式上都有主题游、邮轮游、自由行、跟团游,并且都细分了老年游和亲子游版块。在亲子游版块上,两个网站推荐的旅游路线都含有海南景点,呈现出同质化特点,如图3-8所示。

图3-8 携程和途牛亲子游版块比较

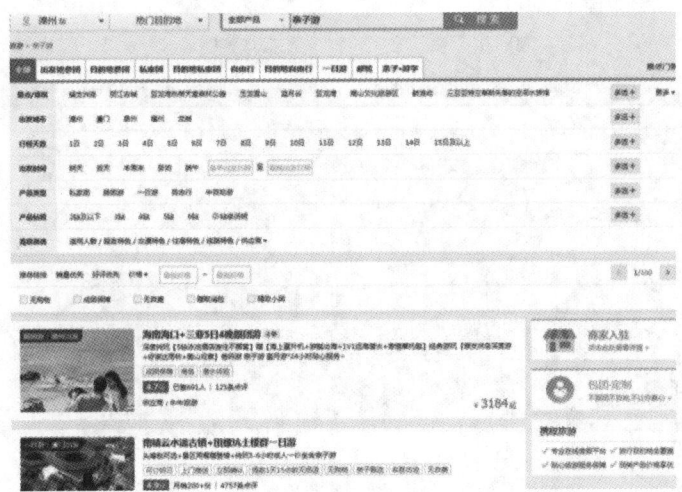

续图 3-8

(二) 营销精准化欠缺

随着生活水平的提升,人们的消费观念也发生了变化。越来越多的旅游者希望根据自己的消费水平和实际情况进行定制旅游。通过网站,游客可以进行个性化的旅游规划,自主设计旅游线路,选择机票、门票和酒店服务,旅游体验感得到了显著的提升。目前,许多在线旅游企业在推广产品和服务过程中,没有准确地进行市场细分和市场定位,以营销方式大众营销为主,营销缺乏精准化和导向性。企业无法深入了解游客的具体需求,不能为游客提供定制化产品,无法有效提高产品交易量,同时也浪费了企业的营销成本。

例如,携程旅行的定制游分为个人定制和团建(公司)定制两种模式,途牛旅游网的定制游分为公司定制、家庭定制、会议定制、朋派定制四种模式,市场细分更精准。然而,由于旅游者的个性化需求千差万别,且涉及不同的层面和领域,因此定制旅游产品或服务类型的划分相对较为灵活。从携程和途牛的网站界面看出,虽然提供众多明星路线,但也给用户带来选择上的困难。以家庭定制为例,南北方、东西部都存在市场需求差异化,但在产品供给方面,却缺乏深入的细分市场,如图3-9所示。

图 3-9 携程和途牛的定制游

续图 3-9

(三) 网络促销宣传缺乏特色

大多数旅游企业并未充分利用网络媒介独特的动画、电影、三维仿真、虚拟视觉和声音等信息传播功能,其网上产品信息的制作与传统的宣传单和画报制作没有太大区别,有些甚至只是简单地列出联系方式。此外,网页制作格式相似,内容单调,不能突出企业自身特点,对消费者的吸引力不大。

(四) 网络营销渠道比较单一

旅游企业依托互联网可以迅速设计和推广产品和服务,但现实情况是旅游产品更新换代缓慢,部分旅游企业还依赖单一传统网站模式,通过微博、抖音、小红书等新媒体矩阵渠道推广的方式较少。

(五) 售后服务有待完善

游客在旅行结束后,如果没有获得满意的旅游体验感,可能会要求售后进行赔付。如果游客的诉求不能得到妥善解决,就会使游客对产品和企业产生不良的印象。在携程旅行、途牛旅游网、同程旅行等企业的门户网站和社交平台中,均能看到游客对旅游体验的意见和对售后服务的不满。究其原因,主要是旅游订单量大,售后服务人员专业性不强、缺乏与游客的有效沟通、售后处理程序复杂、处理进程较慢等。

例如,某旅游网站定制游的86条游客点评中,其中满意的为83条,一般的为1条,不满意的为2条,不满意的原因是用车、住宿、行程安排不合理,沟通带有诱导成分等,如图3-10所示。

二、旅游网站营销策略

（一）塑造品牌形象

随着旅游产业的发展升级及消费者旅行活动频率深度的增加，游客对于休闲旅游的品质追求越来越高，对于个性化旅游的需求越来越多。定制、特色、体验等高端旅游产品脱颖而出。

目前，国内旅游网站竞争激烈，携程、去哪儿、美团等已经占据了广泛的市场份额，提供丰富的旅游产品和一站式服务。要进入这个市场，旅游企业必须依托自身丰富的资源，深入挖掘特定受众群体的需求，打造独特的网站定位，与其他竞争者区分开来，树立自己的品牌形象。

以趣旅网为例，它是一家专注全球海岛度假产品细分市场的旅游电商平台，成立于2012年，隶属于深圳侨中国际旅行社

图3-10 旅游网站游客售后评价

有限公司。目前已经完成B轮4000万融资。2014年官方网更新改版，主打高端海岛、精选海岛，如图3-11所示。

图3-11 趣旅网官网首页

趣旅凭借独有的资源优势，专注于多元化发展战略，其核心商业模式紧密围绕资源整合与极致体验构建。公司精心布局海岛游全产业链，实现从B端（业务端）的

专业海岛旅游产品设计与高效批发,无缝对接至C端(消费端),提供个性化海岛游产品销售并高效收集市场需求反馈,最终延伸至D端(目的地服务端),提供一站式海岛游产品地接服务,确保游客从预订到体验的每一个环节都能享受到高品质的服务、获得难忘的旅行经历。其产品特色是在"机票+酒店"套餐的基础上,针对目的地市场提供差异化的落地服务。在市场需求上细分出海游、自驾游、潜水、海钓等产品类型,在消费场景上可为旅行者提供婚礼、蜜月、亲子、家庭度假等个性化服务。

(二)提供差异化产品

旅游者所向往与追逐的是一种差异化的生活方式,这种差异化主要表现在空间和时间、服务三大维度。

1. 从空间差异上打造

空间维度指的是地域性,即地域上的差异化。无论是自然风光、风貌,还是人文风物、风俗、风情和风味,都是旅游者产生旅行动机或者观光诉求的初衷,这种地域差异使得越远的目的地越具有新鲜感和吸引力。无论是从城市到乡村、发达地区到偏远落后地区,还是从内陆到边疆、国内到国外的地域转换,都能让旅游者获得与日常生活空间不同的新鲜感。

2. 从时间差异上打造

从时间维度来看,旅游产品必须与现代人的日常生活感受有所区别,越是陌生和新奇,越能对游客产生吸引力。古老的历史和文化往往比近代的更具魅力,原始农耕方式胜过传统的农业体验,因为经过时间的沉淀,原始、真实、古朴、朴实的生活氛围更能显现出来。另外,超现代和超现实的体验同样具有吸引力,如融入高科技的主题公园如迪士尼,以及利用AR/VR和人工智能技术的创新旅游产品。这些体验通常以其奇幻、刺激和惊奇的特性吸引着游客。

举例来说,古都西安因其悠久的历史和丰富的人文遗产,如历史遗址、文物、传统风情等,对现代人具有特殊的魅力和吸引力,不仅深受国内游客喜爱,也吸引了来自世界各地的游客。这种时间维度上的差异化,使得旅游产品更加多样化和更具吸引力。

3. 从服务差异上打造

目前,旅游服务普遍提供改变路线、酒店、机票以及在线咨询等功能。旅游企业通过分析游客的浏览记录和搜索历史,向他们推荐相关的旅游产品,或根据游客的地理位置提供定制的旅游行程建议等,以实现服务的差异化,为游客打造独特的旅游体验。例如主打"冷门"小众海岛度假旅游产品的遇岛旅游,其用户群体主要是中高端消费者,对海岛游有着浓厚的兴趣,十分注重旅行的个人体验或团队体验。遇岛的用户可以通过互联网实时挑选最适合的海岛度假线路,根据时间、地区或预算的需求。遇岛为用户提供24小时旅行管家和专业规划师的一对一指导,与岛上奢华酒店进行合作,为用户量身定制系列化服务。遇岛旅游网站如图3-12所示。

图 3-12 遇岛旅游网站

> **同步思考**
>
> 一家旅行社通过旅行社管理系统的数据分析功能,发现越来越多的客户对生态旅游感兴趣。为了满足这一需求,他们开发了一系列生态旅游产品,包括参观自然保护区、进行生态探险等。同时,这家旅行社与当地保护机构合作,确保旅游活动的可持续性,并提供独特的生态解说和体验。这种差异化经营赋予了旅行社独特的品牌形象,吸引了一批关注环境保护的客户。
>
> 思考:旅行社如何更好体现旅游产品差异化?

(三)大数据支撑实现精准营销

为了满足用户的不同需求,旅游企业应针对用户采取精细化营销措施,为用户提供个性化的产品和服务。一是利用大数据技术,了解市场需求。在线旅游业可以根据用户浏览门户网站和移动端 App、体验云旅游、观看旅游直播等线上行为,进行数据分析和统计,了解用户对旅游产品的兴趣和需求,从而掌握当前旅游市场的需求状况和发展趋势,为策划开发新产品提供依据。二是利用大数据构建客户画像。在线企业可以通过用户的线上行为收集用户的性别、年龄、职业、地域、收入状况、旅行偏好等相关资料,对用户进行客户画像构建,添加标签,了解游客的个性化需求。三是根据客户画像,实行精准化营销。通过数据分析,在线旅游企业可以向用户推送可能感兴趣的产品和服务,既提高了游客购买产品和服务的概率,又可以屏蔽掉多余的产品信息,避免用户因信息过载和选择困难而对企业产生负面影响,同时也减少了企业的营销成本。

(四)运用营销模式

1. 搜索引擎营销

搜索引擎营销(SEM,Search Engine Marketing)是一种基于搜索引擎平台的网络营销方式,利用人们对搜索引擎的依赖和使用习惯,在人们检索信息的时候将信息传递给目标用户。搜索引擎是旅游企业门户网站主要的流量来源,是大数据分析技术在企业营销和产品推广方面的实际应用。用户可以通过搜索引擎对众多的旅游企业和旅游产品进行筛选。旅游企业通过分析关键词的用户数据,可以及时挖掘潜在的目标受众。

搜索引擎营销的方法有竞价排名、付费引擎广告、关键词广告、网站链接等。使用搜索引擎可以使企业网站获得更好的排名,提高网站的流量,扩大企业和旅游产品的知名度,进而提高营销的效率和旅游产品的成交量。因此,携程、途牛、去哪儿网等在线旅游企业均对搜索引擎营销非常重视,百度、搜狗等影响较大的搜索引擎更是受到众多旅游企业的青睐。

2. 与社交媒体合作营销

社交媒体是人们在互联网上分享意见与交流观点的工具和平台,常见的社交媒体有微信、微博、快手、抖音等。社交媒体传播的信息制造了许多舆论焦点,也是人们在互联网上浏览和关注的重要内容。旅游网站可以与知名的旅游博主、旅行社和相关品牌进行合作,在社交媒体上共同推广旅游产品和服务,并通过粉丝互动来增加网站的曝光度和用户的参与度。

3. KOL营销模式

KOL(Key Opinion Leader,关键意见领袖)营销被视为一种比较新的营销手段,它发挥了社交媒体在覆盖面和影响力方面的优势。KOL站台发声,能够为品牌建立起属于自己的高度忠诚的"粉丝后援团",口碑驱动形成品牌效应。例如,2023年9月,黄冈市文化和旅游局创新推出了"五客汇湖北"自媒体+媒体整合宣传活动,利用知名自媒体平台的影响力,特别邀请了国内顶级旅游名博大咖参与。这些博主们热爱旅行,擅长记录,通过线上线下的互动方式,共同推广"大别山水 人文黄冈"的旅游形象和品牌。8位KOL带着千万粉丝探索大别山水,领略人文黄冈,为景区在互联网上带来了千万级别的流量。

4. 体验营销

体验营销通过视觉、听觉、触觉、参与等多种方式,全面激发和调动消费者的感官、情感、思维、行动及联想。用户购买旅游服务,追求的是一种体验,这也让越来越注重品牌的在线旅游平台开始关注体验式营销。旅游企业可以采用AR、VR、AI、无人机等高科技技术,以图文、短视频、直播等多种形式全方位塑造景区场景,让用户获得美好而深刻的体验,满足其情感需求。

(五)设计促销方式

旅游企业可以设计多种促销方式,针对节假日、旅游淡季和不同的出游群体,策划主题活动,例如发放红包、提供半价出游等优惠措施。

以途牛旅游为例,针对亲子游、避暑游、海岛游等群体,倾力推出多种优惠活动,助力用户畅享清凉暑期。除了"放暑价,最高立减3000元"等现金立减活动之外,"全家出游,宝贝免单""出境游,第二人半价""两人出游 一人免单",以及"国庆旅游抢先GO!"等特色主题活动的空前优惠力度,让用户享受到实实在在的价格优惠。自活动上线以来,专题促销页面共吸引了数千万用户参与。

暑期大促期间,途牛发放旅游红包活动受到用户广泛关注。2015年7月,途牛成为第四季中国好声音官方指定旅游网站。从7月17日开始,每周五晚好声音播出期间,途牛均携亿元旅游红包,涵盖出境游、邮轮、国内游、景点门票、酒店等产品,与好声音一起陪伴全国观众过周末。暑期旅游旺季,更多用户已使用"中国好声音 途牛好旅游"微信红包,预订国内游、出境游等产品,享受到价格优惠,如图3-13所示。

图3-13　途牛旅游网促销活动

(六)提高用户满意度

及时妥善地处理用户的反馈信息,不仅可以提升用户的体验感和满意度,还可以避免用户流失,提高用户的忠诚度。在线旅游企业应从多方面完善售后服务,满足游客的需求。一是拓宽投诉渠道,保障用户投诉权利。用户对产品促销、订单支付、导游服务、餐饮住宿和旅行交通等任何环节有不满和意见时,能及时通过网站回访、在线客服、微博留言、投诉电话等多种方式反映诉求,确保投诉渠道畅通有效。二是提高售后服务和管理人员的业务能力。在线旅游业应对售后管理人员进行专业技能培训,使售后管理人员面对不同旅游环节中的反馈问题时,能够及时、专业地进行解答和安抚,能够与各职能部门进行有效沟通和协调,并及时将处理进度和结果反馈给投诉者。三是建立投诉管理档案,对投诉问题进行归纳和总结,对投诉相对集中的问题和环节要分析原因并及时整改,可以将其视为职能部门的考核指标。

以携程为例,其拥有完善且强大的客服体系,提供24小时的售后服务。携程还设有自营的明星导游团队和精选酒店,确保行程中不会出现克扣餐费或替换景点的情况。携程平台通过质量监督服务跟踪,致力于保证每一位游客都能享受到高质量的旅行体验。

Tripadvisor(猫途鹰)是全球领先的旅游网站,其主要功能包括为用户提供来自全球旅行者的点评和建议,涵盖全球范围内的酒店、景点、餐厅、航空公司等信息。此外,Tripadvisor还提供旅行规划工具和预订服务,帮助用户方便地安排和预订酒店、景点和餐厅。Tripadvisor及旗下网站在全球49个市场设有分站,月均独立访问量达4.15亿。2019年11月,Tripadvisor与携程宣布达成战略合作伙伴关系并扩大全球合作。

思考:Tripadvisor在中国的网站定位是什么?

课堂实训

一、实训目标

福建省是一个旅游资源丰富的地区,拥有众多著名的旅游景点,如福州三坊七巷、厦门鼓浪屿、南平武夷山、泉州清源山、福建土楼等。这些景点不仅展示了福建的自然美景,还展现了当地的历史、文化和民俗。无论是寻求自然探索还是文化体验,福建都为旅游者提供了丰富多样的选择。为深耕福建文化,展示福建魅力,请为福建四方旅行社完成旅游网站营销策划方案。

二、实训准备

项目分组:将学生按4—6人分成4组,明确每组工作任务,并完善分组任务表(见表3-1)。

表3-1 学生分组表

组别	工作任务
1	网站目标和定位
2	设计网站功能模块
3	设计网站栏目
4	网站营销策略(产品、服务、营销渠道、活动设计)

工作准备：分析携程、去哪儿、途牛、飞猪等网站，归纳网站栏目导航设计特点。

三、实训操作

引导问题：旅游网站的定位如何描述？

（一）旅游网站定位分析

分析旅游网站目标群体、目标群体需求、竞争者及定位概括，填写表3-2。

表3-2　旅游网站定位分析

分析角度	描述
目标群体	
目标群体需求	
竞争者	
定位概括	

> **小技巧(Tips)**：先搜索一下本地的旅游网站，查看竞争对手网站的排名、访问量、建设时间等信息，了解一下哪些网站做得比较好，为什么比别人好，分析这些网站的优缺点，我的网站怎么做才能凸显差异化，并在体验上超过他们。

进行产品定位时我们需要解决五个问题：

(1) 产品需要满足谁的需求？
(2) 产品需要满足目标客户的什么需求？
(3) 我们目前提供的产品是否满足目标客户的需求？
(4) 如何选择与产品独特卖点相融合的消费者需求？
(5) 如何推广产品，让产品能够满足消费者的需求？

（二）设计网站功能模块

网站功能模块包含线路预订系统、文章攻略、订单系统等，根据实际设计需求填写表3-3。

表 3-3　旅游网站功能模块

功能模块	描述

(三)设计网站栏目

根据网站定位,设计网站栏目,并在电脑上画出网站界面图,注意整体色彩搭配。页面设计必须清晰,内容丰富而不杂乱,让用户浏览时感到愉悦且充满对旅行的憧憬。实现这一目标并不容易,需要关注网站的整体风格和每个栏目的细节设计。网站的搜索功能应当强大有效,尤其在旅游线路众多的情况下,帮助用户快速找到所需的旅行线路至关重要。此外,旅游线路的介绍应当详尽,不仅包括基本文字描述,还要结合景点图片对每日行程进行详细的说明。

(四)搜集旅游信息

搜集旅游路线信息。至少提供10条不同主题的旅游路线。

(五)网站营销策略

旅游网站的营销策略需要结合定位,从产品设计、营销模式、促销策略方面分析,完成表3-4。

表 3-4　旅游网站营销策略

营销策略	描述
产品设计	
营销模式	
促销策略	

(六)网站营销策划方案

综合以上内容,撰写旅游网站营销策划方案。

四、实训评价

完成上述内容后,教师填写表3-5对学生进行评价,学生填写表3-6、表3-7,进行实训互评和自评。

表 3-5　实训评价表（教师）

序号	评分内容	总分	教师打分	改进意见
1	网站定位是否清晰			
2	功能模块设计是否合理			
3	栏目设计是否符合定位			
4	营销策略是否准确			

表 3-6　实训评价表（学生互评）

序号	评分内容	总分	互评	改进意见
1	网站定位是否清晰			
2	功能模块设计是否合理			
3	栏目设计是否符合定位			
4	营销策略是否准确			

表 3-7　实训评价表（学生自评）

序号	完成情况	评分	改进意见
1	是否在规定时间内完成（20%）		
2	任务完成效果（50%）		
3	团队合作精神（20%）		
4	材料上交情况（10%）		
5	总分（满分100分）		

五、实训总结

小组推荐代表进行汇报。

实战案例

案例1：走过路过不要错过！看看中青旅怎样玩儿转新媒体营销？

中国青年旅行社（以下简称"中青旅"）凭借在行业内一直以来的优异表现和突出贡献，获评2022中国旅游集团20强。

在半年度报告中，中青旅提及："中青旅采取轻营销策略，专注细分市场，组建直播和短视频团队，搭建全新客群运营体系，有效降低运营成本，提升客群黏性。"

面对疫情冲击，中青旅选择以新媒体营销为主要营销方式，替代传统的线下营销,通过"直播带货＋短视频营销"的方式转型,并取得了一定的成效。

一、直播带货＋短视频营销

早在2020年,中青旅遨游网就打造了专属直播间,也是在2020年,开通了微信小店。截至2023年11月,基本实现了多平台直播,打通了多频道的直播和关联销售。中青旅遨游网同时采取室内和户外相结合的方式,完成了多场营地实景户外直播,并且保持着每周两三次户外实景直播的频率。

中青旅与天猫国际通过淘宝联盟选品服务展开异业合作,截至2020年6月,已有超过300名导游和领队为天猫国际"6·18"出境旅游购物节带货。曾经带你"出境游"的川航、南航空乘人员、中青旅导游等都来天猫国际带货了,推荐国外地道好货,让"6·18"成为一场出境游购物节。

2020年,中青旅宣布快手将成为中青旅红色文化旅游指定线上推广平台,弘扬红色文化,"短视频＋OTA"的模式创新旅游生态。中青旅作为国内大型旅游集团,在产业、技术、业务等方面具备资源优势,而快手作为"国民级"短视频平台,将借助流量优势与内容特长更加高效的精准触达潜在消费人群,双方将实现1＋1大于2的联合动力。

二、打造"旅游＋"

旅游产业的发展在新媒体时代获得了全新的发展契机,新媒体平台的全方位加持为旅游产业提供了强有力的渠道路径。

中青旅建设的综合性旅游网站遨游网,已经成为中青旅全部旅游产品和服务的主要宣传和销售平台。同时,中青旅注重新媒体运营,经过多年布局已经形成了相对完善、立体的平台矩阵。

近年来,公司着手培育"旅游＋"新业态和文旅全产业链能力,打造"旅游＋体育""旅游＋教育""旅游＋康养"等主题旅游。

旅游＋康养业务服务于退休后有经济能力的老龄群体,核心诉求是帮助其实现乐度晚年的梦想。在现代交通网络和医疗条件不断改善、跨区域医疗保险统筹覆盖的条件下,发展候鸟式养老项目,将传统意义上的吃、住、行、游、购、娱重新设计,将观光、休闲、慢生活、文化交流系统安排,使康养旅游人群老有所养、老有所乐和老有所学。

(案例来源:我被徒步治愈了《走过路过不要错过!看看中青旅怎样玩儿转新媒体营销?》。)

思考:探索"旅游＋"的各种模式。

案例2:同程旅行凭什么成为中国用户规模最大的在线旅游平台

2023年,旅游市场虽然重新回归增长模式,但增长方式已悄然变化。

2023年11月21日，同程旅行公布2023年第三季度财报，数据显示，其过去12个月累计付费用户达到2.25亿，环比增长3.1%，创下历史新高。在互联网人口红利见顶之后，同程旅行是国内用户规模仍保持高增长的公司之一。

"同程旅行构建的多元化服务场景带来了用户规模的持续提升，使其成为中国用户规模最大的旅游平台。"业内人士分析认为，如果说旅游业上一个十年的增长，是宏观经济增长、人口红利、移动互联网发展等多种利好因素叠加，那么下一个十年，必然是旅游业加速换道，从增长竞赛转入价值竞赛的阶段。

同程旅行是"价值论"的坚定践行者。近年来，围绕国民新旅游的市场发展，同程旅行从用户需求出发，不断开拓新服务场景，满足用户多元化需求，让公司发展主线贴近用户价值本身。

一、以新供给应对新需求

用户规模发展来自需求满足。旅行需求的碎片化和多元化，将是未来旅游业发展持续要面对的现实。

碎片化的旅行需求来自过去三年人们的旅游消费快速提频和旅游信息化发展带来的自由度提升。大交通、小交通、住宿、景区、餐饮、娱乐、购物等旅游消费的各个环节，都有了多种解决方案和更灵活的组合方式，人们的旅行消费也呈现更强的即时性。多元化需求则源于深度的文旅融合以及市场供给的日渐丰富，音乐节、马拉松、citywalk等众多旅行方式成为流行。

同程旅行早在几年前就意识到，简单粗暴的市场供给无法实现持续的行业增长。一方面，随着信息壁垒被逐步打破，靠倒卖信息差赚钱的方式早已是"过去式"；另一方面，在需求瞬息万变的行业想要活下去并不断发展，产品和服务的创新必不可少。

2023年环球旅讯峰会上，同程旅行CMO白志伟对未来旅游市场发展给出了自己的预判：旅游行业已经迎来了爆发性的复苏，而"新供给"是推动这一复苏的关键。

围绕新供给，同程旅行打造了公司的三维引擎，即全服务场景渗透、用户需求全覆盖、产业链深度赋能。他希望通过这种立体化的矩阵，能为消费者提供好的服务。

服务场景渗透方面，2023年第三季度，同程旅行与华为达成战略合作，其提供的预订服务登录华为"负一屏"。10月，同程旅行启动华为鸿蒙App的开发，成为国内首家启动鸿蒙系统应用开发的在线旅游平台。而在线下，同程旅行在强化汽车站线下服务的同时，还设立了上海虹桥机场服务点、广州白云机场空铁中转服务点、大兴机场同程旅行会员服务中心。

产品需求方面，同程旅行"机票盲盒"成为旅游行业的现象级创新产品。此后，同程旅行不断基于市场需求，推出基建燃油次卡、目的地盲盒等新旅游产品形态，提升年轻游客的旅游消费需求。

2023年，同程旅行持续布局电竞赛事、音乐演出、博物馆、剧本杀等不同圈层的文旅体验场景，并将机票、酒店等"刚需型"旅游出行产品与丰富的文旅资源相结合，为游客提供一站式的旅行消费新体验。

全场景的用户触达，让同程旅行实现用户规模持续增长。同程旅行在产品和服务端的提质升级，也代表了未来中国旅游行业的发展轨迹。

二、持续挖掘非一线城市消费潜力

过去十年里，一线城市的白领和新中产阶层引领了中国旅游消费的潮流，但未来十年，非一线城市居民的旅游消费才是旅游市场发展的核心增长点，也是在线旅游渗透率进一步提高的关键领域。

相比一线城市，非一线城市的人均GDP突破一万美元大关的时间线要稍晚一步，但除去房产、教育等刚性支出后，非一线城市居民可用于生活休闲的消费支出占比更高。在生活压力较小的城市里，居民的工作节奏也更能支持他们在闲暇时间旅游出行。

同程旅行比竞争对手们更早察觉了这一市场先机，并在2019年率先开始了针对非一线城市的战略布局。

非一线城市旅游市场，并非简单的"消费降级"或"低端需求"。在这一市场中，旅游消费层次更加丰富，旅游资源也更加分散。要对这些资源进行整合，并与需求精确匹配，不仅需要产业技术创新，还需要在精细化运营和服务上下功夫。同程旅行显然深谙此道。

近年来，同程旅行与河南机场集团、湖南机场管理集团等共同实现空铁联运产品创新，优化"首乘"服务，让非一线城市游客的出行更便利。2023年，同程旅行还推出"同程酒店榜单"。该榜单覆盖国内超过500个城市，包括大部分县级市，为低线城市的人群出行提供消费参考。此外，同程旅行还推出"酒店晚晚不过百""机票天天一折起"等质优价廉的旅行产品，让价格敏感的用户也能获得优质的旅行体验。

2023年以来，非一线城市的新旅游需求爆发，让率先布局的同程旅行抓住时机获得了市场红利。数据显示，截至2023年9月30日，同程旅行居住在中国非一线城市的注册用户占比87％。而借助在非一线城市的优势，2023年第三季度，同程旅行实现营收33亿元，同比增长61.1％，经营净利润6.2亿元，同比增长146.5％。

三、用户价值成长，带来长期发展动力

中国经济经历了多年的规模化发展，也面临着数字化时代带来的企

业价值重构。时间进入2023年下半年,价值和质量成为评价企业长期发展的新视角。

挖掘和提升用户价值,不仅是互联网企业的共同目标,也是企业发展的长期动力。内容平台入局交易市场,实物电商用内容提升用户黏性。同程旅行则从机票、酒店等出行"刚需"产品出发,逐步覆盖更多泛旅行消费品类和场景。

同程旅行通过技术创新,接入公交、地铁等高频的城市交通场景,提升用户活跃度和消费频次,增强用户黏性。同程用车于2023年9月开通了国际用车服务,覆盖36个海外国家和地区的70多个核心目的地城市,并提供中文接机和人民币结算等服务,解决用户出境打车难题。

2023年10月,同程旅行再次升级黑鲸会员计划,向用户提供"热门演唱会门票＋文旅套餐"等资源,进一步提升付费会员数量。此外,同程商旅依托同程旅行的行业资源和技术创新能力,打造了一站式商旅服务平台,提供定制化、精细化的企业商旅出行服务。

2023年第三季度,同程旅行包含商旅服务、会员服务、用户增值服务等在内的其他收入同比增长102.8%,超过4.9亿元,成为同程旅行增幅最高的收入板块。这些提供给用户的新增价值服务,也是同程旅行付费用户比例不断提升的重要原因。

归根结底,平台从用户的新需求出发,最终完成企业价值与用户价值的统一,才能保持对用户的吸引力,进而实现自身的长期发展。同程旅行是否能继续秉持长期主义的发展视角,也直接影响着在线旅游业下一个十年的发展格局。

(案例来源:环球旅讯《同程旅行凭什么成为中国用户规模最大的在线旅游平台》。)

思考:同程旅行营销方式的独特性体现在哪些方面?

项目四 旅游微信公众号营销

项目情景

在互联网技术的推动下,新媒体迅速发展,并逐步融入人们的日常生活。各大社交媒体平台已成为消费者获取信息的主要渠道,这也促使传统旅游业从传统的线下宣传向线上全媒体宣传转变。微信公众号作为新媒体的重要组成部分,支持多种内容形式的发布,包括文字、图片、音频和视频等。这不仅有助于高效传递营销信息,帮助旅游行业进行品牌宣传,维护用户关系,还能通过小程序实现营销转化。因此,优化微信公众号的运营至关重要。

创建和运营微信公众号,开展精准营销。首先,要理解旅游微信公众号概念和营销价值,熟悉公众号类型及选择要求;其次,能搭建微信公众号,包括注册公众号、设置自动回复和自定义菜单、发布文章;最后,能进行微信公众号营销,即掌握内容营销、粉丝营销和互动营销三种方式。

教学目标

● **1. 知识目标**

(1)理解旅游微信公众号概念;
(2)理解旅游微信公众号营销价值;
(3)熟悉微信公众号类型。

● **2. 能力目标**

(1)能根据要求选择合适微信公众号类型;

(2)能独立搭建微信公众号；
(3)能实施微信公众号营销。

● **3.素养目标**

(1)强化安全意识、底线意识和法律意识；
(2)培养创新创业精神。

思维导图

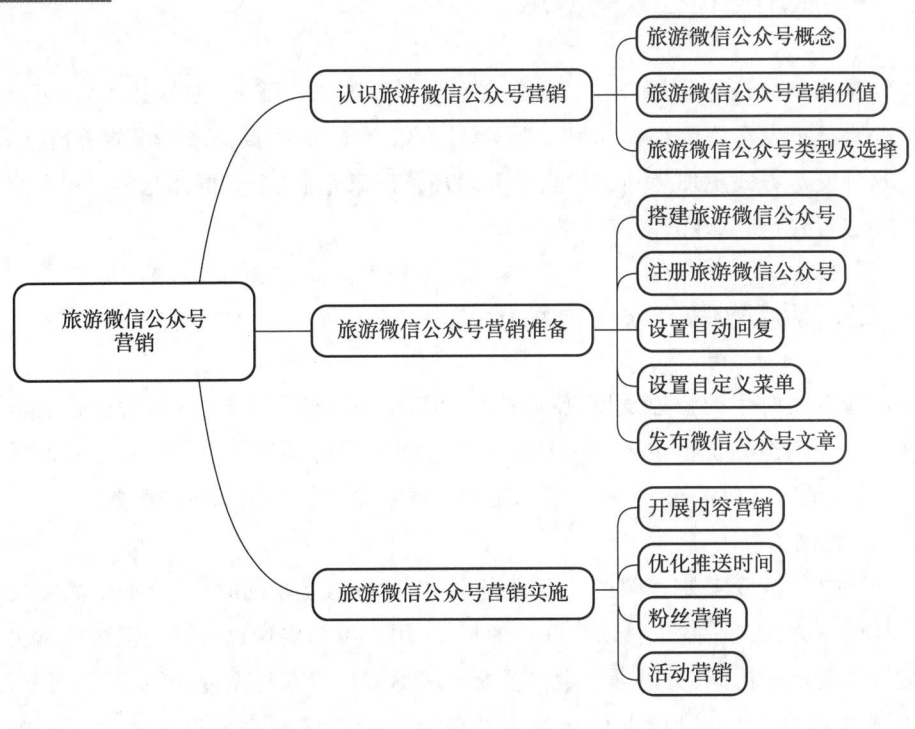

任务一　认识旅游微信公众号营销

案例导入

　　嬉游旅行平台植根于微信公众号，旗下拥有嬉游和嬉游旅行指南两个公众平台。嬉游微信公众号拥有数十万粉丝，就粉丝量而言，并不是一个非常大的量级，但粉丝人群精准、质量高、黏性好，随之而来的转化率也就较高。

　　嬉游的用户画像，70%是女性，用户分布集中在北上广深杭等一线城市；用户年龄集中在"80后""90后"，目前"00后"人群占比也在不断攀升。这样的人群画像，应该说是当前绝大部分中高端旅游产品都梦寐以求的精准人群。2021年"双十一"期间，嬉游通过达人推荐、图文带货模式，帮助飞猪达成9.9亿成交额,是旅行行业内当之无愧的带货冠军。

思考:嬉游公众平台成功的原因是什么?

随着微信公众号的普及,企业运用微信公众号进行内部管理、品牌推广、产品销售的情况越来越普遍,优秀的公众号不仅可以带来巨大的流量,还可以激活平台粉丝,维护忠诚的客户群。

一、旅游微信公众号概念

旅游微信公众号是用户在微信公众平台注册的一个账号,账号开通后,可以在微信公众号里发布旅游视频、图片、文字等,推销旅游景点、商品或分享旅游情感等。

这种交流方式更加生动、全面,大大增加了商家企业、个人群体与客户对象之间的互动,从而达到更好的交流效果。

二、旅游微信公众号营销价值

随着网络时代的快速发展,旅游微信公众号的功能越来越多,旅游微信公众平台能给企业创造的价值也就越来越多。只有深刻理解了旅游微信公众号背后的价值,并结合消费者的需求,企业才能确定如何通过微信提供最优质的服务。

(1) 提供信息入口。

PC时代,企业需要官网提供信息查询功能;移动互联网时代,企业依然需要保留这样的官方入口。基于移动互联网的特点,用户不需要通过点开网页再搜索关键词或输入网址来访问,只需搜索微信公众号昵称就可以获得企业介绍、产品服务、联系方式等信息,也可以单击公众号中的菜单直接跳转到官网以便浏览到更多的信息。

(2) 提供客户服务。

客户关系管理的核心是通过自动分析来实现市场营销、销售管理和客户服务,从而吸引新客户、保留老客户以及将已有客户转为忠实客户,增加市场份额。微信作为天然的用户沟通工具,极大地方便了用户与企业之间的沟通。将微信与企业原有的CRM系统结合可实现多人人工接入,提高客户服务的满意度。

(3) 电子商务平台。

未来的零售趋向全渠道化,企业需要让消费者随时随地方便购买产品。微信公众号在这一过程中起到了重要作用,能够实现销售引导,及时传递产品或服务信息给用户,促成交易,从而缩短营销周期。消费者在浏览微信图文时,如果有购买意向,可以在不离开微信的情况下直接下单购买商品,完成支付。此外,消费者还能通过微信进行物流查询和客户服务,获得全流程的便捷购物体验。图4-1展现了福建文旅微信公众号电子商务平台。

(4) 用户调研。

产品调研对于每个企业制定经营策略至关重要。大型公司可能会设立专门的产品研发部门，或者委托第三方公司进行问卷调查或电话调研。然而，这些传统方式不但成本高昂，而且数据可能缺乏精准性。相比之下，通过微信直接接触相关的精准用户群体，能够显著节省调研成本。

(5) 品牌宣传。

微信公众平台可以承载文字、图片、音频、视频等多元化形式，能及时有效地把企业最新的促销活动告知粉丝，具有互动性较好、信息传递快捷和信息投放精准的特点。用户不仅可以通过微信公众平台接收品牌信息，还可以更方便地参与品牌的互动活动，从而深化品牌传播，降低营销成本。图4-2展现了福建文旅微信公众号的品牌宣传。

图4-1 福建文旅微信公众号电子商务平台

图4-2 福建文旅微信公众号品牌宣传

(6) 线上线下相结合。

线上与线下营销的互通已经是必然趋势，而微信公众号则为二者的结合提供了更为便利的通道。因此利用好微信公众平台不仅可以让企业的营销成本大幅降低，还能够带来事半功倍的效果。

三、旅游微信公众号类型及选择

(一) 微信公众号类型

微信公众平台给运营者提供了四种常见类型，分别为订阅号、服务号、小程序和企业微信，其主要区别如表4-1所示。

表 4-1 微信公众号类型

类型	特点	使用场景	优势
订阅号	主要用于信息和内容的发布，适合媒体、个人博主等内容创作者	主要用于日常新闻、文章分享、个人日志等，每天可以群发一条消息	强大的内容分发能力，适合进行品牌建设和信息传播
服务号	提供更多的服务交互功能，适合企业和组织	用于客户服务、产品推广、在线交易等，每月可群发四条消息	集成更多的API（Application Program Interface，应用程序接口），可以实现如在线支付、订单管理等复杂功能
小程序	不需要下载安装即可使用的轻量级应用	广泛应用于电商、生活服务、游戏等领域	即点即用，无需安装，为用户提供便捷的服务体验
企业微信	面向企业的通信和办公平台，提供企业内部通信、办公协同等功能	适用于企业内部员工沟通、项目管理、客户关系管理等。群发消息无限制	多平台同步提高工作效率，保障信息安全，适合企业内部管理

同 步 思 考

四川省文化和旅游厅以打造四川智慧文旅生态体系为核心，建设了四川省智游天府文化和旅游公共服务平台（以下简称智游天府平台或平台）。平台于2020年9月25日上线，截至2022年11月，"智游天府"平台公众端用户注册数已近100万人次。平台以一站式公共服务为核心，通过App、小程序、微信公众号等方式，为公众提供预约预订、景区、场馆、住宿、餐饮、文博展览、文艺演出、在线直播、特色产品、精品线路、评论分享、投诉举报、志愿服务、研学旅行等三十余项主要服务。

思考：查看智游天府公众号，分析公众号类型及特点。

（二）微信公众号选择标准

1. 根据账号特点及优势确定

对比订阅号、服务号、小程序、企业微信的优势特点，选择类型。企业要明确公众号主要运用于什么方向，如果是用于企业内部管理，可以选择企业微信；如果为客户提供深层次服务，可以选择服务号。

2. 根据企业（个人）需求确定

决定是否开通服务号需要评估企业是否有足够的服务内容可以向用户提供，并且是否有必要通过微信来提供这些服务。对于电商企业、航空企业等经常需要与客户互动的企业来说，开通服务号可以优先考虑，因为可以在用户消费过程中提供持续的服务性提示和支持。

3.根据企业运营能力而定

运行公众号需要配备足够的运营人员和成熟的技术支持,特别是对于服务号而言,更需要深入的技术开发和系统化的功能规划。

任务二 旅游微信公众号营销准备

案例导入

专做年轻人旅行的稻草人旅游选择的小众目的地,如墨西哥等非传统目的地,非常契合年轻人的猎奇、不走寻常路的心理,这类旅游地本身就是一块非常具有吸引力的广告招牌。稻草人旅游在产品展示上针对年轻人的阅读习惯进行了很好的定制化。每一段文字和图片都经过精心设计,色彩鲜艳且充满视觉冲击力,非常符合时下年轻人的视觉需求。同时,使用金字塔、雪山、草原等富有诱惑力的词汇,能够轻松引起年轻人的兴趣。

除了产品设计符合年轻人审美,稻草人还对报团客户有着严格的年龄限制:18至39岁,国际长线产品则允许至45岁。目前稻草人的营销平台有微博(@稻草人旅行)、微信公众账号(ID:daocaorenlvxing)、喜马拉雅电台(稻草人旅行)和大众点评。

思考:查看稻草人旅行微信公众号,分析其账号名称、头像、功能介绍特点。

近年来,微信公众号已成为旅游行业中不可或缺的重要组成部分。通过微信公众号,旅游企业可以向用户提供更为全面、丰富的游客服务,同时也能够为企业带来更多的线上曝光率和销售机会。企业搭建旅游微信公众号主要流程如下。

一、搭建旅游微信公众号

(一)查找拆解对标账号

1.查找对标账号

在百度搜索相关领域的关键词或者在清博指数查询公众号排名。根据搜索结果仔细查看账号的内容,选择内容质量较高且风格与个人喜欢或擅长的相似的账号,至少关注10个账号。

2.拆解对标账号

(1)分析用户画像。

深入分析对标账号的用户画像,包括年龄、地域、性别和喜好,可以借助百度指数、巨量算数等工具。这将帮助旅游企业更好地了解受众,从而更好地满足他们的需求。图4-3是运用百度指数查询的用户画像。

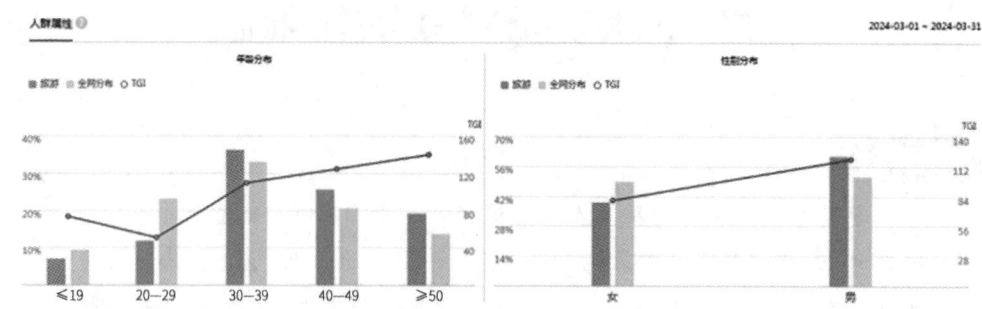

图 4-3　运用百度指数查询用户画像

(2)分析内容。

仔细研究对标账号的内容,包括昵称、简介、标签、背景图以及选题方向、标题、专题结构和金句等。

(3)分析数据。

查看对标账号的数据,包括粉丝数、点赞数、收藏评论数以及发布时间。这将帮助旅游企业了解他们的影响力和活跃度。例如,运用新榜分析嬉游公众号数据,如图4-4所示。

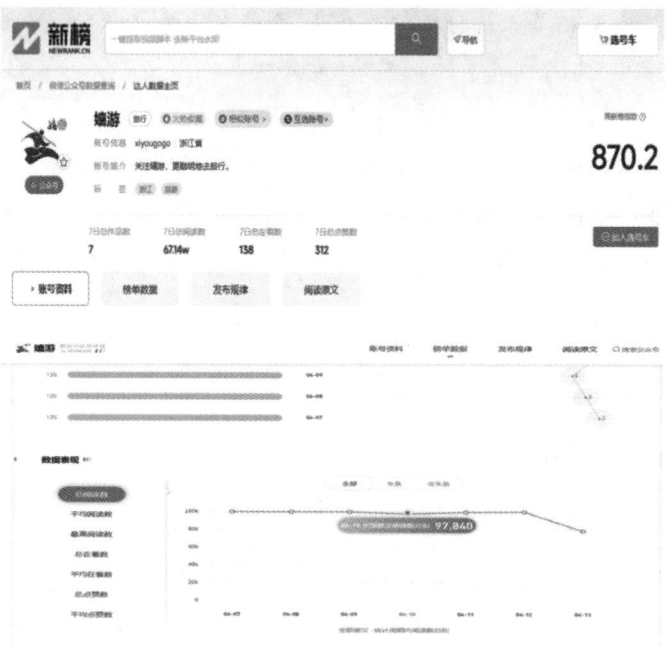

图 4-4　运用新榜分析嬉游公众号数据

（二）确定公众号定位

公众号的定位决定了账号的选题、对标分析、内容策略及后期发展方向，是账号发展的基础。可以从以下三个方面思考。

1. "我"是谁

"我"是谁即公众号人设是什么。"人设"就是人物设定，基本设定包括姓名、年龄、身高、性格、喜好、出生背景、成长背景设定等。公众号有了明确的人设，就可以提升旅游者对账号的信任度，同时增强粉丝的活跃度和忠诚度。

例如，旅游类公众号"旅行家杂志"，打造的是一个全面、深度旅游的博主人设（见图4-5），专注于为用户提供全球各地的旅游攻略和游记分享。公众号介绍了各地的风土人情、美食文化等，还提供了实用的旅行建议和注意事项。每篇文章都有旅行家图片展示及分享人资料展示，以讲故事方式进行游记分享。通过深度挖掘旅游领域的资源和信息，成功吸引了大量热爱旅行的用户关注。

图 4-5　旅行家杂志公众号人设打造

2. "我"能提供什么

做好定位最关键的一点就是要让用户知道我们能提供什么，是情绪价值还是知识干货，或是优惠信息，根据定位来调整内容策略。旅游类公众号旅行家杂志，既提供旅游干货，又分享情绪价值。其发布的文章《一带一路，你的旅游新思路》（见图4-6），既让读者了解"一带一路"，又了解"一带一路"涉及的10个旅游目的地。

3. "我"的独特点在哪里

细分旅游市场，深入挖掘垂直领域的内容，找到与自身特点契合的独特点，并打磨出独特而统一的作品风格。例如，嬉游旅行指南公众号定位清晰，专注于城市旅行攻略，在公众号任意输入某个城市名称，用户都能查找到相关攻略，叙事风格简洁自然，图片清晰优美，如图4-7所示。

图4-6 旅行家杂志公众号文章

图4-7 嬉游旅行指南公众号

（三）准备公众号注册资料

运营者在注册微信公众号时，先要了解注册所需要的资料，并提前准备相关资料。在注册个人主体微信公众号时，需要准备以下资料，如图4-8所示。

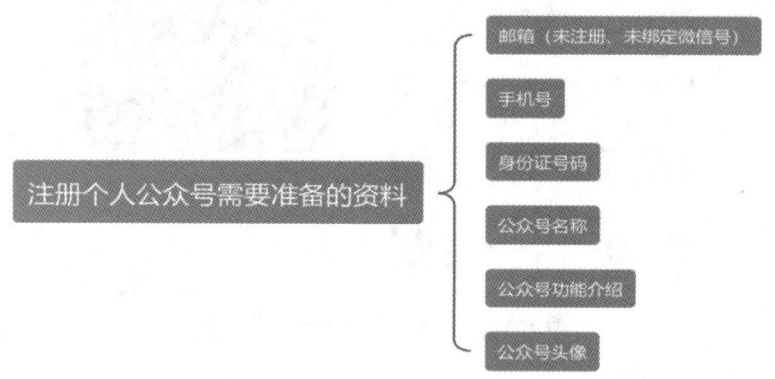

图4-8 注册个人公众号需要准备的资料

二、注册旅游微信公众号

以注册订阅号为例，需要准备用于注册的手机号、邮箱、身份证号码，确定公众号头像、名称及简介。具体操作步骤如下。

步骤1：进入微信公众平台，用浏览器搜索"微信公众平台"，单击右上角"立即注册"超链接进行注册，如图4-9所示。

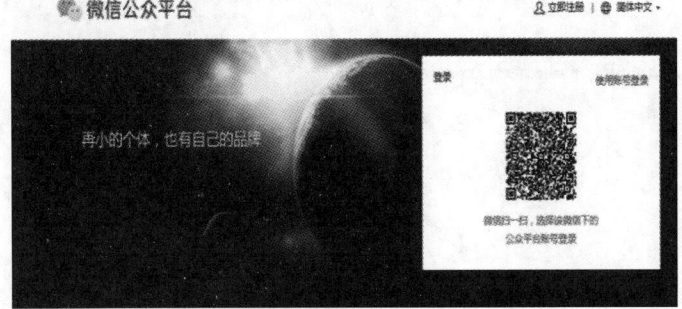

图4-9　登录微信公众平台进行注册

步骤2：打开注册页面，选择公众号类型"订阅号"，如图4-10所示。

图4-10　点击选择订阅号

步骤3：按照页面提示，输入微信公众号绑定的邮箱及账号密码，然后点击注册即可，如图4-11所示。

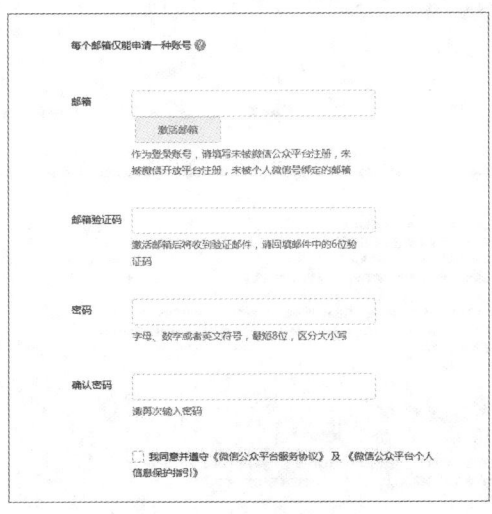

图4-11　填写注册信息

步骤4：注册地，选择"中国大陆"，如图4-12所示。

图4-12 选择注册地

步骤5：按照页面步骤，再次确定微信公众号的注册类型，和开始选择的账号类型保持一致，这里以订阅号为例，点击选择并继续即可，如图4-13所示。

图4-13 选择注册类型

步骤6：主体类型选择个人，然后依次输入身份证号码和管理员手机号，选填部分可以不填，点击继续，如图4-14所示。

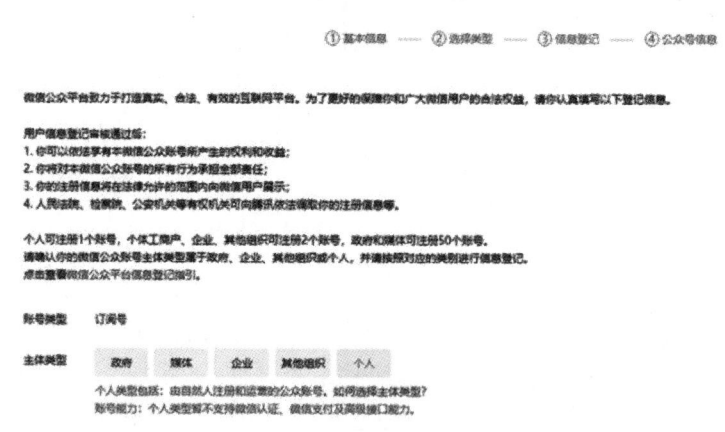

图4-14 选择主体类型

步骤7:填写账号信息,包括名称、功能、头像等,如图4-15所示。

图4-15 填写账号信息

三、设置自动回复

新关注一个公众号时会收到一条回复信息,就是号主设置的"被关注回复",可以让粉丝快速了解公众号的定位和风格,以及快速查找往期的精彩干货文章。使用公众号自动回复,可以一次回复多条消息,支持文本、图片、图文卡片、小程序卡片四种类型。

公众号有三种自动回复功能,分别是被关注回复、关键词回复和收到消息回复。对于微信公众号营销而言,设置自动回复能快速建立与用户之间的联系。

1. 被关注回复

被关注回复是读者关注了你的公众号之后会自动跳出来的回复。一般被关注回复会包括欢迎语、介绍、邀请用户添加你的微信等,也可以有其他目的。比如,为了增加用户的互动性,可以引导客户使用关键词继续跟你互动。设置被关注回复的具体操作如下。

步骤1:点击公众号后台左侧自动回复,选择被关注回复,如图4-16所示。

步骤2:在文字框内输入文字或图片、链接等,大部分以文字回复为主,点击"保存"即可。

设置被关注回复要注意:一是告知。告诉用户有什么内容、有什么服务、说明使用习惯、体现个性。以服务为主的公众号都会直接在被关注时一一说明,而且会以详尽图文形式弹出。二是互动。关注渠道调查、引导回复关键词、引导查看历史消息、引导点击菜单、资料下载等。三是引流。推广App、网站、相关账号矩阵引流等。

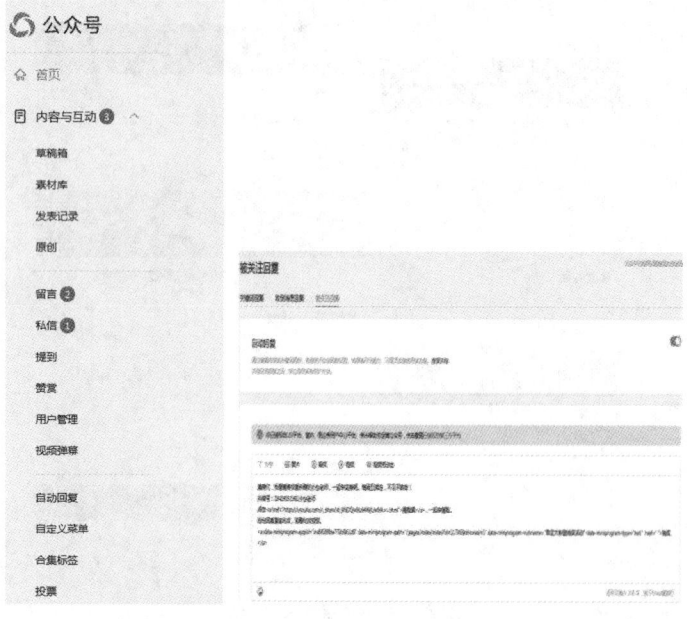

图 4-16　选择被关注回复

例如智游天府公众号，被关注回复是"和我一起智游天府"，享受在线文旅服务，马上注册文旅志愿者。回复表达一是告知用户服务内容；二是互动，邀请用户成为志愿者，如图4-17所示。

图 4-17　智游天府公众号的被关注回复

2. 关键词回复

当粉丝主动在公众号上发送特定词语的时候才会自动回复,这种特定词语就是关键词。后台根据粉丝提供的关键词来确定回复内容,若关键词未匹配,公众号不会回复任何内容。设置关键词回复的具体操作如下。

步骤1:点击"关键词回复",再点击"添加回复",如图4-18所示。

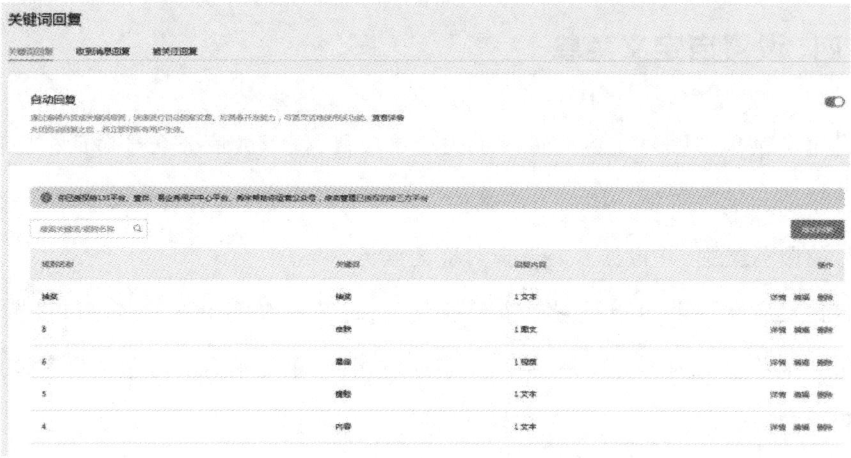

图4-18　点击关键词回复

步骤2:设置规则名称、关键词、回复内容、回复方式,最后点击"保存"。关键词回复原则上不要太复杂、太冗长,如果回复网址,可以做成超链接,让用户直接单击跳转到新的页面。设置超链接需要在文字中添加如下代码:〈a href="目标网址#rd"〉显示文字〈/a〉。

3. 收到消息回复

当被关注回复和关键词回复都没有匹配时的时候,才会弹出设置的收到消息回复。设置收到消息回复的具体操作如下。

点击"收到信息回复",在文字框内输入内容,点击"保存",如图4-19所示。

图4-19　点击收到消息回复

三种设置的权重按照从大到小排列:被关注回复、关键词回复、收到消息回复。粉丝关注公众号后,首先会弹出被关注回复中设置的内容。随后,如果粉丝发送的消息命中了关键词回复中设置的关键词,将会弹出对应的回复内容;如果未命中任何关键词,则会弹出收到消息回复中设置的回复内容。

四、设置自定义菜单

自定义菜单即账号主体编辑设定的菜单项目,位于微信公众号对话框底部,包括主菜单项和子菜单项。用户关注微信公众号后,可通过查看自定义菜单了解微信公众号的服务类别,并根据需要选择对应的服务。

自定义菜单总共可以设置三个一级菜单,每个一级菜单下最多可以设置五个子菜单。菜单里的内容可以是图片、文字或链接,菜单的消息类型包括发送消息、跳转小程序、跳转网页。设置自定义菜单的具体操作如下。

步骤1:登录微信公众号,点击"自定义菜单",如图4-20所示。

图 4-20　点击自定义菜单

步骤2:点击"添加菜单",输入一级菜单名称。选择"发送消息"或"跳转网页"形式。

步骤3:点击设置好的一级菜单,选择菜单上方弹出的"+",即为子菜单,依次选择"发送消息(图文、音频、视频、图片)""跳转网页""跳转小程序",保存并发送,如图4-21所示。

自定义菜单设置要注意四点要求:一是文字精炼,字数控制在2—5个字;二是突出主题;三是表述创意;四是注意引导。

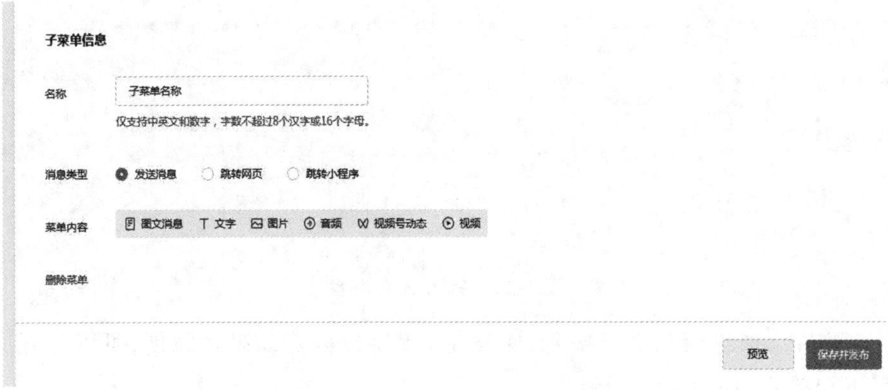

图 4-21 设置子菜单名称及类型

五、发布微信公众号文章

运营人员可以在135、秀米等编辑器中编辑排版文案,然后复制粘贴到微信公众号后台发布文章。具体操作如下。

步骤1:登录微信公众号,进入公众号后台,在页面右侧"新的创作"中选择"图文消息",如图4-22所示。

图 4-22 点击新的创作中的图文消息

步骤2:打开后台编辑页面,在"请在这里输入标题"处输入标题,在"请输入作者"处输入作者名称。标题字数不超过64字,作者名称不超过8字,如图4-23所示。

图 4-23 输入标题和作者

步骤3:输入正文内容,可以直接复制粘贴在编辑器中排版好的内容,如图4-24所示。

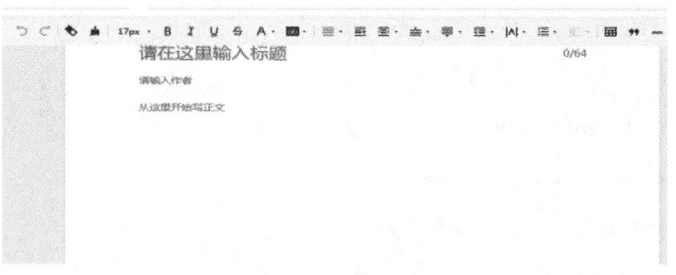

图 4-24　输入正文内容

步骤 4：添加封面和文字摘要，摘要在 120 字以内。如果是原创，可以打开原创说明，开启赞赏，如图 4-25 所示。

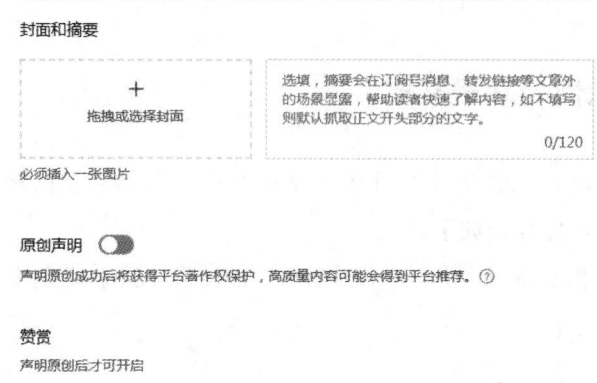

图 4-25　添加封面摘要

步骤 5：对文章进行设置，确定是否开启原文链接、留言及回复、合集等。在文末点击保存为草稿，并在手机中预览无误，再点击发表，如图 4-26 所示。

图 4-26　对文章进行设置

任务三　旅游微信公众号营销实施

案例导入

骑驴旅行公众号在2024年4月发布了一篇阅读量超过10万的文章，题目为《中国最"癫"的城市，却蝉联15年"最具幸福感的城市"，松弛感绝了！》。文章的开头就设置了悬念：中国第三座"迪士尼"就已落地成都！但它只有一个项目——跷跷板，却引发了万人围观、警察出动。接下来说明原因，一位成都说唱歌手去参加说唱节目，结果海选惨遭导师淘汰，回到酒店创作欲大爆发，写了一首歌，还倾情制作了MV来diss（指责）导师！视频中，该说唱歌手坐在玉林七巷一健身器材上，仿佛在进行复健，嘴里的"谢帝谢帝，我要diss你"，被大家激情演绎成"谢帝谢帝我要迪士尼"。一夜之间，年轻人都在排队打卡紫色跷跷板。最后文章的主题是这种松弛的娱乐精气神给大家提供了一个正当发泄的机会，让人们短暂逃离日常琐碎。

思考：这篇文章为何能成为阅读量超过10万的爆款？

利用微信公众号平台进行自媒体活动，简单来说就是进行一对多的媒体行为活动，如商家通过申请服务号，二次开发展示商家微官网、微会员、微推送、微支付、微活动、微报名、微分享、微名片等，已经形成了一种主流的线上线下微信互动营销方式。

旅游微信公众号的营销，可以从以下三个方面入手。

一、开展内容营销

微信公众号的内容营销主要通过图片、文字、音频、视频等形式，采用创作、收集、编辑等手段生产内容来满足用户需求，达到吸引和留住用户，为产品或品牌带来商业转化的目的。

用户关注公众号，往往会期望从中获得四大价值。一是有用，用户希望得到生活、工作中必需的资讯和服务。二是有趣，用户更乐于接受轻松幽默的呈现方式。三是共鸣，能够结合热点和目标群体特定心理需求。四是参与，用户渴望表达和对话。发布优质内容，需要注意以下几点。

1. 建立选题库

（1）用户需求分析法。

通过开展调研，搜集用户的需求、困惑、痛点，以需求为出发点去创作内容。例如公众号旅行雷达,专门为用户提供最准确的旅行信息。如图4-27所示,旅行雷达不仅提供了马来西亚入境程序的优化信息,还指出中国游客无需提供经济能力证明的政策变化。

（2）搜索查询法。

在知乎、百度知道、百度经验等平台上搜索相关关键词,查看关注度、热度最高的相关问题获取选题灵感。例如,通过百度知道搜索"旅游",可以得到旅游服装、旅游建议、旅游保险等相关话题,如图4-28所示。

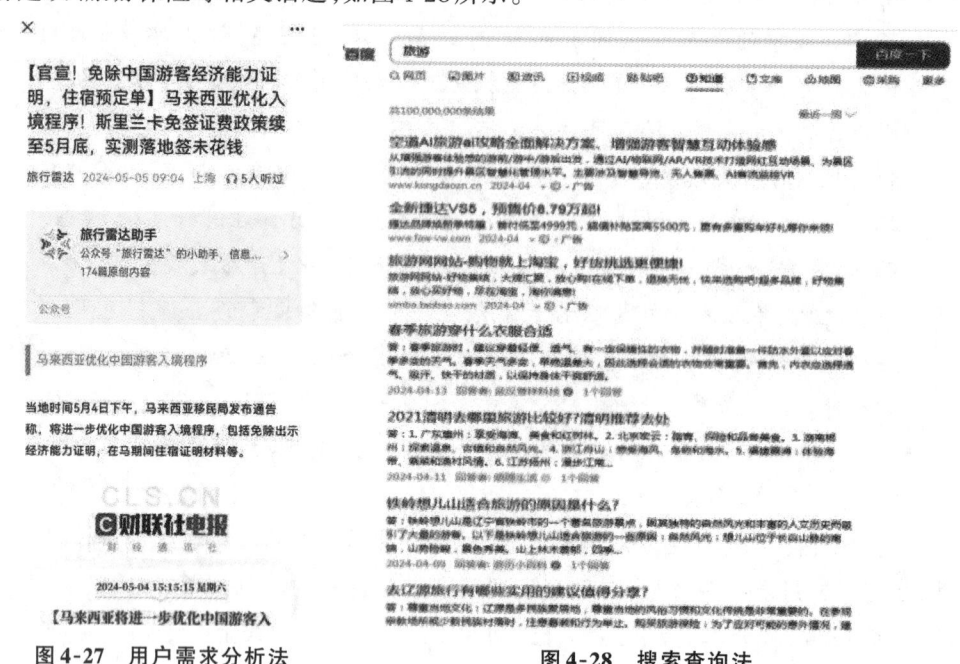

图4-27　用户需求分析法　　　　图4-28　搜索查询法

（3）曼陀罗思考法。

这是一种从中心主题出发,通过放射性思考,可以联想到多种对象、行为、原因、空间、时间和方式等方面,从而激发无限创意的方法。这种方法打破了"直线化"思维的限制,从限制和引导中获得自由和创新。例如,以美食为主题,可以发散出八个选题,比如"你想要的减肥美食都在这里"或者"来到这里,你一定不能错过的一道甜点",如图4-29所示。

舌尖上的中国	食谱	妈妈做的菜
营养	美食	火锅
减肥	小吃	甜点

图4-29　曼陀罗思考法

(4)话题搭载法。

话题搭载法是指利用当前热点事件或话题,从旅游景点的历史、文化或活动等方面寻找与之相契合的角度。常用的方法包括查看百度搜索风云榜、新浪微博热点话题榜、搜狗微信搜索等平台。例如,在搜狗微信上搜索关键词"4月出游",可以发现与旅游路线、旅游伴侣、旅游线路、旅游景点等相关的文章和话题。这种方法可以帮助创作者在内容创作中抓住时事热点,同时结合景点的特色,吸引更多读者的关注,如图4-30所示。

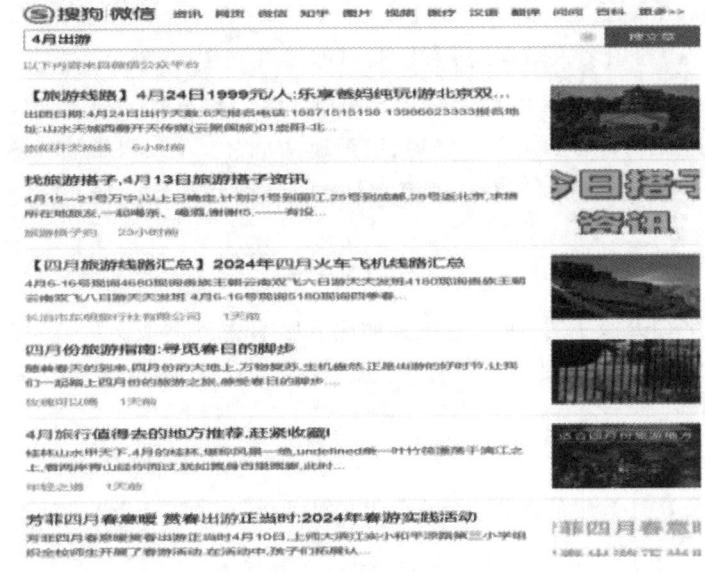

图 4-30　话题搭载法

(5)时间地图选题法。

根据营销日历,结合公众号定位做好选题规划。例如5月营销日历(见图4-31),有五一国际劳动节、中国青年节、世界无烟日等,可以策划出系列选题,也可结合五一国际劳动节,在知乎上搜索相应的选题做参考。

图 4-31　时间地图选题法

2. 优化标题

用户往往通过标题选择是否打开文章,以下是几种常用的提高点击率的标题类型。

(1) 提出问题。

发现读者隐藏的真正需求,在问句中暗示文章内容可以带来什么好处或解决什么问题。例如公众号"徒步中国"的文章《活动|还没想好五一去哪儿?你已经落后一大半了!》,针对读者五一出游需求,提供旅游景点。

(2) 结合热点。

结合热点,利用名人效应、热点新闻引起读者兴趣。如公众号"FeeKr旅行"擅长把热点引入文章中,《全国首只柯基警犬福仔火了!不只有淄博,山东这座"风筝之都"也太好吃了!》《〈与凤行〉大结局,取景地又是它!不仅自带仙气还是隐藏的小吃王国》这两篇文章分别借助全国第一只在山东潍坊入编的柯基警犬及热门电视剧,推荐各类美食。

(3) 善用数字。

利用数字提升吸引力,使信息更加明确和吸引力。例如文章《10多家爆款度假酒店限时4折起!五一国庆不涨价、江浙沪必囤!》用数字来表示价格优惠但品质保证。

3. 精选创作类型

旅游类公众号常用的创作类型包含以下几种。

(1) 教程型。

教程型文章主要在于教会读者某一种技能或解决某个问题,强调使用价值。如公众号"嬉游"的文章《吐血整理的旅行小技巧,帮你省钱省时间》(见图4-32),针对自助游用户,提供详细的问路卡、行李寄送、外币兑换、机场攻略、乘车码、餐厅预约等17个技巧,能切实解决旅行中容易遇到的各类问题。

(2) 故事型。

故事型文章一般以叙述为主,采用讲故事的方式吸引读者,常用于历史人物、事件、文化兴起流行起源和发展等。旅游资源因蕴含特殊的历史地理文化等特征,特别适合采用这种类型。故事型文章能够为用户提供强烈的阅读体验,尤其是那些有趣或引起共鸣的故事。例如公众号"龚林轩"的文章《那些与旅行有关的故事》,如图4-33所示。

图4-32 公众号"嬉游"的教程型文章

(3) 观点型。

观点型文章一般向读者传递自己的观点、评价、态度等,有鲜明立场和个人风格,涵盖面比较广泛,结合热点的话题会被广泛传播。

(4) 整合型。

整合型文章是搜集整理某一类主题相关的内容,常用于推荐类型,在旅游类公众号中,常结合美食和景点特色进行旅游景点推荐。例如公众号"浙江文旅"发布的文章《味美浙江·百县千碗|"热辣滚烫"的宝藏衢州,每一道都遥遥领"鲜"》《来"浙"徒步,偶遇独属春夏的薄荷曼》等。

(5) 资讯型。

资讯型文章一般是向受众传达某个信息,在旅游企业、政府机构账号比较常见,一般是关于活动介绍、事件通知、政策解读等。例如公众号"浙江文旅"发布的文章《文化周末|浙浙买单的旅行:"浙"里畅游,美食畅享,还有机会获得周杰伦演唱会门票!》《畲乡"三月三","浙"样玩才够劲!等》,如图4-34所示。

图4-33 公众号龚林轩的故事型文章

图4-34 公众号浙江文旅的资讯型文章

二、优化推送时间

影响公众号推送时间的因素有很多,包括公众号的定位方向、目标用户的属性、文章本身的质量等。不同行业,不同用户群体的公众号推送时间都不尽相同,因此要针对自己的账号进行分析定位再选择一个合适的推送时间。

为了更精确地把握粉丝的活动时间,并在最佳时机推送内容,提高效率,需要针对不同的用户群体采取不同的推送时间段。同时,要确保推送内容的质量,并培养定时推送的习惯。

1. 黄金时间推送

(1) 8:00 左右。

新的一天开始,人们得到了充分的休息,对信息的需求也相对增加,尤其是在工作日的早晨。这段时间内,人们往往处于准备前往工作的过程中,如乘坐公共交通时,会习惯性地查看手机以获取信息。基于这一行为模式,这段特定的时间段被视为推送信息的理想时机之一。

(2) 11:30—13:30。

这段时间通常是人们用来吃饭或午休的空闲时间,他们经常会拿出手机查看内容。因此,可以选择这个时间段来进行推送。

(3) 18:00—19:00。

这段时间通常是人们在下班路上排队等车或者坐车的时候,或者是饭后进行适当放松的时刻,例如看电视或新闻,人们在这个时候会身心放松,非常适合有趣的内容。

(4) 22:00 后。

这段时间通常是人们睡前的放松时刻,他们可能会花时间看书、收集信息或者浏览社交媒体。这个时段对于推送信息也是非常合适的。

2. 活跃时间推送

通过数据分析精确把握用户的活跃时间段,是进行有效推送的关键。了解用户在一天中的行为模式和互动习惯,可以帮助确定最佳的推送时机。这样的策略不仅可以提高推送内容的曝光率和点击率,还能提高用户参与度和增强互动性。

三、粉丝营销

微信公众号营销的价值取决于用户量和用户价值,粉丝营销的主要内容为拉新、促活、留存和转化。

(一) 内部诱导加粉

1. 关键词回复

在文章各个关键节点植入关键词来引导用户关注后回复。例如公众号骑驴旅行文末的关键词回复设置,如图 4-35 所示。

2. 评论区鼓励转发

在评论区鼓励用户转发并设置激励措施。

3. 设置关注后留言

设置"仅关注后留言",如果用户想要在文章下面评论,就必须先关注公众号。

(二) 外部导流加粉

内部增加粉丝的增长速度较慢,因此大多数公众号通常依赖外部导流来扩展其粉丝群。通过多平台引流是一种有效的策略,可以利用微博、网站、知乎等平台进行推广。例如,在微博上,可以通过在背景图中嵌入二维码,或者在微信信息置顶位置宣传微信公众号,以吸引更多用户关注和转化为粉丝。表4-2列举了一些主要的外部导流平台和导流方式。

图 4-35 骑驴旅行关键词回复

表 4-2 微信公众号外部导流

导流平台	导流方式
门户类	在网易、新浪等平台发布软文,在软文中放入微信公众号或二维码
论坛类	在贴吧申请成为吧主,建立自己的论坛。在论坛签名中放入微信号,多发优质软文
问答类	利用百度知道、知乎等平台,在回答中自然植入广告
腾讯社交广告	在微信公众号后台单击进入"广告主",申请开通广告主后,便可以将公众号推广至朋友圈或文章中
视频类	将产品介绍录成视频,植入二维码,在视频号或抖音播放
直播类	通过直播平台,介绍旅游景点历史、文化、故事等

四、活动营销

微信公众号营销活动不仅可以给公众号带来巨大的流量,还可以激活平台粉丝,维护忠诚的客户群,借助用户的自主传播行为扩大微信公众号的影响力。

(一) 活动目的

活动目的是活动策划的起点,是微信公众号运营者想要通过活动达成的最终结果。

常见的活动目的有以下四种。

(1) 吸引潜在用户关注：一般指微信公众号粉丝关注数量。

(2) 扩大品牌影响力：一般指文章的阅读量。

(3) 增强关注用户黏性：可以是转发、留言、点赞、关注等。

(4) 促进产品销售：引导用户产生购买行为，给品牌带来销售盈利。

(二) 活动形式

1. 留言有礼

根据当前的热点或即将到来的活动或节日，准备一个互动话题，鼓励用户在活动期间留言回复图片或文本信息，并根据点赞数量和其他规则选择中奖用户。例如公众号"南航深圳"开展的留言有礼活动，如图4-36所示。

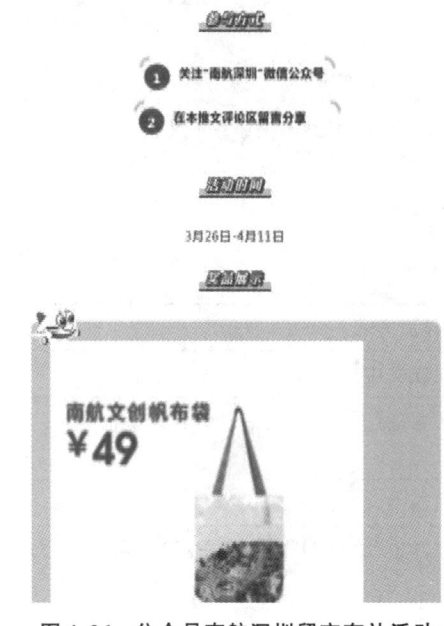

图4-36 公众号南航深圳留言有礼活动

留言有礼的活动形式操作方便、用户参与度高、可控性强，但是用户容易产生心理疲倦感，因此需要确保话题的互动性强。

2. 晒照有礼

晒照有礼一般分为设定方向、促进分享交易、其他KPI(关键绩效指标)三种类型。设定方向类的活动是根据不同的主题或方向来设定，比如亲子照、婚纱照、风景照、美食照、宠物全家福照等不同主题的照片，或者其他趣味照片等，用户根据活动主题拍摄照片，并将照片发送到公众号后台、私信或群发。运营者根据活动规则，选择符合条件的中奖用户；促进分享交易类是运营者指定某张图片或文章，要求用户将其分享到指定的朋友圈、微信群或其他社交平台，并截取分享后的图片作为参与凭证；其他KPI(关键绩效指标)类是用户将相关物品或购物小票的照片发送到指定的平台，如公众号后台或私信，运营者根据收到的图片或小票进行抽奖或选择中奖用户。

这种活动形式具有更强的互动性，并能有效结合运营目标，但运营者需要及时保存和搜集用户提交的照片或信息。

3. 红包抽奖

在这种形式的活动期间，用户只需完成指定的要求或者符合特定的条件，就可以进入活动页面参与抽奖，有机会赢得奖品。抽奖活动的形式可以多样化，不仅可以采用常见的大转盘、九宫格、砸金蛋、刮刮乐、翻翻乐等形式，还可以根据创意活动主题设计独特的表现形式,以增加活动的趣味性和新鲜感。

这是人气聚集的有效活动之一。为了强化用户与公众号之间的关系,建议除了红包奖励之外,还应该设置更多的小奖项,以确保更多的用户可以参与或获奖。

4. 游戏互动有奖

用户可以通过免费互动游戏接口,如连连看、消消乐、切水果、跑酷等,不仅能享受娱乐的乐趣,还有机会赢取奖励。为了避免数据泄露,可以由技术团队开发互动游戏,确保后台与数据完全掌握在自己平台内部。

这种活动充满娱乐性,能给用户带来新鲜感,激发用户参与兴趣。

5. 病毒式H5互动活动

病毒式H5互动活动主要分为生成信息和测试两种类型。

生成信息型:这类互动活动旨在通过用户参与,搜集和生成信息。用户在H5页面上输入指定信息,即可以生成趣味的工资单、证件、微信对话、照片、海报、数据信息图、表情包等。

测试型:这类互动活动以测试、测评或者互动游戏的形式呈现,目的是测试用户的某些能力、知识或者技能,如智商测试、情商测试、专业度测试等。图4-37是公众号"湖北文旅"开展的旅行性格测试活动。

这种活动形式是品牌传播的有效利器,如果活动方案策划得当,很有可能成为平台吸引新用户的有力工具。

图4-37 公众号湖北文旅旅行性格测试活动

6. 投票评选活动

投票活动是有效的拉新手段之一,通常以比赛形式进行。用户只要参与了就有赢取大奖的机会,通过公众投票或报名内容决定获奖者。常见的投票活动包括萌宠评选大赛、优秀儿童作品、员工评比等。这些活动以利益驱动,参与者的情感参与和好胜心是推动活动成功的关键因素。

这种活动的投票过程应简单易行,同时需采取防止刷票和作弊的措施。若活动旨在增加粉丝,可以设置只有关注后才能投票的规则,并在投票后推送吸引用户的内容。

7. 有奖问答/调研活动

有奖问答/调研活动是一种非常有效的信息搜集的活动,而且可以借助这种形式,激发用户对平台、产品品牌的思考和认同。活动形式一般是根据需求,设置调研问卷或问答题目,用户参与并填写信息,即可获得指定奖励。如果平台拥有自主搭建的调研系统,可以让用户完成调研后直接发放奖励,有效刺激用户参与。图4-38是深圳航空开展的有奖调研活动。

图 4-38 公众号深圳航空的有奖调研活动

这种活动一定要考虑营销的目标对象,不要仅仅为了做调研而进行调研,而要有针对性地开展活动。

8. 拉新有礼活动

拉新有礼活动是在指定活动期间内,老会员通过分享公众号二维码来推广,每成功推广一次即可获得奖励或分成。另外,还可以在活动期间进行分享的排名比赛,分享成功次数最多的用户还可以获得额外奖励。

这种活动能够快速增加粉丝数量。建议同时采用常规的老会员拉新机制,并定期举办老会员拉新活动,持续吸引用户为平台发展作出贡献。

同步思考

为做好湖北省文化和旅游厅在全省主要旅游服务场所开展旅游服务质量监测和评价工作,"湖北文旅"公众号开展了互动。用户在"游湖北"微信小程序上通过"服务质量评价"模块或在旅游服务场所门口扫活动码,填写问卷。完成答题后可进行一次抽奖,将有机会免费获得2023林俊杰"JJ20"演唱会周边、旅游年卡、文创产品、景区门票等。

思考:活动奖品对用户是否有吸引力?

(三)活动设计

针对参与用户设计活动时,要考虑用户参与活动的便利性,体现用户利益,设置容易理解的规程,操作要简单方便。常见的活动设计包含以下内容。

(1)活动时间:写清楚活动的时间区间,最好具体到分钟,可以用加粗、改颜色等形式突出内容。

(2)奖项设置:明确奖项数量及名称、奖品的获取方式等。选择的活动奖品最好与活动主题关联,既要切中用户需求,也要考虑活动预算。

(3)评奖规则:根据用户思考路径,引导用户完成设置好的活动。

(4)参与方式:充分利用公众号接口功能,提高用户参与活动的便利性,减轻运营者统计的工作量。采用点击"阅读原文"直达活动页面,或微信公众号后台回复某关键词、在留言区留言等形式。

(5)奖项公布:说明获奖名单公布时间及领取奖品时间。

(6)领取方式:可以发放虚拟奖品,也可以发放实体奖品。实体奖品需要在参与活动时填写用户的姓名地址、联系方式等信息。

(7)特别说明:防作弊说明、活动提示等。

课后自测

课堂实训

一、实训目标

我国红色旅游资源丰富、类型多样、分布广泛。习近平总书记强调:"发展红色旅游要把准方向,核心是进行红色教育、传承红色基因,让干部群众来到这里能接受红色精神洗礼。"江西井冈山位于中国江西省东部,是中国革命的圣地之一,有茨坪革命旧址群、井冈山革命烈士陵园、大井毛泽东旧居、井冈山革命博物馆、茅坪八角楼、井冈山会师纪念馆等红色景点。请结合井冈山景点,自定选题,在公众号上发布一篇关于红色旅游的文章。

二、实训准备

项目分组:将学生按4—6人分成7组,明确每组工作任务,并完善分组任务表表4-3。

表4-3 学生分组表

序号	工作任务
1	建立选题库
2	撰写文章标题
3	撰写正文
4	准备图片素材
5	添加图片

续表

序号	工作任务
6	文章排版
7	发布文章

工作准备:熟悉135编辑器操作,准备图片。

三、实训操作

引导问题:查阅红色旅游的相关文章不少于5篇,分析选题特点。

(一)建立选题库

建立选题库的方法有用户需求分析、曼陀罗思考、话题搭载等。试着用曼陀罗思考法,建立至少8个选题,完成表4-4曼陀罗思考法。

表4-4 曼陀罗思考法

可以根据清博指数,查询旅游类公众号排名。关注至少10个公众号,查询和红色旅游有关的文章,罗列出文章标题和概括选题。选题要能引发读者的共鸣、好奇和思考。

(二)撰写文章标题

文章的标题对于文章的打开率至关重要,可以采用数字、热点话题、问题提出或制造悬念等方式来撰写。完成表4-5,撰写5个标题并对比筛选。

表4-5 撰写文章标题

序号	标题名称
1	
2	
3	
4	
5	

（三）撰写正文

在正文撰写中，可以按照不同的写作类型，如故事型、教程型或资讯型等方式。可以是红色旅游路线推荐，也可以是深入撰写某个景点故事、文化等。

（四）准备图片素材

登录免费素材网站，如 Pexels、Pixabay、Unsplash、Splitshire、VisualHunt，寻找符合主题、内容、风格的图片。

知识活页

标题生成器

（五）添加图片

选择好图片，在适合的文字、段落插入。

（六）135编辑器排版

登录135编辑器，选择和红色文化对应的模板，进行套用、修改。设定好字色、字号、加粗、阴影、背景色，调整行距、字间距、段距等，保存并复制到公众号。

知识活页

免费图片素材网站

> **小技巧(Tips)**：135编辑器左侧是编辑器自带的一些模板功能，能对文字进行排版，使文章看起来更加美观。无论是标题、正文、配图还是分隔符，都可以进行编辑的，而且有非常多的样式可供选择。

（七）发布文章

先保存文章，点击预览，在手机上检查文字、段落等无误后群发。

四、实训评价

完成上述内容后，教师填写表4-6对学生进行评价，学生填写表4-7、表4-8，进行实训互评和自评。

表4-6 实训评价表（教师）

序号	评分内容	总分	教师打分	改进意见
1	选题是否符合有价值、有趣等标准			
2	文章标题是否具有吸引力			
3	正文是否逻辑清楚、表达流畅			
4	图片是否清晰且和主题相关			
5	排版是否美观			

表 4-7　实训评价表（学生互评）

序号	评分内容	总分	互评	改进意见
1	选题是否符合有价值、有趣等标准			
2	文章标题是否具有吸引力			
3	正文是否逻辑清楚、表达流畅			
4	图片是否清晰且和主题相关			
5	排版是否美观			

表 4-8　实训评价表（学生自评）

序号	完成情况	评分	改进意见
1	是否在规定时间内完成（20%）		
2	任务完成效果（50%）		
3	团队合作精神（20%）		
4	材料上交情况（10%）		
5	总分（满分100分）		

五、实训总结

小组推荐代表进行汇报。

实战案例

案例1：诚不欺我！这是4月最值得去的城市！（节选）

4月的赏花顶流非洛阳牡丹莫属了，热搜和头条是一个接一个！

赏个牡丹至于特地跑一趟洛阳吗？我昨天刚从洛阳回来，给大家探过路了！摸着良心说：值得，非常值得！

看过牡丹开满全城的盛景，才扎扎实实地感受到了刘禹锡笔下的"唯有牡丹真国色"。

洛阳牡丹有一千六百多年的栽培史，可以追溯到隋朝，在唐朝鼎盛，宋朝甲于天下，洛阳现在是国家认证的"牡丹花都"。在洛阳能一口气看到一千多个品种的牡丹，或富贵或雅致，太洗眼睛了，就连空气里都是牡丹醉人的香气。

2024年官方的第四十一届牡丹节从4月1日到5月5日，覆盖清明和五一两个假期。因为牡丹品种分早期、中期和晚期，所以这一个多月里都有牡丹看。

牡丹节期间，洛阳文旅也放出N个大招：景区延长营业时间、博物馆周一不闭馆、推出各种夜游项目和打造美食夜市。洛阳晚上一亮灯，那个灯火璀璨，简直是梦回大唐！搞得我白天晚上都忙着干(lú)活(yóu)，每天半夜回酒店。

洛阳对于时间有限，又想多玩些地方的朋友来说，真的非常友好了。

这周是洛阳牡丹的盛放期，我刚刚好碰上了洛阳最美的样子！赏花这个事情向来都是争分夺秒的，所以我昨天刚乘飞机回来，赶紧熬了个大夜，给大家奉上新鲜出炉的洛阳赏花游玩大攻略。

Part1：赏牡丹

别的景点一年四季都可以看，牡丹就那么几天，所以赏牡丹的游玩优先级肯定排最前面。哪怕是之前已经去过洛阳的朋友，我觉得为了牡丹也是可以再去一次的。全城那么多的花圃，只为了一年中几天的绽放，想想都觉得珍贵。

洛阳赏牡丹的地点有三大类。

第一类是不要门票的免费地方，citywalk的时候非常赏心悦目，我去西工小街的时候就发现凯旋东路上种满了洛阳红牡丹，去天子驾六博物馆的时候被周王城广场上大片的凤丹牡丹震撼了。

第二类是景点里的牡丹，龙门石窟、白马寺、古墓博物馆这些景点里都有种植牡丹的区域，看历史和赏牡丹兼得了。

第三类是专门的牡丹园，属于重头戏！牡丹园面积之大、品种之多、造景之精、花型之美，真的让我有"赏"的感觉。洛阳的牡丹园也很多，今年牡丹节的主会场在王城公园、中国国花园、隋唐城遗址植物园。

Part2：逛历史古迹

洛阳经典的两个景点龙门石窟和白马寺肯定要去的。这两个景点离市区比较远，不过公交车和旅游专线都可以到达。我去这些远的景区都是打车，牡丹节期间很好打车，不用担心回程没车。

龙门石窟是中国四大石窟之一，代表着"中国石刻艺术的最高峰"，是一处世界文化遗产。北魏开凿，唐代鼎盛，直到清末结束建造，跨越十多个朝代，长达一千四百多年。

白马寺始建于东汉，是佛教传入中国后建的第一座官办寺院，历史意义重大。总共有中国古建区、齐云塔、泰国佛殿苑、缅甸佛塔苑、印度佛殿苑五个区域。这里能一次看到中国、泰国、缅甸、印度四种佛教寺庙，游览时间在两个小时左右。

Part3：看博物馆

洛阳作为十三朝古都，有一千五百多年的建都史，四千多年的建城史，五千多年的文明史，是丝绸之路、京杭大运河、万里茶道的重要一站。

洛阳承载了那么多历史,有一百零二座博物馆也就不奇怪了。

Part4.穿古装

洛阳的古装氛围,让横店都自愧不如了,到处都是贵妃和公主。

穿着古装的游客骑电瓶车、在街头吃火锅、去夜市讨价还价,在洛阳都是常规操作。甚至在洛邑古城、应天门这些景区,不穿古装进,还会觉得自己很违和呢。

Part5.吃洛阳美食

最后就来说一说洛阳的美食了,洛阳美食后面也会单独出一篇。先给大家推荐三家经典且好吃的店。

老雒阳面馆是吃洛阳水席的,汤汤水水很有当地特色。现在可以应景地吃一下牡丹燕菜,他家的面条也做得不错。分店多,口味和服务比较稳定,价格也合适,这家吃了,可以对洛阳饮食有一个大概了解。

其他Tips:

4月份的洛阳最美,人气也最旺。出行早做规划,特别是博物馆和热门景区提前预约。

把以上介绍的地方,挑自己感兴趣的在地图上标注出来,根据位置规划线路。例如白马寺和二里头博物馆在一个方向,可以安排在一天。隋唐城遗址植物园和洛阳博物馆距离较近,可以安排在一天。

(案例来源:嬉游《诚不欺我!这是4月最值得去的城市!》)

思考:从选题、标题、内容分析本文写作特点。

案例2:洛阳十佳伴手礼评选活动

1.参与标准

本次评选以"伴手好物,洛阳有礼"为主题,旨在评选出属于企业独立研发、生产或联合运营的文化和旅游商品(如本土原创旅游商品、工艺礼品等)、文创产品以及预包装特色农副产品等。评选出的产品须具有洛阳元素,兼具创意性、实用性、艺术性和纪念性等特点,且品牌口碑良好。

所有参评企业须为洛阳本土企业,近年来未发生安全事故和没有重大投诉,且证照齐全、销量较高、品质较好、口碑较好、有一定品牌影响力。如参评企业负面问题较多,或发生大量投诉事件,实行"一票否决"。

2.活动投票

活动通过"洛阳旅游"微信公众号发起网络投票。

3.投票时间

2023年3月21日至3月26日。

4.投票方式

(1)关注"洛阳旅游"微信公众号。

(2)点击下方"洛阳攻略"菜单,选择"洛阳十佳伴手礼"评选,即可参与本次活动,如图4-39所示。

5.投票规则

每个微信号每天最多为十款产品投票,且每天只能为同一款产品投一票。

6.投票声明

投票期间严禁刷票、买票,情节严重的,将取消网络投票资格。

7.宣传展示

各参与企业在投票期间,可在抖音、视频号平台植入"洛阳旅游种草计划""沉浸洛young城"话题,全面展示品牌形象。主办方将安排工作人员到部分参评企业进行拍摄,宣传报道。

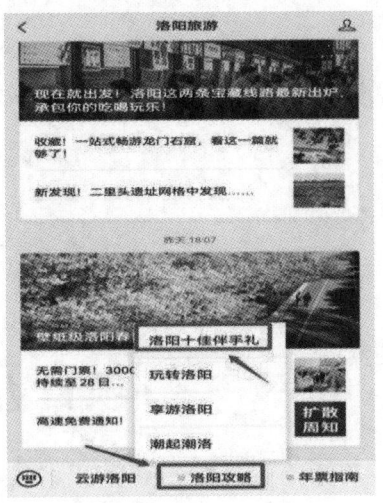

图4-39 参加活动方法

8.考察评审

本次活动坚持公开、公正和公平原则,主办方将对参评企业进行考察评审,评审将以产品的人气销量、品牌知名度、用户口碑评价等各项情况作为评判依据,评选将结合网络投票(占分30%)、专家评审(占分70%)两个环节得出最终结果。

9.公布结果

评选结束后,面向社会公布"洛阳十佳伴手礼"获奖名单,主办方将在本地主流媒体上对评选结果及获评企业进行宣传报道。

(案例来源:洛阳旅游《洛阳伴手礼,你最爱哪一款?》。)

思考:洛阳十佳伴手礼活动设计是否符合设计要求,有什么特点?

项目五 旅游微博营销

项目情景

在微博上,汇集了众多综合类和旅游类媒体、各地旅游主管部门以及旅游企业,为用户提供丰富权威的旅游资讯。微博上不仅聚集了大量的旅游爱好者和泛旅游人群,还有各领域的KOL群体不断分享旅行攻略和体验。因此,微博上有着完整的旅游生态结构,旅游目的地需要打造用户品牌,洞察热点背后的用户价值,以建立更强的品牌联想。这样可以从吸引用户的注意到引发用户的兴趣、转发和关注,最终使用户成为品牌的忠实粉丝。

为更好开展旅游微博营销活动,任务一介绍了旅游微博营销准备和微博账号的设置方法,任务二介绍了旅游微博营销策划,以及微博营销信息的发布技巧和微博推广策略。

教学目标

1. 知识目标

(1)掌握微博账号的设置方法;
(2)掌握发布微博营销信息的技巧和微博推广策略;
(3)掌握开展微博营销的方法。

2. 能力目标

(1)确定推广时间:根据目标受众的活跃时间和推广活动的特点,选择最佳的推广时间。

(2) 确定推广内容：根据目标受众的兴趣和需求，制定有趣的、有吸引力的推广内容。

(3) 确定推广方式：结合目标受众的特点和微博平台的功能，选择最佳的推广方式，如话题营销、抽奖活动、视频营销等。

3. 素养目标

(1) 树立正确的市场营销价值观和正确的社会价值取向；

(2) 增强文化自信，培养团队协作精神。

思维导图

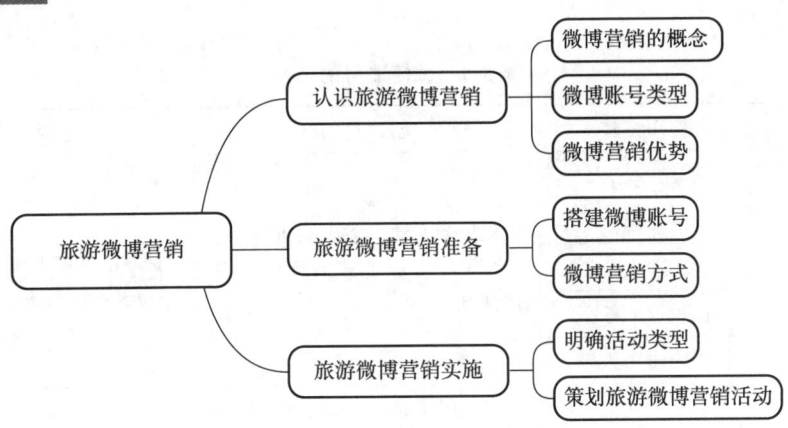

任务一　认识旅游微博营销

案例导入

"芳菲四月，洛阳有约"，牡丹文化节是洛阳走向世界的多彩桥梁和世界了解洛阳的名片。第40届洛阳牡丹文化节的主题为"花开洛阳，青春登场"，洛阳文旅以"洛阳全城剧本杀"和"元宇宙幻城之夜复原古都盛世"以及"隋唐洛阳城绝美华服秀"为宣传主话题，强势登榜微博热搜榜，话题阅读曝光率超过3亿，省内外媒体联动，引发微博热议，全国垂直类"大V"发布，实现影响力全覆盖。

思考：洛阳文旅借助微博，通过哪四步助力洛阳城市形象强势传播？

一、微博营销的概念

微博，即微博客的简称，是一个基于用户关系的信息分享、传播以及获取平台，用户可以通过Web、WAP以及各种客户端组建个人社区，以简短的文字更新信息，并实现即时分享。2009年8月,中国门户网站新浪推出"新浪微博"内测版,成为门户网站中第一家提供微博服务的门户网站,微博正式进入主流人群视野,成为全新的信息交流平台。本项目所讲的微博营销,主要指在新浪微博(以下简称微博)上的营销活动。

二、微博账号类型

企业在策划微博营销活动之前,营销人员要先为企业或其所属品牌打造可以表明身份的微博账号。

营销人员要明确微博账号类型。根据注册主体不同,微博账号类型有以下几种,如表5-1所示。

表5-1 微博账号的类型

类型	使用主体	创建目的	示例
个人微博	明星、艺人 专家 "网红"(达人) 企业家(高管) 普通个人	(1)个人动态或者观点展示; (2)配合企业或者团队的营销活动	旅游约吗 旅行玩家 旅行100优秀创作者 粉丝:1106万
企业微博	企业	(1)用于粉丝互动,增强粉丝黏性; (2)发布品牌活动,特别是新品发布活动; (3)其他营销活动推广	途牛旅游网 途牛旅游网官方微博 粉丝:357万
政务微博	政府部门	发布政务信息,特别是以正视听的公开信息,需要快速渠道的传播	澳大利亚旅游局 澳大利亚旅游局 粉丝:155.2万
组织机构微博	事业单位、非营利组织等	信息发布(含危机公关)、加强沟通	桂林旅游学院 桂林旅游学院官方微博 粉丝:4.1万
其他微博	活动类、主题类(电影、电视剧等视听作品)	临时宣传、保持热度	微博旅游 微博旅游官方微博 粉丝:159万

三、微博营销优势

1. 庞大的用户基数与广泛的传播力

微博拥有庞大的用户基数,这使得微博营销具有极大的受众覆盖面。同时,微博的信息传播速度极快,一条热门微博往往能在短时间内被大量转发和评论,形成广泛的传播效应。这种高效的传播机制使得微博营销能够快速触达目标受众,提高品牌知名度和曝光率。

2.精准的定位与互动

微博平台有丰富的用户数据,可以帮助企业进行精准的用户定位。通过分析用户的兴趣、行为等特征,企业可以制定更符合目标受众需求的营销策略,提高营销效果。此外,微博还具备强大的互动功能,企业可以通过发布话题、举办活动等方式,与用户进行实时互动,增强用户黏性和提高忠诚度。

3.低成本的营销投入

相较于传统的广告投放方式,微博营销的成本相对较低。企业可以通过微博平台发布内容、进行互动,无须支付高额的广告费用。同时,微博营销的效果往往可以通过数据分析进行量化评估,有助于企业更加精准地控制营销投入。

4.创新的营销形式与内容

微博平台支持多种形式的内容创作和发布,包括文字、图片、视频、直播等。这为企业提供了丰富的营销手段和创新空间。企业可以结合自身的特点和目标受众的需求,创作出有趣、有启发性的内容,吸引用户的关注和参与。

任务二　旅游微博营销准备

案例导入

在运营媒介选择之上,微博因其信息流传播快及开放性强的特点,匹配故宫潜在用户群体特征,成为故宫文创宣发的主要营销战场。IP形象是很多微博用户对于一个企业的第一印象,此时的故宫抛弃了紫禁城传统形象,选择更为亲近微博年轻群体的Q版形象,还制定与之相符的个性特点,用"软萌"性格发动攻势。制定好IP形象之后,故宫官微对微博功能区也进行了相应的调整,增加了品牌banner和头图等多个内容,加强官方微博的辨识度,加深粉丝与品牌之间的联系。在内容方面,故宫官微紧抓当下实时热点,结合故宫文化,输出不同风格的搞笑图文或软文,利用热点自带曝光度,扩展受众群体。

思考:故宫微博的IP形象有什么优势。

一、搭建微博账号

(一)微博账号信息

微博账号主要由昵称、头像、简介、认证等组成,营销人员需要明确微博账号各组成部分的信息,创建所需账号,如图5-1所示。

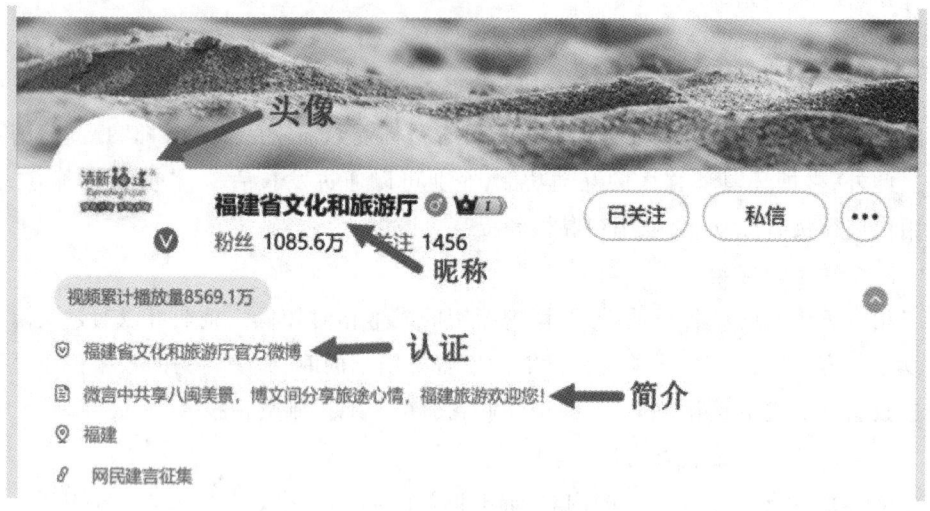

图5-1 微博账号信息

1. 昵称

个人微博昵称要简洁便于粉丝拼写记忆。企业微博昵称通常与企业或者所属品牌名称保持一致,很多旅游企业直接以景区命名,如"黄山旅游";政务微博主要体现公信力,昵称最好是所属部门全称,如"福建省文化和旅游厅"。目前微博昵称,普通用户一年修改1次,会员依据不同等级有不同的修改次数。

2. 头像

微博头像对于形成用户给人的直观印象至关重要,尤其是企业微博账号的头像应当能够准确代表企业形象,例如企业的Logo、企业名称或者企业虚拟形象。最近几年,福建省文旅厅加强了"清新福建"品牌的建设,因此其微博头像清晰地展示了"清新福建"四个字。

3. 简介

简介是对账号主体的简单介绍。达人账号一般以自身专业特长或者成就为主,例如拥有1106万粉丝的达人"旅游约吗",其简介是"2016—2022连续7年V影响力十大旅游大V、连续3年十大旅游栏目、连续4年十大旅游mcn机构、第十四届长春电影节微视频金鹿奖、18年福布斯30 uder30旅游精英"。企业微博简介要方便用户快速了解企业,如放置企业理念、企业身份、企业文化等。

4. 认证

认证后的微博账号能够提升其在用户心中的可信度和好感度。微博认证包括组织认证(见图5-2)和个人认证(见图5-3)。其中,企业认证,也叫"蓝V认证",因为认证成功的微博昵称后会有一个蓝色的V字图标。

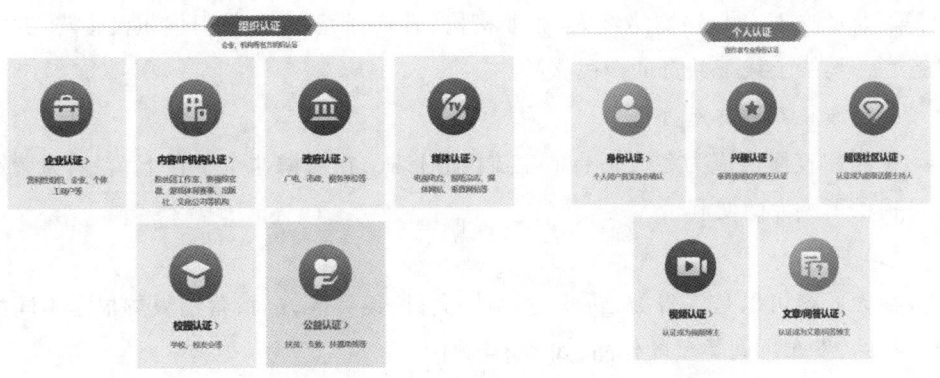

图 5-2　组织认证　　　　　　　　图 5-3　个人认证

二、微博营销方式

1. 发布一般内容（短微博）

短微博的字数可以控制在5000字以内，目前几百字以内的比较常见，一般在140字以内最佳，因为超过150字的部分会被折叠起来，需要用户点击"全文"才能观看。短微博可由文字和图片组成，营销人员发布可以发布有价值、容易让人产生认同感的、有趣的、真实的内容，这类内容更受欢迎，也容易获得评论和转发。

2. 发布头条文章

微博头条文章具有高效发布、阅读流畅、传播力强等特点，且微博头条文章在微博信息流的权重全站最高。营销人员如果想让用户完整阅读文章，就要想方设法体现文章的价值。这类文章主要由标题、封面和正文组成。

标题和封面会直接显示在微博账号上，用户是否点击头条文章进行阅读，需要营销人员针对目标人群进行选题创作，激发目标人群的阅读甚至讨论、转发。正文是文章的主题，必须是有价值的内容，是目标人群是否会产生认同、共鸣的主要因素，也是决定营销活动是否成功的关键因素。营销人员可以利用专业知识对时下热点、话题进行评价，也可以撰写一篇有价值的软文。

3. 发布话题

话题是微博中最重要的一种兴趣主页，营销人员可以进入话题发表微博参与讨论，同时话题页面也会自动收录含有该话题词的相关微博。话题以"关键词"的标签形式发布，"#"号内的关键词即为话题词。当普通话题的讨论人数较多时，就有可能升级为超级话题，从而提高品牌的曝光度，增强营销效果。

话题的设计要与本账号的定位相一致，也尽量与账号的垂直内容有关。"带着微博去旅行"是目前中国互联网史上最大的一次旅游人群总动员。这场全民旅游"盛宴"约有3亿人次参与互动，在微博上建立了包括美国、墨西哥等国内外99个目的地页，让"带着微博去香港""带着闺蜜去旅行""旅行最美风景照"等多个活动话题火爆微博。与此同时,明星、网络红人、企业机构、景点、旅游主管部门也积极参与,共同掀起了一场线上线下共舞的全民旅游热。

4. 发布视频和发起直播

视频和直播已成为各大平台的主流内容形式,在微博这个平台上,它们为营销人员提供了极大的便利。

(1) 视频。

视频内容可以是广告类、新闻类、剧情类、搞笑类等方面,营销人员根据不同的营销目的,发布不同类型的作品,如图5-4的例子。

图5-4 账号"带着微博去旅行"转发杨旭游记的《记录的中老铁路之旅》

2023年,微博持续运营"视频号成长计划",为微博平台视频作者提供梯度奖励资源,通过流量分发、涨粉、收益等诸多权益为视频作者提供更多曝光机会,助力平台视频发布量稳步提升。

(2) 直播。

文旅直播结合"互联网+"技术与私域流量,具备及时性、互动性和用户黏性强等特点,大大促进文旅产品销售,同时又深度融合直播的可接受性、内容聚合力与包容性,成为企业、景区对内沟通和对外营销重要的线上端口。

2021年资深旅游"大V"EPA·沿途旅行,开启自己在微博直播连麦首秀。在这场名为"探索古代遗迹,发掘历史文化"的直播中,@EPA·沿途旅行 邀请三位旅游"大V"一起连麦,其中还有一位外国旅游"大V"。直播目的地选择在他的家乡邯郸,景点则是鲜为人知的吕仙祠。

任务三　旅游微博营销实施

案例导入

电视剧《去有风的地方》热播,推动云南旅游热。国资委新闻中心官方微博@国资小新、@中共云南省宣传部、@云南省文化和旅游厅、@云南共青团等蓝V账号借势《有风》热播推动云南旅游热。2023年春节期间，云南吸金384亿，位列各省市第一，云南的旅游收入同比增长249.4%，恢复至2019年的132.5%。在助推云南旅游热的前提下，大量用户自发在微博打卡晒云南的美图美景，流量反哺优质博文内容形成二次种草。

2023年年初，电视剧《狂飙》于广东多地取景，全网热度一路狂飙的同时，取景地也火出圈，@新浪旅游联合、@乐游广东、@微博电视剧运营旅游种草话题。2023年第一季度，江门旅游市场在《狂飙》的带领下，呈现强势复苏之势：全市接待游客546.51万人次，旅游收入55.99亿元，同比增长分别为83.93%、143.61%。到了"五一"小长假，江门旅游市场的成绩单依旧亮眼：全市共接待游客202.78万人次，旅游收入12.28亿元，相比2022年同期分别增长158.89%、173.84%。

思考：这两个城市爆火的原因是什么？

微博营销活动的目的在于调动用户的参与积极性，以取得良好的营销效果。某景区在暑假开展微博营销活动，包括线上的活动和线下活动，以增强用户黏性，提高品牌营销力，吸引用户来景区消费游玩，现要求营销人员同时开展线上和线下微博营销活动，并策划营销活动方案。

一、明确活动类型

微博营销活动主要分为线上活动和线下活动两大类，每一大类又可以进行细分。

（一）线上活动

1. 了解线上活动形式

微博线上活动主要有抽奖、话题讨论、有奖征集和有奖问答、投票等，其中抽奖使用频率较高。

（1）抽奖。

抽奖活动广泛应用于新品发布、线下活动宣传以及营销信息的传播。其核心目的在于吸引目标用户的关注，通过提供诱人的奖品激发用户参与热情，从而增加粉丝数量、提升活动的浏览量，并最终扩大品牌或产品的知名度和影响力。为了确保设置的中奖金额、中奖人数等合理，在开展活动前，营销人员需要做好以下四点，如表5-2所示。

表 5-2　微博营销操作

项目	操作内容
明确营销目标	营销人员首先需要明确活动的目标受众、营销的形式以及期望达成的效果。明确营销活动的目标、形式和期望效果是确保活动有效的关键
确定活动奖品	营销人员在策划抽奖活动时，必须清晰地设定奖品，并确保抽奖规则明确无误，不会引起歧义或误导消费者。奖品的选择和设置不应带有随机性和不确定性，以免让消费者感到困惑或产生不信任感。此外，一旦承诺了奖品，营销人员必须确保如实、准时地将奖品发放到中奖者的手中，以维护企业的信誉和消费者的权益
敲定活动时间	一般来说，抽奖时间不得超过三十天
编辑微博内容	内容需包含活动规则、活动奖品和抽奖时间三个部分

（2）话题讨论。

营销人员可以通过微博热搜榜或微博热议话题等渠道，寻找与景区或者旅游紧密相关的话题切入点。通过参与这些话题的讨论，营销人员不仅能够吸引用户的关注和参与，还能促进用户之间的互动，从而有效地扩大品牌或产品的信息传播范围。利用热门话题进行有针对性的讨论，是提升品牌曝光度和用户互动性的有效策略。

（3）有奖征集和有奖问答。

在有奖征集活动中，营销人员提供奖品以激励用户发布与活动主题相关的内容，活动结束后，根据内容的质量来决定中奖者。而在有奖问答活动中，营销人员会向用户提出问题，并为答对问题的用户提供奖品。无论选择哪种形式，营销人员都需要提前明确活动的主题、时间、参与要求等关键要素，以确保活动的顺利进行和达到预期的效果。微博账号"青年湖南"开展的有奖征集活动见图 5-5。

图 5-5　账号"青年湖南"开展的有奖征集活动

（4）投票。

投票是一个能够很好地提高用户活跃度的活动形式，即通过设立选项，吸引用户投票讨论。

2. 选择线上活动形式

若微博营销活动的目标是吸引更多粉丝,营销人员应选择那些可以设置参与条件的活动形式。抽奖、有奖征集和有奖问答均符合这一要求。在这些选项中,抽奖因其简单易行和对用户的吸引力大而被视为优选。抽奖活动不仅能为用户提供获得奖品的机会,还能让品牌通过提供品牌产品作为奖品,为用户提供试用产品的途径,进而达到推广产品的目的。

(二)线下活动

与微博线上活动相比,微博线下活动具有更精准的地域和人群定位,能够吸引更加真实可靠的用户参与。线下活动通常包括分享会、见面会、品牌活动、演讲和培训等形式。这些活动的组织难度会因规模大小而异,但无论规模如何,都需要营销人员精心策划和准备。通过线下活动,品牌可以更加直接地与用户互动,提升用户的参与感和忠诚度,同时也能够收集到更加真实的用户反馈,为品牌的进一步发展提供有力支持。因此,微博线下活动在营销策略中也占据着重要的地位。

二、策划旅游微博营销活动

要达到预期的营销效果,营销人员必须进行全面且周密的策划。当营销活动同时涉及线上和线下时,策划的复杂性会进一步增加。营销人员在策划过程中需要特别关注以下的关键要素。

(1)活动目标。

明确活动的核心目标,例如增加粉丝数量、提高品牌知名度、推广新文旅项目等,这将有助于指导后续策划的各个环节。

(2)活动玩法和规则。

设计吸引人的活动玩法,确保规则清晰易懂,能够激发用户的参与热情。对于线上和线下活动,玩法和规则可能有所不同,需要分别考虑。常见的有新浪平台活动和企业微博自建活动两种,新浪平台活动有大转盘、砸金蛋、晒照片、抽奖等;企业微博自建活动则有各种形式的转发抽奖。

(3)活动时间。

选择适合目标受众的参与时间,考虑工作日与周末、节假日等因素,确保活动能够在用户活跃的时间段内进行。

(4)活动形式。

根据活动目的和受众特点,选择合适的活动形式。线上活动可以包括直播、互动游戏、话题挑战等;线下活动可以包括路演、体验活动、讲座等。

(5)推广渠道。

确定有效的推广渠道,包括微博、社交媒体、合作伙伴、传统媒体等。对于线上线下结合的活动,可能需要利用多种渠道进行协同推广。

(6) 资源分配。

根据活动的规模和预期效果,合理分配人力、物力和财力资源,确保活动的顺利进行。

(7) 风险评估与应对。

识别可能的风险因素,制定相应的应对策略,确保活动在遇到问题时能够及时调整。

课后自测

(8) 后续跟进与评估。

活动结束后,及时跟进用户反馈和进行数据分析,评估活动效果,为后续营销活动提供经验教训。

通过综合考虑这些要素,营销人员可以制定一套全面且周密的营销活动策划方案,达到预期的营销效果。

课堂实训

一、实训目标

长隆集团作为中国领先的综合性企业集团,拥有多个主题公园、度假村和酒店等丰富业务。为了进一步巩固品牌地位并吸引更多游客,长隆集团计划利用微博这一社交媒体平台进行营销推广。本方案旨在为长隆集团提供一套全面的微博营销推广策划,以确保其在微博平台上能够精准触达目标受众,扩大品牌影响力,并实现营销目标。通过精心策划和执行微博营销活动,长隆集团将有机会与广大用户建立更紧密的联系,提升品牌知名度,进一步巩固其在行业内的领先地位。图5-6为长隆集团微博账号。

图5-6　长隆集团微博账号

二、实训准备

项目分组:将学生按每组4—6人分成4组,明确每组工作任务,并完善分组任务表表5-3。

表5-3　学生分组表

组别	工作任务
1	
2	
3	
4	

工作准备:登录微博,了解长隆集团以往的微博营销活动。

三、实训操作

(一)明确目标

从影响力、新增粉丝数等参考维度分析,完成表5-4。

表5-4　目标表述

项目(参考维度)	目标表述
影响力(长隆集团品牌知名度和影响力)	
新增粉丝数	
提高微博账号互动率	
推广业务(长隆旗下的主题公园、度假村和酒店)	

(二)制定推广策略

1. 定期发布高质量内容

通过微博平台,定期发布关于长隆集团的丰富内容,旨在展现集团多元化的业务、独特的旅游体验以及深厚的品牌文化。这些内容将包括活动宣传、景点详细介绍、用户游玩故事等,旨在吸引并保持用户的兴趣和注意力。我们追求内容的精心策划与呈现,确保语言简洁生动,图片与文字相得益彰,为用户提供高质量的阅读体验。

2. 活动策划与互动

举办各类线上线下互动活动,如抽奖、打卡签到、投票等,以提高用户参与度。

针对微博用户进行定向推送,通过@用户进行回复和互动,增加用户黏性和提升忠诚度。邀请知名博主或有影响力的人物进行长隆集团的体验式宣传,吸引更多用户关注和参与。

3. 跨平台互动营销

将微博链接与其他社交媒体和官方网站相互关联,提高长隆集团在其他平台的曝光度和影响力。借助微博的转发和点赞功能,扩大推广范围,引导用户转发和评论,进一步传播长隆集团的品牌形象。

4. 数据分析与优化

为了确保微博营销活动的持续有效和用户参与率的提升,我们还需要一套完整的实时监测、数据分析和用户反馈收集机制。

关键指标监控:持续追踪微博账号的粉丝数量、互动度(如评论、点赞、转发等)、内容转发等指标,确保数据的实时性和准确性。

数据分析:定期(如每周、每月)对收集到的数据进行深入分析,通过图表、报告等形式,直观展示账号的运营状态和趋势。

效果评估:根据数据分析结果,评估微博营销活动的实际效果,包括用户参与度、内容吸引力、转化率等。

(三)撰写长隆集团微博营销实施方案

综合以上内容,完成长隆集团微博营销实施方案。

四、实训评价

完成上述内容后,教师填写表5-5对学生进行评价,学生填写表5-6、表5-7,进行实训互评和自评。

表5-5 实训评价表(教师)

序号	评分内容	总分	教师打分	改进意见
1	是否明确目标			
2	推广策略是否完整全面			
3	长隆集团微博营销实施方案内容是否完整、逻辑是否清晰			

表5-6 实训评价表(学生互评)

序号	评分内容	总分	互评	改进意见
1	是否明确目标			
2	推广策略是否完整全面			

续表

序号	评分内容	总分	互评	改进意见
3	长隆集团微博营销实施方案内容是否完整、逻辑是否清晰			

表5-7 实训评价表（学生自评）

序号	完成情况	评分	改进意见
1	是否在规定时间内完成（20%）		
2	任务完成效果（50%）		
3	团队合作精神（20%）		
4	材料上交情况（10%）		
5	总分（满分100分）		

五、实训总结

小组推荐代表进行汇报。

实战案例

共情·共振·共同成长——在微博，见证旅游业与用户的双向奔赴｜2023微博旅游之夜文旅论坛

2023年，旅游行业可以用繁花似锦来形容。特种兵式旅行、赴淄"赶烤"、报复式观演，再到最近的"尔滨风潮"，文旅市场正在以一种前所未有的方式重新打开。

旅游形式变了，游客的诉求变了，目的地要面临的考验也不同了。目的地和用户怎么才能距离更近？沟通更密切？

2023微博旅游之夜在云南大理隆重举行，在文旅论坛上，微博营销高级副总裁葛景栋发表了《共情·共振·共同成长——在微博，见证旅游业与用户的双向奔赴》主题演讲（见图5-7），提出旅游业要构建用户品牌，通过三步走战略助推文旅产业高质量健康发展。

最近一年整个旅游赛道都非常热闹，酒旅业、连锁酒店希望和景点串联成线，民宿想把自己打造成目的地；各类IP联名层出不穷；博物馆也在数字化和元宇宙中力争上游，大家希望实力更强一些，离用户更近一些。

然而，在同质化竞争激烈的市场中脱颖而出并不容易。当没有真正的热点出现时，仅靠"种草"已经不够。例如，电视剧《繁花》的热播使得排

骨年糕真正被大家铭记。口碑仍然至关重要,但仅仅依靠口口相传未必能够系统地将"流量"转化为"留量"。

图 5-7　葛景栋主题演讲

引用微笑曲线来分析的话,内卷时代的任何产品和行业,想要获得更多的价值,产生更高的发展,始终要坚持产品力和品牌力。对于创新产品的打造需要不断地持续和强化,才能带来新的消费者。

如今,很多旅游目的地或旅游企业也都在塑造自己的品牌,希望在风景基础上塑造更多动人的品牌价值点,给予游客极致的旅游体验。

那么,如何达成"微笑曲线"(见图 5-8)两头的健康发展,答案就是构建用户品牌。从用户的角度思考产品创新的方向,更大程度挖掘和满足用户的真实需求,做到懂游客、爱游客、为游客,和用户共情、共创、共同成长。

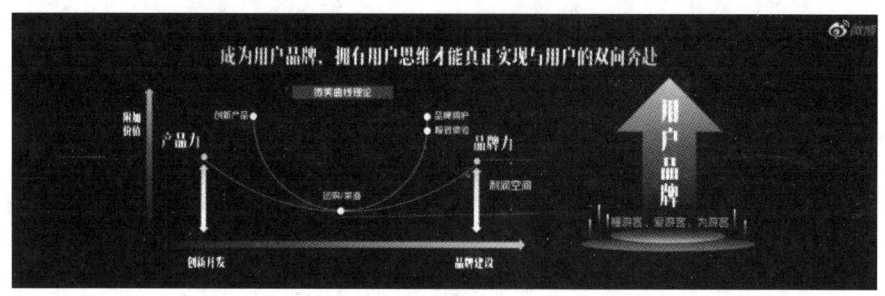

图 5-8　微笑曲线

如何成为用户品牌,简化来说有三步走。

STEP1:拥有同理心和共情力。

同理心和共情力是这个时代和游客沟通,招待好游客非常重要的出发点。

在这个过程中,微博能做的就是帮助目的地真正地读懂用户、理解用户。2024年的很多热点都是年轻人创造的,读懂热点背后年轻人的情绪和价值观是每个品牌都必须要做的课题。而微博作为舆论场及热点场,可以快速发现用户的真实情感和价值喜好。

比如,报复式观演的背后是如今年轻人不愿被内卷、寻找内心平静的情绪价值表达出来的旅游方向。

哈尔滨也是一次现象级的出圈。从冰雪大世界的争议"出圈"到友好型市格的公关"逆袭",冰雪大世界以大家想象不到的热情真诚带动了游客的共情共振。而在用户的情绪交织中打开脑洞,放大共情力的价值,才诞生了一个又一个有趣的碰撞,比如"哈尔滨有甜豆腐了"话题,将历史悠久的南北咸甜之争变成营销的"武器"等。明星、文旅部门、媒体部门都加入进来为哈尔滨助威。

可以说,2024年开年第一炮是真诚和共情力打响的。各地文旅局意识到共情的好处,也纷纷加入内卷,最终形成全民文旅大狂欢局面。

在微博这样的故事并不少,比如电视剧《繁花》的热播,唤醒了人们的时代记忆,没有过多旅游宣传的上海也被推向旅游市场的风口位。即使在年龄、地域和消费习惯各异的情况下,像"黄河路成上海新晋打卡地"这样的话题仍能吸引平台上各个用户群体,引发广泛共鸣。这充分证明了共情能够带来的强大影响力和爆发力。

微博作为公共舆论场,永远可以看到有趣的脑洞、美好的故事、情绪交织和文化碰撞,以及多圈层的快速击穿。品牌和目的地可以牢牢抓住共情力,与用户共情去创造热点、成为热点。

STEP2:将用户参与和共创放在首位。

旅游生态要搭建,营销要创新,品牌与用户共创往往能更大程度地满足用户需求。在去年比较成功的几个旅游案例中都体现出了用户的参与和共创。

澳大利亚旅游进行目的地推介时,就利用袋鼠Ruby自创了许多悬念型热点,通过揭示答案引发用户热议,后续品牌微电影输出时把热度推向高潮,最终,澳大利亚旅游局实现兴趣人群增长超过600%。

度假区的共创也是颇为有趣,上海迪士尼疯狂动物城开园时,借助IP唤醒人们的电影记忆,总曝光量达到1.4亿次,如图5-9所示。

微博从来不缺影视剧和明星热度,借着IP背书和明星助推,叠加目的地品牌的鲜明特色创新营销手段,各个不同圈层都有可能被打通。

河北只有红楼梦·戏剧幻城开城时,借助名作效应最大限度调动了线上线下用户的共同参与,形成聚力传播态势,形成了一个传播热点。

华邑酒店则巧妙利用电视剧《长风渡》春晚负面争议，打开了酒旅营销的新机遇，在热点的广度和深度上都各有触碰，借助热点伴随最大化地利用了流量的艺术价值，品牌身量提升超过130倍，兴趣人群扩容超过20倍。

将人工智能结合到旅游体验中，打造极致的产品也是打造参与感的一种。南浔古镇牵手元宇宙实现产品创新，重磅推出虚拟镇长，别开生面的思路收获硕果。而微博也推出了"我在现场"的功能，让用户在现场把体验感发布到微博参与其中，帮助目的地更好地成为热点。

所以微博并不只是为大家提供一个声量的传播，更重要的是找到声量形成背后的点，调动用户一起讨论和共建，再传播出去。

图5-9　疯狂动物城

截至2024年1月，已有超过6万家旅游企业机构、1.1万旅游头部用户、2亿旅游兴趣用户及500个旅游目的地入驻微博。在这些数据的背后，是根据用户的喜好推荐内容，让有影响力的"大V"在微博的生命力更强。微博希望把媒体、明星、目的地，以及各圈层的KOL团结起来，帮助更多旅游目的地实现破圈。

STEP3：从"流量"到"留量"。

平台既是公域"流量"入口，也是私域"留量"出口，目的地品牌只要利用好平台的多入口和工具，就有机会实现资产积淀。

亚运会期间，浙江文旅就借助品牌号对官微进行了一次的全面升级，把整个内容组织做了全新的呈现和架构调整，更重要的是增加了大量的互动功能，涨粉超过6900人，如图5-10所示。

如今，官微可以发起调研、投票、优惠券等动作，使品牌账号宠粉更灵活，涨粉更容易。官微售票、直播等活动联动等都可以成为目的地品牌的引流入口。当KOL与官方达成合作时，他们的博文后也会及时转发官方的微博内容，这样KOL的粉丝资产也会转移至官微。图5-10是浙江文旅的微博活动。

与此同时，蓝朋友系列活动联合众多品牌和官微组织组成蓝V联盟，共同给网友发福利。这些自发或组团的传播都能为品牌带来看得见的增值效果。在亚运会期间，浙江文旅发布省内12条旅游路线，联动本地超过60位文旅"蓝V"转发，产生出圈的效果。

每一个目的地都有成为下一个现象级的可能。未来，微博将从用户、策略、行动三大层面，以优质的内容资源，完备的服务体系，帮助目的地打造用户品牌。在旅游用户生态里持续深耕，以数据支撑品牌不断发现机会，洞察热点背后的用户情绪价值，建立更强的品牌联想，让用户从看见，到产生兴趣、转发、关注，继而成为品牌的忠实粉丝。

希望在如今的全民热议、全民下场的时代，旅游目的地能够携手微博上场、在场、不怯场，完成和用户的双向奔赴，成为下一个现象级的目的地。

图 5-10　浙江文旅微博活动

（案例来源：新浪网《共情·共振·共同成长——在微博，见证旅游业与用户的双向奔赴》|2023微博旅游之夜文旅论坛）

思考：结合微博营销高级副总裁葛景栋观点，思考如何进一步提升旅游业微博营销的效果。

项目六　旅游短视频营销

项目情景

随着短视频的迅速普及，旅游短视频已成为旅游目的地营销的新宠。其短小精悍、新颖独特、迅速传播和充满创意的特点，成功引领了国内旅游新浪潮。可以说，旅游目的地已进入了"网红"时代，而短视频则成为最受欢迎的营销手段之一。换言之，借助短视频的力量，旅游目的地能够迅速吸引公众的注意力，提升知名度和影响力，进而促进旅游业的发展。越来越多的景区、地方旅游发展委员会和在线旅行社等"旅游行业原住民"纷纷入驻各大短视频平台，开设官方账号，以吸引更多游客并提升品牌形象。

为了更好地开展旅游短视频营销活动，可以通过两个任务来实现。任务一是准备旅游短视频营销内容，包括精心策划视频内容和熟悉短视频账号的设置方法。任务二是制定短视频营销策略，掌握短视频拍摄和剪辑技巧，同时学习如何有效地营销和推广短视频。

教学目标

1.知识目标

（1）掌握短视频内容的表现形式、内容定位以及短视频账号的设置方法；

（2）掌握短视频营销内容、制作与推广短视频的方法；

（3）掌握开展短视频营销的方法。

● **2.能力目标**

(1)能够熟练掌握短视频拍摄、剪辑和后期制作的技巧,以及了解不同平台对短视频的要求,制作符合不同平台规范的短视频;

(2)能够熟练掌握短视频运营的基本技巧,能够根据不同平台的特点制定运营策略。

● **3.素养目标**

(1)树立正确的市场营销价值观和正确的社会价值取向;

(2)增强文化自信,培养团队协作精神。

思维导图

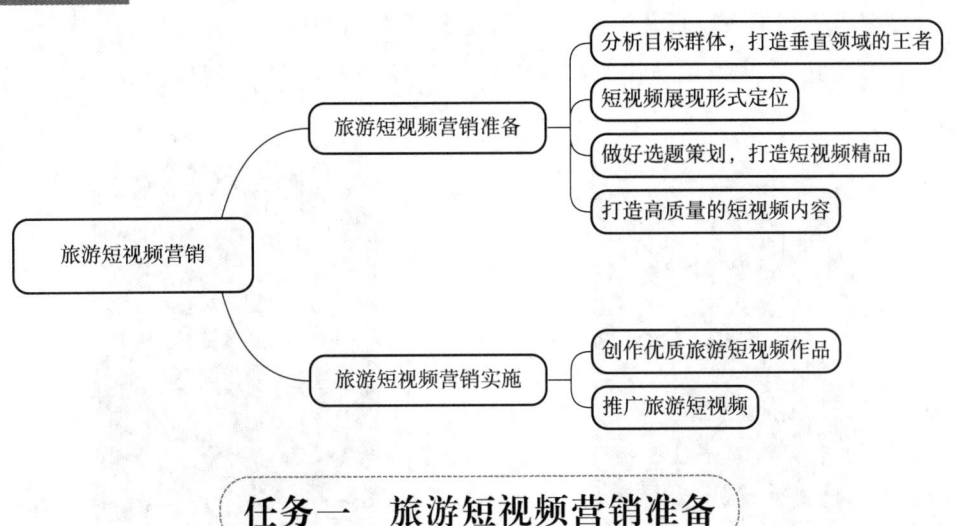

任务一 旅游短视频营销准备

案例导入

贵州方言说唱、少数民族风情风俗、被称为"地球腰带上的绿宝石"的荔波美景、经济实惠的地摊火锅等饶有趣味的热门短视频内容,助推贵州各地不少景点走红,也让当地的城市风貌通过一个个精心制作的短视频,产生强烈的感染力,让网友充分领略这座城市的独特魅力。以"贵州"为关键词在相关短视频平台上搜索,网友既能"云游"黄果树大瀑布、荔波小七孔、格凸河等传统景点,"云看"贵州"村超"和"村BA"、安顺地戏、龙舟赛,还能"云逛"青岩古镇、黔灵山公园、贵阳青云市集……一系列生动有趣的内容强化了网友对贵州形象的认知。这些短视频的传播极大增强了贵州城市的知名度,带动了当地旅游业的发展。短视频博主"拾叽i"的单条贵州方言说唱视频在B站的播放量达到1268万;贵州首届"美丽乡村"

篮球联赛总决赛各平台线上观赛人数超1亿；抖音平台上贵州打卡视频超过1100万个，播放量超255亿次，点赞量超7亿次。

思考："小屏幕"成为展示形象新窗口，短视频如何助力贵州旅游业发展，带动旅游消费？

目前各短视频平台都强调优质内容的输出，并提供相应的流量支持。以抖音为例，其宣传语为记录美好生活。作为一个旨在帮助用户表达自我、记录美好生活的短视频分享平台，抖音不仅依靠广告词，还通过字节跳动的算法推荐模型，确保内容的高效分发和推广。

当然不管在哪个平台发布短视频，均要遵守平台的规则，所以请认真阅读平台的规则要求。接下来以抖音为例，介绍自主学习平台的规则。

打开抖音App软件，点击"我"右上角"三"（见图6-1），进入创作者服务中心（见图6-2）。

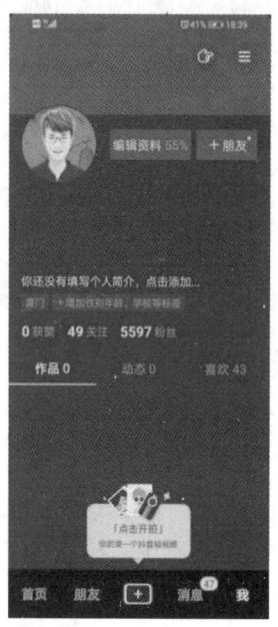

图6-1　抖音App个人主页

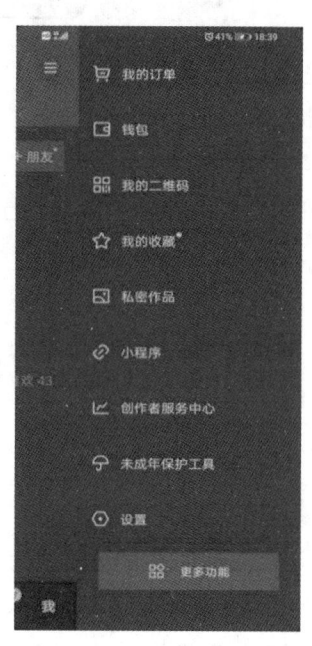

图6-2　抖音App创作者服务中心

进入创作者学院（见图6-3）后，将能看到很多学习课程（见图6-4），具体内容会随着课程的不断更新而有所变化。课程形式以视频为主，讲解清晰易懂。在这里不仅可以通过平台政策课程学习抖音平台的审核规则、推荐规则和安全中心的相关知识，还可以学习内容创作升级和品类内容进阶。

创作者学院属于官方学习平台，内容丰富并且在持续更新，是初学者学习抖音创作入门知识的理想之处。

图6-3 抖音App创作者学院

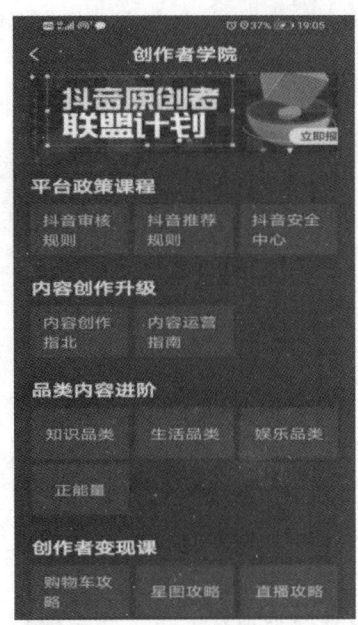
图6-4 抖音App学习课程

一、分析目标群体，打造垂直领域的王者

从旅游企业出发，旅游短视频创作的主要目的是吸引用户的注意力，促使他们前往旅游目的地消费，或者在线上进行相关消费。简而言之，这种创作可以看作是通过"种草"（吸引粉丝）来实现销售（促成订单）。要让用户体验到乐趣和产生情感共鸣，关键在于确保内容对平台用户具有价值。只有当观众觉得内容有吸引力时，他们才会观看短视频、关注账号，甚至推荐转发，从而使短视频有机会成为爆款。因此，在进行内容创作时，我们需要深入分析购买旅游产品的用户需求，然后选择适合的垂直领域进行创作，逐步建立起在该领域或销售领域中的领先地位。

通过用户基础数据和使用场景，可以逐步绘制出用户画像。借助平台自身数据以及第三方数据平台的数据，甚至专业调研报告，逐步勾画出用户的画像。用户画像包含性别、年龄、地域、婚姻状况、活跃时间、使用地点、感兴趣话题、什么情况下关注账号、什么情况下点赞、什么情况下取消关注等内容。

平台可以通过自身账号后台的数据获取丰富的信息。以第三方数据平台卡思数据为例，卡思数据是国内权威的视频全网数据开放平台，依托专业的数据挖掘与分析能力，为视频内容创作者在节目创作和用户运营方面提供数据支持。

二、短视频展现形式定位

短视频展现形式的定位决定了用户会通过什么方式记住短视频的内容及其账

号。目前,比较通用的展现形式有图文展示、知识分享、解说形式,情景剧和视频博客(Vlog)五种。

1. 图文展示

图文展示一般是一张图加上一些表达性的文字。这种形式最简单,基本不用拍摄,通过剪辑软件即可完成。早期很多短视频是通过这种方式来创作,目前用得相对少些。

2. 知识分享

这类视频的关键在于内容要有实质性的信息,讲解的知识越实用,其价值就越高,如科普农产品领域知识的视频。

3. 解说形式

这类视频通常用于电影或游戏解说,对新农商来说,在展现果园、农村特色文化等方面很实用。

4. 情景剧

情景剧类视频通过人物表演传递中心思想,特别是加入反转剧情更能引人注意,也是目前主流的展现形式。

5. 视频博客(Vlog)

这类视频主要是博主记录日常生活,分享生活体验。这类展现形式切记不能拍成流水账,而是每个作品都应有明确主题。

三、做好选题策划,打造短视频精品

受欢迎的高质量短视频离不开选题,持续产出高质量的短视频更离不开选题。可以通过以下五个维度策划旅游短视频选题。

1. 人物

作品的主角是什么样的人,他/她的工作场景、爱好、兴趣,甚至他/她的社会关系都可以是选题思路。

2. 工具和设备

对于旅游企业,盘点旅游景点和景区的游乐设备也是不错的选题思路。

3. 精神食粮

故宫博物院官方抖音账号"带你看故宫",发布了100多期涉及故宫建筑、藏品的短视频,为公众呈现真实、准确、直观、生动的故宫历史文化。

4. 方式方法

很多用户在旅游前会搜索当地的特色景点、美食、探店视频、旅游攻略等,因此旅游攻略、当地特色景点、当地特色美食都是当前比较常见的选题。

5. 环境

根据不同的剧情,选择不同的时间、地点和环境。

四、打造高质量的短视频内容

在内容为王的短视频激烈竞争里,高质量的内容是短视频获胜的唯一法宝。如何打造高质量的短视频内容,主要包含以下四个维度:内容的深度垂直细分,内容的持续原创,内容的输出价值以及内容触动用户的痛点。

(一)内容的深度垂直细分

随着短视频自媒体参与者的不断增加,用户更热衷于专业化、垂直化的内容。旅游企业应该始终坚持围绕自身旅游产品打造对应的垂直领域,并不断深耕该领域以提供更有深度的信息场景。深度垂直细分短视频可以收获更多精准用户,而且还具有长尾效应。随着时间的推移和用户群体的积累,满足用户的专业知识需求或者兴趣需求,长尾效应逐渐显现,有利于长线发展。

在内容创作上,做到深度垂直细分,主要有以下三种方法。

(1)寻找核心目标人群。这是确定垂直领域最常用的方法,直击目标人群的痛点,提供符合其特质的内容以增加其黏性。

(2)聚焦主题场景。旅游企业可以聚焦旅游景点、旅游攻略、特色景点、避坑指南、当地特色美食等主题场景。

(3)打造理想的生活方式。在现代社会中,越来越多的人把旅行作为一种休闲方式和生活方式,通过探索未知的地方、体验不同的文化丰富自己的视野。

(二)内容的持续原创

只有原创才能确保未来,只有原创才具备生命力。各短视频平台也在持续鼓励原创内容。虽然有时候蹭热点可以带来一时的高数据,但关键在于粉丝和观众观看后是否能获得真正的价值。坚持原创可以从以下三个方面来努力。

1. 个性突出

通过持续输出优质作品,不断塑造企业或个人形象,突出个性标签,提升企业或个人的辨识度,甚至创造独特的IP,如"淘学企鹅"成为推动2023年冬天哈尔滨旅游热潮的城市IP。

2. 有情、有趣

容易引起情感共鸣和趣味性强的内容最容易引起用户注意。旅游企业和各地文旅局有许多机会可以与游客建立情感联系。例如,哈尔滨和淄博通过向游客提供优质的服务、周到的礼节,让游客在这些地方留下美好的记忆。这些游客在获得了极高的旅游满意度后,会自主成为哈尔滨和淄博的形象大使,帮助维持和增强这些地方的热度,并使之持续发展。

3. 打造理想的生活方式

参考"内容的深度垂直细分"第三点。

(三) 内容的输出价值

短视频平台每天更新的视频数以千计,用户往往只会关注那些对自己有价值的内容,长期追随那些能给他们带来实用价值的创作者。何为有价值的内容,主要从以下三方面体现。

1. 提供知识

提供实用、专业、易懂的旅游相关知识,是很多旅游类账号一直在做的。

2. 提供娱乐

生活压力越来越大,很多观众通过短视频释放压力,搞笑领域一直都是抖音、快手等短视频平台重要的垂直领域。

3. 调动观众的积极情感

乐观、励志的积极态度最容易感染用户的情感,激发其积极向上的斗志。例如短视频自媒体作者徐云的账号"徐云流浪中国",因发布单车骑行环游中国的视频而走红,他的视频不仅展现了祖国大地的壮丽风光,更以一种无与伦比的乐观与励志精神,成为众多网友心中的一束光。

(四) 内容触动用户的痛点

痛点指用户未被满足甚至急需解决的需求。随着互联网和移动互联网的普及,信息获取变得更加便捷,但也带来了信息爆炸的问题。在旅游业这一特殊领域,存在诸如天气、景点维护等无法控制的因素,这使得旅游服务商与消费者之间缺乏信任。此外,价格不透明和服务质量参差不齐等问题也是许多用户的痛点。因此创作的内容要注重解决这类痛点。

任务二　旅游短视频营销实施

案例导入

抖音平台上的旅游类短视频主要通过三种形式展现:Vlog记录生活、旅游攻略分享和旅游景区介绍。这些短视频凭借生动的画面、丰富的内容和有趣的互动,为用户提供了独特的旅游体验。同时,由于短视频制作成本低、录制简单,吸引了众多业余分享者参与,进一步丰富了平台内容。这也促使景区和地方旅游部门纷纷入驻抖音,开通官方账号,利用这一平台进行旅游营销,进一步推广各地的旅游资源。

2024年1月,河南为了当地和全国的文旅事业,开始了一场别样的内卷,内卷的形式是短视频,而主战场就在抖音。从1月9日开始,河南文旅抖音官方账号开启疯狂加更模式,在接下来的4天内,共计更新112条视频,开启"题海战术"。为了吸引年轻人,更是注册了官方账号"00后"版本,几天内涨粉百万。"山河"一家亲,内卷也要一起来。1月11日晚,山西文旅紧跟河南文旅的步伐,10个小时连续发布57条视频,更是打破"午休文化",加班加点甩出新视频,最快速度是1分钟的时间内发了两条。有记者采访了河南文旅融媒编辑部,了解到他们采取三班倒的机制,24小时不间断地更新视频。山西文旅更是直接在抖音发视频表示"一夜未眠",也不午休了,继续"战斗"。

思考:如何理解各地文旅局在抖音短视频平台的"内卷"行为。

一、创作优质旅游短视频作品

创作优质旅游短视频作品,首先要了解基本的拍摄技巧。拍摄技巧指短视频拍摄时应该掌握的技术技巧,比如画面构图和镜头运动方式等。当然任何视频的拍摄都需要脚本,无脚本无视频,脚本的重要性不言而喻。

(一)常用的短视频拍摄设备

"工欲善其事,必先利其器"。拍摄短视频之前,除了选择合适的拍摄设备外,熟练运用这些设备也至关重要。

1. 拍摄设备

常用短视频拍摄设备有手机、微单和单反相机。

(1)手机。

2016年以后,摄像头已然成为各手机厂商竞争的着力点,各类旗舰手机摄影摄像功能越来越智能,手机也成为大众拍摄短视频最主要的设备(因此此处重点分析手机拍摄短视频的优劣势)。

优势如下。

① 功能强大,续航时间长。智能手机功能越来越强大,各类应用软件越来越丰富,有很多专门用于拍照或者拍摄视频的App等。目前大部分手机在充满电的情况下,拍摄视频基本可以达到1小时以上的续航。

② 携带方便。便于使用者随时随地记录生活美好事物。

③ 越来越智能,可以让很多初学者迅速掌握拍摄方法。以华为AI摄影大师为例,手机拍摄时可以智能识别拍照场景,提升拍照效果。目前大部分智能手机,其AI智能拍照功能可根据内部集成的优化算法,自动调取最佳的拍照成像参数,从而提升拍照效果,减少人工操作的烦琐。

当然相比专业设备,手机劣势也是极其明显。

① 对光线要求更高。使用手机拍摄时,室内及夜间拍摄很容易因为光线不足

导致影像模糊。

②对使用时稳定性要求更高。虽然现在很多手机都有防抖功能,但实际拍摄时,还是会因为使用者、客观环境等因素导致镜头轻微抖动而引起画面模糊或者观看效果不佳。

③镜头能力弱,成像质量差。尽管现在许多智能手机通过适配大底高像素方案的镜头、主控和算法来提升用户体验的实用性和先进性,但由于手机机身的尺寸限制,无法使用更大口径和更高成本的镀膜和镜片材料,因此在镜头能力和成像质量上与相机相比专业性欠缺。

(2)微单(无反相机)。

微单相比单反相机主要具有轻便、操作简便以及价格相对较低(取决于配置)的特点。这里简单介绍两款微单相机:松下的GH5S和索尼的A6300。松下GH5S在视频拍摄方面投入了大量精力,因此被视为优秀的视频机型,性价比较高;而索尼A6300则以其出色的4K画质和亲民的售价脱颖而出。具体的参数和更详细的信息可以在网上进行查阅。

(3)单反相机

显然,如果想拍摄高清画面或追求唯美画面的短视频,单反相机无疑是更好的选择。

单反镜头样式多样,有定焦镜头、短焦镜头、长焦镜头等,可以满足多种场景的拍摄要求。

对于视频创作初学者,拍摄设备建议以手机为主,可以逐步根据需求替换设备,等到时机成熟再考虑使用单反相机。

2. 拍摄辅助器材

在摄影摄像过程中,防抖是确保画质稳定的关键因素之一,许多辅助器材的引入正是为了有效实现防抖功能,从而提升拍摄画面的稳定性与质量。因此,即便使用手机进行拍摄,辅助器材也扮演着不可或缺的角色。拍摄短视频的辅助器材有三脚架、稳定器(手持云台)、话筒(耳线)、滑轨、摇臂等。

(1)三脚架。

三脚架是短视频创作达人创作必备工具之一,可以防止拍摄设备手机、相机因抖动甚至晃动而造成画面模糊。三脚架种类繁多,在长度上也有所差异,有的设计紧凑适合携带(见图6-5),有的则较长以提供更高的稳定性(见图6-6)。此外,三脚架还分为适用于手机拍摄和相机拍摄的多种款式,以满足不同用户的需求和拍摄场景要求。根据需要,选择携带方便、价格合理的即可。

 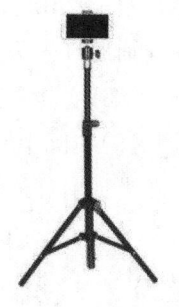

图 6-5　短三脚架　　　　　　　　图 6-6　长三脚架

（2）稳定器（手持云台）。

目前拍摄用的稳定器分为手机稳定器（见图 6-7）和相机稳定器（见图 6-8）。在移动拍摄或拍摄对象处于运动状态时，稳定器的应用能使防抖效果显著增强，确保拍摄出的画面流畅稳定。若画面出现剧烈抖动，不仅会直接影响观看体验，还可能对视频的完整播放率产生不利影响。

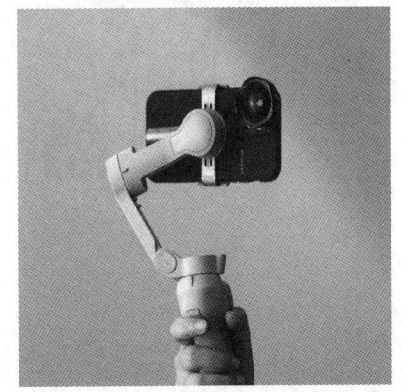 

图 6-7　手机稳定器　　　　　　　　图 6-8　相机稳定器

手持云台由于其便利性也深受很多摄影爱好者喜欢，不过价格也比一般稳定器价格高，建议以稳定器为主。

（3）话筒（耳线）。

在户外进行旅游短视频拍摄时，为了确保声音质量，准备话筒是必要的，尤其是当拍摄设备与发声人物之间的距离超过 2 米时，使用话筒可以更有效地捕捉并传递清晰的声音。话筒分无线和有线两种（直播也需要话筒，有利于收声）。

随着拍摄技巧的不断精进，为了增添镜头的多样性、提升画面的动态效果及增强观众的沉浸感，引入滑轨或摇臂等辅助设备成为提升拍摄质量的有效途径。这些设备通常在团队后期发展阶段进行配置，在初期阶段，建议优先将稳定器的使用技巧磨炼至娴熟，以奠定坚实的拍摄基础。

3. 灯光设备

旅游短视频的拍摄环境以户外为主，因此在生产过程中，自然光成为主要的光源来源,灯光设备的使用频率相对较低。但是如果在室内拍摄,或者静态展示旅游产品则需要用到辅助灯光设备。最常用的灯光设备主要是伞灯(反光伞)和柔光灯。

(1)伞灯(反光伞)。

伞灯(见图6-9)实际上是指将反光伞安装在闪光灯前方,其主要功能是通过反光作用来调控光线。伞灯最大的特点就是光线柔和,常用于拍摄人物、静物等。

(2)柔光灯。

柔光灯(见图6-10)是一种摄影灯具,其特点在于发出的光线柔和且无明显阴影,能够真实而细腻地展现被摄物体的形态与色彩,赋予照片一种柔和、自然的视觉感受。通过特定的设计或附件(如柔光罩),柔光灯能够将原本可能生硬刺眼的闪光灯光线转化为柔和均匀的光线,从而提升照片的整体质感。

图6-9 伞灯(反光伞)

图6-10 柔光灯

(二)短视频画面景别的运用方法

景别,是指被摄主体和画面形象在电视屏幕框架结构中所呈现出的大小和范围。景别的确定基于两个主要因素:一是摄像机与被摄体之间的实际物理距离;二是所采用镜头的焦距长度。这两个因素共同影响着画面中所呈现的被摄体范围与细节程度。因此景别由远至近可以分为远景、全景、中景、近景和特写。以下简单介绍各种景别的运用方法。

1.远景

远景(见图6-11)是用来展示远离摄影机环境全貌的镜头画面,它通常包含人物及其周围广阔的空间环境、自然景色和群众活动的大场面。这种镜头拍摄距离较远、视野宽广,能够完整呈现广阔的空间景象,人物显得较小,背景占据主要位置。画面具有整体感,尽管细节可能不是非常清晰。远景通常用于介绍环境,抒发情感。在拍摄外景时使用这样的镜头可以有效地展现雄伟的峡谷、豪华的庄园、荒芜的土林,也可以展现现代化的工业区或老旧的贫民区。

2.全景

全景(见图6-12)是摄取人物全身和场景全貌的画面。全景具有较为广阔的空间，可以充分展示人物的整体动作和人物之间的相互关系。在全景中，人物与环境常常融为一体，能创造出有人有景的生动画面。

全景通常用于展示人物的全身，能够清晰地展示他们的体型、衣着打扮和身份特征。此外，全景还能够清晰展示周围的环境和道具。在拍摄内景时，全景镜头通常被用作总体画面的角度之一。

图6-11 远景

图6-12 全景

3. 中景

中景（见图6-13）是表现膝盖以上或场景局部的画面。较全景而言，中景画面中人物的整体形象和环境空间降至次要位置，中景往往以情节取胜，能表现出人物之间的关系及其心理活动，是电视剧画面最常见的景别。

中景镜头通常用于展现包含对话、动作和情绪交流的场景，它能够有效地展示人物之间的关系，以及人物与周围环境的互动。

4. 近景

近景（见图6-14）是表现成年人胸部以上或物体小块局部的画面。近景以表情、质地为表现对象，常用来细致地表现人物的精神面貌和物体的主要特征，可以产生近距离的交流感。电视节目中节目主持人与观众进行情绪交流多用近景。

图6-13 中景

图6-14 近景

5. 特写

特写（见图6-15、图6-16）是表现人物肩部以上或某些被摄对象细节的画面。特写镜头常被用于身体某一特殊部位或是某一物体的特殊位置。

图6-15 特写（一）

图6-16 特写（二）

（三）短视频画面构图方法

画面构图是指电影电视画面布局和结构的艺术。电影和电视为表现一定的主题内容和美感效果，会从被摄对象的形状、线条、明暗、色彩、质感和立体感等造型因素在画面中占有的位置、空间和多变的组合关系中寻找能构成具有较完美的视觉形象的角度。画面是电影和电视的最小构成单位，也是电影和电视构图处理的最基本单位。

短视频画面构图方法很多，我们这主要介绍几种常用方法，希望大家能熟练使用，也希望平时大家浏览别人的短视频时，可以对照这几种方法来分析。

1. 中心构图法

中心构图（见图6-17）是将主体放置在画面中心进行构图。这种构图方式的最大优点在于能够突出和明确主体，同时容易实现画面的左右平衡效果，常见于严谨、庄重且富有装饰性的摄影作品。

2. 水平线构图法

水平线构图（见图6-18）是最基本的构图法，以舒展的线条为主体特征。这种构图能够有效表现出宽阔、稳定、和谐的感觉，常用于表现湖面、水面、草原等场景中。

图6-17 中心构图法

图6-18 水平线构图法

3. 垂直线构图法

垂直线构图（见图6-19）即画面中以垂直线条为主。运用垂直线构图时候，被摄体自身就符合垂直线特征，如树木。垂直线在人们心中具有符号化的象征意义，能充分展示景物的高大和深度。

4. 三分构图法（九宫格构图）

三分构图法（见图6-20）也称作九宫格构图法，是一种在摄影、设计等领域中经常使用的构图手段。在这种方法中，需要将场景用两条竖线和两条横线分割，这样可以得到四个交叉点，将画面重点放置在其中一个交叉点即可。

图6-19　垂直线构图法

图6-20　三分构图法

5. 对称构图法

对称构图（见图6-21）即按照一定的对称轴或对称中心，使画面中景物形成轴对称或者中心对称，常用于拍摄建筑、隧道等。如果前期无法完全对称，也可以通过后期进行校正和剪裁。

6. 引导线构图法

引导线构图法（见图6-22）即利用线条引导观者的目光，使观者的目光汇聚到画面的焦点。引导线不一定是具体的线，但凡有方向的、连续的东西，都可以称为引导线。现实生活中，道路、河流、颜色、阴影甚至人的目光都可以当作引导线使用。

图6-21　对称构图法

图6-22　引导线构图法

7. 框架构图法

框架构图法(见图6-23)是将画面重点利用框架框起来的构图方法,引导观者注意框内景象,产生跨过门框即进入画面的感受。由于框架亮度往往暗于框内景色亮度,明暗反差大,要注意框内景物的曝光过度与边框曝光不足的问题。

8. 重复构图法

重复构图法(见图6-24)是一种通过拍摄同一群相似物体的方法,让它们统一占据整个画面,没有明显杂乱的其他物体干扰,从而突出主体的构图方法。

图6-23 框架构图法

图6-24 重复构图法

(四)短视频脚本的编写

脚本指表演戏剧、拍摄电影等所依据的底本或书稿的底本。短视频脚本指拍摄时的拍摄大纲和要点规划,用于指导整个短视频拍摄表达的主题,可以提高拍摄的效率和质量。相比戏剧、电影,短视频由于其时长限制,要求脚本精简的同时要认真打磨每个细节,比如场景布置、演员服装、道具、化妆、台词、表情、背景音乐等。注意短视频"黄金三秒"原则,安排好剧情以便抓住观众的眼球。

短视频脚本撰写分为前期准备和设计方法两方面。

1. 脚本前期准备

在编写短视频脚本前,需要确定短视频整体内容思路和流程。主要包含以下六方面,短视频脚本模板如表6-1所示。

表6-1 短视频脚本

镜头	摄法	时间	画面	台词	音乐	备注
1						
2						
3						
4						
5						
6						
7						

(1) 拍摄定位。

首先确定内容的表达形式,目前旅游企业短视频内容主要包括记录生活和日常的 Vlog、打造人设 IP 的剧情片、展示技能和产品的科普片以及单纯展示美景的"种草"片等。

(2) 拍摄主题。

主题是本次拍摄想让用户记住的,在旅游短视频中,展示每一个自然景点形成的原因,以及每一个文化景点背后的内涵、历史沿革,都是值得呈现的主题。

(3) 拍摄时间。

拟定拍摄时间有两个好处:方便预约摄影师和有效推动短视频制作进程。

(4) 拍摄地点。

地点的选择能产生很强的代入感,无论是室内场景还是室外场景,需要提前确定好。大部分旅游短视频基本是室外拍摄,因此要注意拍摄地点的实时环境。

(5) 拍摄参照。

有时候可以参考其他优秀作品的脚本进行创作,特别是抖音、快手等举办的主题活动,可以提前和摄影师、演员进行沟通。

(6) 背景音乐(BGM)。

背景音乐是短视频的重要构成部分。不同的场景搭配不同的音乐很重要,相信很多人看视频时都能感受到背景音乐的魅力。目前,各大短视频平台都提供了有版权的背景音乐。因此,建议在视频制作中使用官方提供的背景音乐,除非选用的是原创音乐。

2. 脚本的设计方法

在拍摄脚本里,我们主要从以下六方面设计:镜头景别、内容、台词、时长、运镜、道具。

(1) 镜头景别。

在制作短视频时,画面景别的设计方法包括远景、全景、中景、近景和特写。在拍摄过程中,可以选择其中一种景别进行拍摄。

(2) 内容。

内容指视频想要表达的内容通过各种场景方式呈现,具体来说,可以将剧本拆分,将每个部分内容分别在不同的镜头中呈现。

(3) 台词。

台词是为了镜头表达准备的,有的短视频主要通过动作完成,不需要台词。

(4) 时长。

主要指单个镜头的时长,提前标注清楚,方便后期剪辑找重点,提高剪辑的工作效率。

(5) 运镜。

主要指镜头的运动方式,从远到近、平移推进等。

(6) 道具。

道具可以根据情节需要来选择,主要是为了增加视频的看点。

(五) 短视频剪辑

短视频制作分前期拍摄和后期剪辑,前期拍摄是素材的获取,后期剪辑是作品的定稿。绝大部分优秀的作品都离不开后期剪辑,很多爆款作品都是通过后期剪辑带给用户更强的视觉冲击力。后期剪辑主要包括转场设计、背景音乐选择、配音和添加字幕。

1. 常用的短视频后期剪辑软件

(1) 剪映。

剪映是由抖音官方开发并推出的一款手机视频编辑软件,旨在为用户提供短视频编辑、Mac电脑端剪辑制作及视频发布的功能。剪映专业版为用户配备了一个庞大的素材库,涵盖音频、花字、特效、滤镜等多种类型的热门素材,且这些素材实时更新。该素材库从多个角度满足了不同创作者的需求,使得视频内容更加丰富和多样化。对于立足于抖音平台的新农商而言,剪映专业版是一个值得推荐的剪辑软件。

(2) 快影。

快影作为快手官方指定的视频编辑工具,具备丰富的功能,旨在辅助用户创作包括游戏、美食和段子在内的多样化视频内容。快影的视频剪辑功能全面,结合丰富的音乐库、音效库以及创新式封面设计,为用户提供了在手机上就可高效完成视频编辑与创意制作的便利条件。

(3) 快剪辑。

快剪辑是国内首款支持在线视频剪辑的软件,拥有强大的视频录制、视频合成、视频截取等功能。支持添加视频字幕、音乐、特效、贴纸等,无强制片头片尾,免费无广告。

(4) VUE。

VUE视频剪辑电脑版,由成都剪忆电子商务公司推出,是一款集视频剪辑、制作、编辑功能于一体的专业软件。它配备了强大的编辑工具、美颜功能、丰富的滤镜选项以及多样化的音乐背景和字体素材,旨在辅助用户创作出高质量的Vlog内容。VUE允许用户轻松为视频添加音乐、特效、模糊背景及套框效果,其操作简便而功能强大。总体而言,VUE是一款出色的影片制作工具,同时也是一款高清视频编辑器,能够满足用户的多种视频创作需求。

(5) PR。

PR即Premiere,是一款广泛应用的PC端专业视频编辑软件,它集成了视频采集、剪辑、色彩校正、音频美化、字幕添加、成品输出以及 DVD 刻录的完整工作流程。此外，Premiere 还具备对视频素材执行多种特技处理的能力，涵盖切换效果、滤镜应用、图像叠加、动态效果以及变形处理等功能。

2. 短视频画面转场的运用

恰到好处的视频转场能够自然衔接不同场景的视频片段，并能实现特定的视觉效果。视频画面的转换涉及多个层面，首要的是镜头之间的直接转换，此外还涵盖蒙太奇手法下镜头段落之间的转换以及更宏观的情节段落之间的过渡。为了增强短视频内容的逻辑性和层次清晰度，在场景与场景之间的转换过程中，必须运用恰当的手法来实现流畅且富有表现力的过渡。

（1）技巧转场。

技巧转场是指利用特技制作设备，对两个画面的组接进行特技处理，以完成场景转换的方法，一般用于情节段落之间的转换。技巧转场能使观众明确意识到前后镜头间、前后场景间、节目的前后段落间的间隔、转换或停顿，同时使镜头转换流畅、平滑，并制造一些直接切换不能产生的视觉及心理效果。随着电子特技机与非线性编辑系统的技术进步，特技转换的手法已发展出数百种之多。尽管种类繁多，但这些手法主要可以归纳为淡出淡入、叠化、画像、定格、翻页以及多画面等基本形式。

（2）无技巧转场。

无技巧转场是指用无技巧组接，即画面间采取直接切换的手段实现转场的方法。用镜头的自然过渡来连接上下两段内容，主要适用于蒙太奇镜头段落之间的转换和镜头之间的转换。与情节段落转换时强调的心理的隔断性不同，无技巧转换强调的是视觉的连续性。并不是任何两个镜头之间都可应用无技巧转场方法，运用无技巧转场方法需要注意寻找合理的转换因素和适当的造型因素。

（3）同体转场。

同体转场是利用同一人物或物体连接前后两个场景或段落的转场。主要有几种形式：一是利用相同的背景实现镜头转接；二是利用特殊的色调、影调的共同性来转接；三是利用特殊的景别的共同性作为转接的依据；四是利用特殊的视角的共同性来组接镜头。

（4）相似体转场。

相似体转场即利用画面主体的相似性实现转场。所谓相似体包括两种情况：一是前后两个镜头表现的是同一类事物（但不是同一个物体）；二是前后两个镜头表现的主体虽不属于同类，但外形上相似。利用主体间的相似因素来转场，可使转场顺畅、巧妙。

（5）遮黑镜头转场。

遮黑镜头转场是指在上一个镜头接近结束时，被摄主体挪近甚至遮黑摄像机的镜头,下一个画面主体又从摄像机镜头前走开,以实现场合的转换。上下两个相接镜头的主体可以相同,也可以不同。用这种方法转场,能给观众的视觉带来较强的冲击,还可以造成视觉上的悬念,同时也使画面的节奏紧凑。如果上下两个画面的主体是同一个,还能使主体本身得到强调和突出。

(6) 空镜头转场。

空镜头,亦被称为景物镜头,是一种在短视频中专注于自然景物或场景描绘,而不直接展示与剧情紧密相关人物的镜头类型。常用以介绍环境背景、交代时间空间、抒发人物情绪、推进故事情节、表达作者态度,具有说明、暗示、象征、隐喻等功能。在片中能够产生借物寓情、见景生情、情景交融、渲染意境、烘托气氛、引起联想等艺术效果,在画面的时空转换和调节故事节奏方面也有独特的作用。空镜头有写景与写特之分,前者通称"风景镜头",往往用全景或远景表现;后者又称"细节描写",一般采用近景或特写。

3. 旅游短视频背景音乐(BGM)选择

恰当的音乐不仅可以带动整个短视频的节奏,还能赋予旅游产品特殊的吸引力,更能调动人的情绪。在选择背景音乐时,需要考虑视频的主题、氛围、节奏和观众的感受。

4. 短视频配音

后期剪辑有时候需要给作品配音,常见的配音方式有以下三种:自己配音、专业配音、软件配音。

5. 短视频添加字幕

添加字幕的目的是帮助观众更加清楚地了解作品的内容、主题。优秀的文案更容易让短视频成为爆款作品。

二、推广旅游短视频

想要达到短视频营销目标,营销人员需要掌握推广旅游短视频的策略。

1. 精准定位与受众分析

为了创作出更符合目标受众需求的短视频内容,必须明确界定受众群体,包括他们的兴趣爱好、旅游偏好以及消费能力等关键信息。

2. 内容创新与质量提升

短视频内容应该具有吸引力和创新性,能够引起观众的共鸣。可以通过故事情节、独特的视角、高质量的拍摄和剪辑手法等方式提升短视频的质量。

3. 利用平台特色与算法优化

抖音等平台具备的推荐算法特性,为内容推广提供了有效途径,充分利用这一特点,可以优化短视频内容的传播与展示。例如,选择合适的标签、关键词和话题,增加短视频被推荐的机会。

4. 合作与联动

可以与旅游景区、酒店、航空公司等旅游相关企业进行合作,共同制作和推广短视频。同时,可以与其他有影响力的抖音用户或旅游达人进行合作,扩大短视频的传播范围。

5. 互动与参与

鼓励用户参与互动,评论、点赞、分享等方式有助于增加用户黏性。可以设置一些有趣的话题挑战或互动游戏,让用户更加积极地参与进来。

6. 数据分析与优化

定期分析短视频的数据,包括观看量、点赞量、评论量等,根据数据反馈调整和优化推广策略。

7. 多渠道推广

除了抖音平台,还可以将短视频分享到其他社交媒体平台,如微信、微博等,以扩大传播范围。

8. 持续更新与维护

保持短视频内容的持续更新,定期发布新内容,以维持观众的关注度和兴趣。同时,要及时回复观众的评论和反馈,维护良好的互动关系。

综上所述,推广旅游短视频需要综合考虑多个方面,包括内容创新、平台利用、合作联动、数据分析等。不断优化策略和执行细节,可以提高短视频的传播效果和影响力,实现短视频营销的有效获客和品牌推广。

| 课后自测

课堂实训

一、实训目标

海南三亚南山文化旅游区是新中国成立以来经国务院批准兴建的具有"像寺合一"特质的佛教主题景区,国家首批5A级旅游景区。景区依托山海相依的自然资源开发而成,规划面积34.7平方千米,其中海域面积13.3平方千米。南山文化旅游区年游客接待量超400万人次,取得理想经济效益的同时,坚持履行社会职责,长期实施生态保护、人文传播等公益活动,先后获得了"全国文明单位""全国质量文化建设示范单位""全国旅游创新奖""全国实施用户满意工程先进单位""海南省用户满意企业""三亚市旅游标准化试点企业"等国家、省、市级荣誉称号,创造了良好的社会效益。目前,南山正保持着稳健的发展速度,以其无可替代的佛教文化、长寿文化、生态文化诉求及"中国服务"理念不断迸发新动能,不断努力升级成为闻名全球的中国文化符号及文化旅游地标。

五一假期将至,请为南山文化旅游区策划短视频营销活动,并制作短视频。

二、实训准备

项目分组:将学生按每组4—6人分成3组,明确每组工作任务,并完善分组任务表表6-2。

表6-2 学生分组表

组别	工作任务
1	策划南山文化旅游区五一短视频营销活动
2	围绕选题打造合适的短视频内容,并撰写短视频脚本
3	使用剪映剪辑短视频

工作准备:登录抖音短视频平台,了解三亚南山文化旅游区以往的短视频营销活动,如图6-25所示。

图6-25 "三亚南山文化旅游区"抖音账号

三、实训操作

1. 创作短视频

填写表6-3的项目目标表述。

表 6-3 项目目标表述

项目	目标表述
确定短视频营销活动的选题	
选择合适的内容表现形式	
创作短视频内容	

2.撰写短视频脚本

完成表 6-4 短视频脚本写作。

表 6-4 短视频脚本

镜头	摄法	时间	画面	台词	音乐	备注
1						
2						
3						
4						
5						
6						
7						

3.创作短视频

搜集三亚南山文化旅游区的相关视频作为创作素材。

4.使用剪映完成短视频剪辑

5.推广短视频

四、实训评价

完成上述内容后,教师填写表 6-5 对学生进行评价,学生填写表 6-6、表 6-7,进行实训互评和自评。

表 6-5 实训评价表(教师)

序号	评分内容	总分	教师打分	改进意见
1	创作短视频			
2	撰写短视频脚本			
3	创作短视频			
4	使用剪映完成短视频剪辑			
5	推广短视频			

表 6-6 实训评价表(学生互评)

序号	评分内容	总分	互评	改进意见
1	创作短视频			
2	撰写短视频脚本			
3	创作短视频			
4	使用剪映完成短视频剪辑			
5	推广短视频			

表 6-7 实训评价表(学生自评)

序号	完成情况	评分	改进意见
1	是否在规定时间内完成(20%)		
2	任务完成效果(50%)		
3	团队合作精神(20%)		
4	材料上交情况(10%)		
5	总分(满分100分)		

五、实训总结

小组推荐代表进行汇报。

实战案例

案例1:从2个经典网红案例,看旅游景点如何利用抖音、快手做营销(节选)

从古镇庙会到城市灯会,从滑雪溜冰到潜水冲浪,从登高祈福到畅享游乐场……2023年春节,旅游业"火"了,各大景区人气旺盛,景点消费明显复苏。仅在春节假期,全国国内出游就达3.08亿人次,实现国内旅游收入3758.43亿元,同比分别增长23.1%和30%,交出三年来旅游行业最亮眼的一份成绩单。跨省游回归主流后,大理、三亚、丽江、厦门、广州、西双版纳、哈尔滨、成都等成为国内旅游热门目的地。同样高速增长的,还有短视频平台上"触手可及"的旅游景点。近些年抖音、快手、小红书等的崛起,让远在"千里之外"的旅游景点变得"近在眼前",进一步帮旅游景区提升了曝光度和知名度,帮酒旅企业实现了从线上"种草"到线下销售的转化,起到了"拉客"作用。数据显示,近年来,旅行类直播和短视频的内容量及内容消费量整体呈上升趋势,并吸引了众多兴趣用户,截至2021年年底,抖音旅行兴趣人群超2.7亿,比2020年增长14%。如今,酒旅行业的短视频营销仍是一片"蓝海",越来越多的景区和企业正在瞄准机会,加入短视频和社交媒体平台,吸引更多游客和消费者。本文通过整理几个经典网红旅游地的营销案例,借以分析旅游景区营销成功的因素。

1. 重庆"洪崖洞"

重庆洪崖洞地处长江、嘉陵江两江交汇的滨江地带,是集巴渝民俗文化和饮食娱乐于一体的商业与文旅产业复合,满足一站式消费需求的综合商业街区。2020年,洪崖洞被列入"成渝十大文旅新地标"。2017年,一些旅行博主打卡洪崖洞,并将拍摄视频上传到短视频平台,因视频中的地点与经典动漫电影《千与千寻》中的汤屋极度相似,洪崖洞一夜之间在网络上爆红。仅一年的时间,洪崖洞接待的游客量就从原来的400万人变为1200万人,超过了当年故宫的游客量。洪崖洞的成功"出圈",不仅是因为利用了新媒体实时分享互动这一优势,还有在对巴渝文化的传承和坚守、商业地产和业态创新上实现了"三位一体"概念,旅游价值和文化价值日渐凸显,游客在游玩中产生强烈的消费欲望。如今每到节假日,洪崖洞都是当之无愧的"流量大咖"。

2. 西安"大唐不夜城"

大唐不夜城以盛唐文化为背景,以唐风元素为主线,融入了商业、休闲、娱乐、体验等多种元素,为四海宾客提供优质的文旅消费体验。2019年,23岁的抖音用户@皮卡晨化身"不倒翁小姐姐"吸引了无数游客争相实地打卡。《2019抖音数据报告》显示,"大唐不夜城不倒翁"相关视频播放量超23亿次,西安大唐不夜城景点位列2019抖音播放量最高的景点首位。大唐不夜城的爆火带动了西安整体旅游。相关数据显示,2019年西安接待海内外游客突破3亿人次,旅游业总收入超过3100亿元。回溯2018年的数据,2018年西安旅游业总收入2554.81亿元,同比增长56.42%。

从以上案例中可以看出,旅游景区能通过短视频平台成功达成营销目标,其中不乏一些共性因素,其秘诀在于摸准了短视频营销的"任督两脉",即通过旅游景区独特的自然、人文景观不断产出优质内容,通过达人以及短视频推荐算法推荐给更多感兴趣的用户,加快景区传播速度,在扩大知名度的同时吸引更多游客前来打卡,使游客同时成为传播者和消费者。对旅游景点来说,与KOL合作是快速入局短视频平台的方式之一。借助网红达人创作能力凸显商品和服务的优势,可以帮助企业更好地触达目标客群,快速高效实现经营目标。同时,还可以鼓励用户原创内容发布,首先要明确UGC的策划方案及激励手段,如特色项目挑战赛或者拍视频送福利等。其次,要在线上设置话题在站内进行传播,引发打卡热潮。值得注意的是，如今短视频平台上内容同质化严重，景区要想脱颖而出，就要依托景点特色推出差异化产品并不断创新，才能持续吸引新用户。基于此，搭建一支专业团队就成了营销运营的必要前提，在实际运营过程中，需要明确官方账号的定位和人设，根据团队的规模和精力，重点运营一个或多个账号矩阵经营模式。在众多广受欢迎的旅游视频中，我们也看到，一些景区为了在短期内实现高收益，盲目跟风建设"网红景点"，最后落得投资多、见效小的结果，无法实现良性持续发展，最后只能无奈叫停，既失去了效益又失去了口碑，属于"赔了夫人又折兵"。因此，旅游景区要想实现获客增收，就要避免跟风复制其他景区的营销方式，而是把自身资源禀赋用好，包括自然生态和文化遗产的禀赋。如果没有资源禀赋，就要有独特创意和创造力，比如把重点放在对人才的吸引上，打造特色产业、吸引人才，"出圈"的小城才有持续发展的动力。

（案例来源：氪流量《从2个经典网红案例，看旅游景点如何利用抖音、快手做营销》。）

案例2：《逃出大英博物馆》系列短视频

《逃出大英博物馆》系列短视频将文物拟人化，通过中华缠枝纹薄胎玉壶与海外工作的中国记者的互动，讲述了在大英博物馆中的中国文物出逃寻乡，只为回国传信，而后期待"能堂堂正正回家"的故事，引发了"没有中国人笑着走出大英博物馆"等热搜词条。

2023年8月30日第一期一上线，就引发了极大的关注，相关热条冲上了微博热搜；8月31日上线第二期，9月5日更新第三期，该系列持续出圈，并得到央视新闻等主流媒体的采访与肯定。三集的微短剧，截至2023年11月5日，抖音平台上该系列合集已突破了4.2亿播放量。

这个案例的解读可以从情感追忆、文化传承与文化书写的网络微短剧形态三个视角来阐释。在分析案例展现的文化价值之外，我们还可以关注一下短视频的创新性表达，如注重共情传播引发集体记忆的追溯，是通过画面视听的有效结合，让文物自述这文物流动与回归一小视角撬动了民族情怀这一大主题。

在创作过程中，网友留言与博主创作之间形成的共创现象，为微短剧提供了素材来源的启示，这反映了博主生态系统中粉丝反馈所占据的重要地位。整体而言，"逃离大英博物馆"系列短视频，无论是在主题、表达方式与创作过程中都可以进一步挖掘，有兴趣的同学可以找找不同视角做进一步的分析。

（案例来源：拖鞋哥新传考研《案例集锦10 | 2023年短视频案例，让素材亮点增强你的论述力度！》。）

思考：请从不同视角分析"逃离大英博物馆"系列短视频。

项目七 旅游直播营销

项目情景

中国传媒大学中国网络视频研究中心推出的《跨媒介旅行：直播+文旅发展研究》报告指出，直播具有生产个体化、传播过程化、营销短链化、应用界面化的突出特性和优势。尤其是直播平台的本地生活服务功能，发挥了资源桥接的作用，实现了平台、景区运营者、当地旅游、餐饮、休闲娱乐服务商和酒店之间的高效连接。这种直接高效的价值共创链条，正在重塑旅游生产和消费的形态。报告显示，截至2022年12月，抖音平台共有生活服务类种草直播间235万个，为消费者推荐了219万种美食、71万个休闲去处选择。2022年全年，通过抖音生活服务，有296万人在2190座山上、512万人在2693个湖海边留下足迹。

为更好开展旅游直播营销活动，通过任务一旅游直播营销准备，做好旅游直播场景搭建和直播设备的配置。通过任务二旅游直播营销策划，掌握旅游产品直播脚本和直播中单品脚本的编写技巧，学会直播营销推广策略。

教学目标

1. 知识目标

（1）掌握直播场地的基本要求，包括直播间的布置和灯光选择，以及常用的布光技巧；

（2）掌握确定直播营销目标的技巧，以及策划单场直播流程和撰写直播脚本的要点；

（3）掌握开展直播营销的方法。

2. 能力目标

（1）能够根据不同的旅游直播场景，选择合理的直播设备和搭建合适的直播间场景，并且能够根据直播需要，合理布置灯光；

（2）能够根据市场需求和品牌定位，制定有效的直播营销策略，并能够独立完成直播营销活动的策划、执行和评估；

（3）能够具备创新思维和敏锐的市场洞察力，能够不断提出新的直播营销创意和方案，并能够与团队成员协作完成直播营销活动。

3. 素养目标

（1）树立正确的市场营销价值观和正确的社会价值取向；

（2）增强文化自信，培养团队协作精神。

思维导图

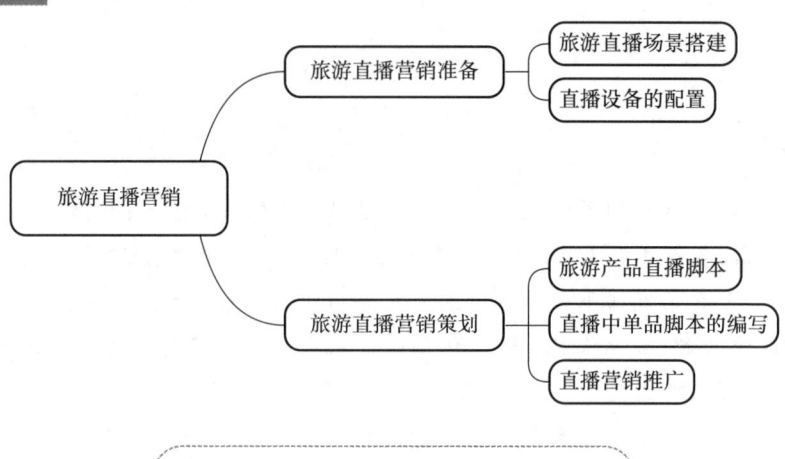

任务一 旅游直播营销准备

案例导入

2023年10月28日晚10点，长达13小时的"东方甄选看世界"无锡专场直播落下帷幕，直播累计观看人数1083万，同期在线峰值10万人，东方甄选看世界抖音平台销售额800万元，荣登"食遍天下榜"第一名。全网发布相关话题的文章522篇，其中多篇登上抖音热搜榜、同城榜。正在致力打造"美食之都、购物天堂"的无锡风头尽显，从古韵悠长的清名桥古运河景区、惠山古镇，到风光旖旎的鼋头渚、鹅鼻嘴公园，再到历经沧桑的小石湾炮台遗址、徐霞客故居，精简的一日行程下，是政府宣推"让位"市场，联手打出的颇具精准、密集和力度的"组合拳"。

思考："直播＋文旅"在展示地方风物、打开景点知名度上有什么独特优势？

中国互联网络信息中心（CNNIC）在京发布第51次《中国互联网络发展状况统计报告》。报告指出，截至2022年12月，我国网络直播用户规模达7.51亿人，较2021年12月增长4728万，占网民整体的70.3%。直播市场的用户规模及使用率也在逐年增长。调研结果显示，在众多的直播种类中，户外体验类直播（包含云旅游）相比于其他直播类型，具有更高的关注度和喜爱度，融汇AIDA模型（Attention，注意；Interest，兴趣；Desire，欲望；Action，行动）结合直播创新方法，"明星＋优质内容＋户外直播"模式的潜力突出。

直播营销是企业借助直播平台，通过实时视频直播的方式展示并推广其产品或服务，以实现销售和品牌传播目标的营销方式。直播营销的主要形式包括直播带货、直播推广、直播互动、直播活动等。通过直播平台，企业可以直接与消费者进行互动，提高消费者的参与度和购买欲望，从而实现销售增长。

旅游企业借助直播平台提供更加真实、直观的旅游产品展示和演示，大大提升消费者的购买体验。在未来的营销中，直播营销将会成为旅游企业营销的重要趋势。

一、旅游直播场景搭建

旅游直播首选户外环境，天然的场景能让直播者和观众感到乐趣和放松，更容易建立信任关系。然而，考虑到天气和光线的影响，室内直播场景的搭建也是需要考虑的。

（一）直播环境的布置

直播环境的布置，主要是指就平常所见的直播画面，围绕直播场地、直播背景、产品展示区以及评论区等实景，通过前景、中景、远景以及灯光的设计等元素搭建的一种场景。

1. 直播背景布置

广义上来说，直播背景包含了除了主播外一切会被观众看到的物体。一般情况下，直播背景则是指主播背后的一面墙或者窗户、货架等。在直播间，如果主播是主角，那么直播背景就是主播的第二张脸。直播背景布置得好看与否，也会影响观众的观看体验。因此，一个具有吸引力的直播背景布置，不仅能够有效地展示主播的多样信息，还能显著地突出主播的个性特征，从而在粉丝心中留下更深刻的印象。

2. 直播背景墙设置

直播间背景墙颜色一般以灰色系为多。灰色比较百搭，更重要的是灰色是摄像头最适合的背景色，不会曝光，视觉舒适，有利于突出服装、妆容或者产品的颜色。尽量不要用白色背景，白色容易反光。可以在纯色背景上加上品牌Logo，看起来简洁又大方。

3. 直播间房间布置

直播间房间布置主要以简洁、舒适、大方为主,体现出纵深感。直播间房间布置建议参考以下几个特点。

(1) 简洁干净。

如果直播背景就是一面墙或者是窗帘、壁纸等,就要在颜色上下功夫。整体呈现出干净整洁的效果。

如果是户外直播,那远处的山山水水或者田间地头的风景就是最好的直播背景,给用户一种真实更接地气的氛围。图7-1为"新疆阿力木"账号的户外直播。

图7-1 "新疆阿力木"账号户外直播

(2) 装饰点缀。

室内直播时,可以摆放旅游企业或者地方特色产品。如果是节假日,可以适当地布置一些跟节日气息相关的东西,或者配上节日的妆容和服装,以此来吸引观众的目光,提升直播间人气。

(3) 置物架

当直播背景墙或者墙纸风格不适合直播调性时,就可以用置物架、黑板或花卉来调节。在背景中的置物架上放一些体现旅游企业的特色产品,可以增强直播间的地域特色。

4. 直播间灯光设计

直播间的布置除了对背景设计、物品摆放位置有特定要求外,还对灯光布置有明确的标准与要求。灯光不仅可以营造氛围,塑造直播画面风格,还能起到为主播美颜的作用。合理的灯光是主播们的第一道美颜,灯光的角度将决定主播在镜头前的五官轮廓,灯光的色温将影响主播给粉丝带来的第一感觉。

按照灯光的作用来划分,直播间内用到的灯光可以分为主光、辅助光、轮廓光、顶光和背景光。不同的灯光采用不同的摆放方式,创造出来的光线效果也不同。灯光可以制造气氛、营造风格,还具有美肤的作用。

(1)背景墙和灯光颜色相匹配。

直播灯光和背景墙颜色匹配,壁纸不宜花哨;白色墙面容易曝光,灯光不要直射墙面,容易反射。补光灯要反向照射到正对着主播正面的墙,然后结合使用反光板,反光板反射的暖光会让主播的气色看起来更好。灯光要均匀,尤其主播的脸部光线要均匀,不要有阴阳脸。

(2)光源位置合理布置。

合理布置直播间的光源位置,或通过改变主播的位置来改善受光的效果,可以使主播或者商品呈现出来的画面效果更理想。

如果直播间光线太强,可以用白布适当地遮挡,尽量避免光线直射,适当使用散光源。当然,如果条件允许,尽量选择冷光源的LED灯。前置的补光灯和辅灯尽量选择可以调节光源的灯,自己调节光源强度,更能达到比较好的灯光状态。

(3)冷暖光源的合理使用。

基本布光包括冷光和暖光两种,二者结合,布置适合自己的直播间光线。

主灯为暖光,辅灯为暖光,两组补光为暖光。整体效果为暖光,暖光会让主播看上去更加地贴近自然,暖暖的感觉也会让人觉得更加舒服。

主灯为冷光,辅灯为冷光,两组补光为冷暖结合偏冷光。整体效果为冷光,冷光会让主播看上去更加地白皙透彻,前面补光稍微增加一点暖色,使得皮肤在白皙的同时增加一点红晕。

(4)灯光设备选择。

灯光设备的选择需依据直播的具体需求,包括但不限于选用适合的环形灯与补光灯,并确保所选设备符合主播的站姿与坐姿要求。如果是移动直播,直播设备可以选择自带环形灯的手机支架等相关设备。

(二)旅游直播间布置技巧

搭建旅游直播场景是一个综合性的工作,涉及场地选择、设备准备、场景布置等多个方面。以下是搭建旅游直播场景的一些建议。

1. 选择合适的直播场地

根据旅游目的地的特色选择具有代表性和吸引力的场地,可以是美丽的自然景观、历史遗迹、特色建筑或者当地的市场、民俗活动场所等。确保场地环境整洁、安全,并有良好的网络信号覆盖。

2. 准备直播设备

确保直播效果的关键在于准备高质量的直播设备,这涵盖了采用高清摄像机或专业级手机摄像头、配备稳定器或三脚架以维持画面稳定性、选用防水且抗震性能良好的麦克风以保障音频清晰度,以及根据光线条件配置适宜的照明设备。

3. 搭建直播背景

为了营造专业且吸引人的直播氛围,可以搭建与旅游目的地相关的直播背景。这可以是目的地的标志性建筑、风景画或特色文化元素的展示。确保背景简洁、美观,并与直播内容相协调。

4. 布置直播道具

根据直播内容和目的,布置一些与旅游目的地相关的道具。例如,当地特色手工艺品、美食、旅游宣传册等。这些道具可以增加直播的趣味性和互动性,吸引观众的注意力。

5. 确保直播环境安全

在搭建直播场景时,务必确保设备和人员的安全。选择安全的直播场地,遵守当地的法律法规和规定。同时,确保设备和电源的安全使用,避免发生意外情况。

6. 考虑观众体验

在搭建直播场景时,要充分考虑观众的体验。确保直播画面清晰、稳定,音频清晰可听。同时,可以通过互动环节、抽奖活动等方式增加观众的参与感和黏性。

7. 测试与调整

在正式直播前,进行充分的测试和调整。测试设备的性能、网络连接等,确保直播过程中不会出现技术问题。同时,根据测试情况调整直播场景和道具的布置,以达到最佳的直播效果。

总之,搭建旅游直播场景需要综合考虑场地选择、设备准备、场景布置等多个方面,以打造吸引观众的直播环境,提高直播效果和销售转化率。同时,确保直播环境的安全和观众的体验也是至关重要的。

二、直播设备的配置

(一)手机设备、电脑硬件设备

1. 手机设备

使用手机直播,就需要配备高配置手机。由于直播对硬件要求高,所以我们要尽量选择CPU型号较新、性能较好的手机进行直播。

2. 直播电脑设备

使用电脑直播,同样需要高配置电脑和质量较好的电脑摄像头。电脑直播对电脑CPU的性能要求较高,推荐使用较新型号或较高级的CPU。一般可用参数在4倍以上数码变焦、90度以上广角、每秒30帧以上的摄像头或者比其更好的电脑摄像头,以保证画面的清晰度和色彩还原度。

（二）直播网络设备

直播对网速和网络的稳定性要求都比较高，尽量使用100Mbps及以上的网络，保证网速的流畅性，以免因为网络卡顿降低观众的观看体验。

（三）直播辅助设备

1. 落地支架或者桌面支架

用手机直播，为了保持稳定性，一般需要准备一个落地手机支架（见图7-2）或者桌面手机支架，用来支撑手机。

2. 声卡

不管是手机直播还是电脑直播，如果想要更好的音效，就需要声卡来辅助（见图7-3）。

图7-2　手机支架

图7-3　直播声卡

3. 麦克风

麦克风的作用主要是防止爆音和杂音，大部分主播使用的都是录音专用的电容式麦克风，音质好，声音更有层次。领夹式降噪麦克风能有效提升直播效果（见图7-4）。

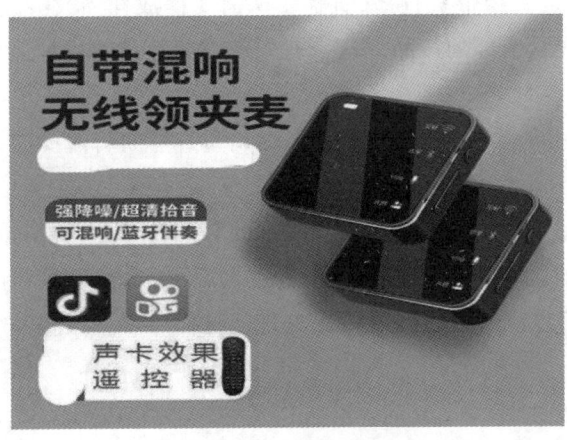

图7-4　领夹式降噪麦克风

(四)直播灯光设备

一个好的直播间除了有适当的装饰和合理的布局外,灯光布置也非常重要。一般直播间对灯光的要求如下。

1. 主灯

直播间主灯一般都选择冷光源的LED灯,如果没有特殊要求,10平方米左右的房间选用功率为60—80 W的灯即可。

2. 补光灯

补光灯又称为辅灯,前置的补光灯尽量选择可以调节光源的灯,灯泡的瓦数可以稍大一些,这样便于根据实际需要调节光源的强度。

另外根据实际灯光效果可以选择专业的常亮摄影柔光灯进行补光,主要的目的是使直播间光线明亮,且光照均匀柔和,如图7-5所示。

在进行外景拍摄时,如室外光照效果较差,则需要搭配一些户外手持补光灯进行补光,或者使用其他的专业户外补光设备,如图7-6所示。

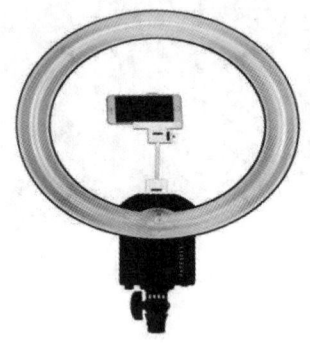

图7-5 美颜灯

图7-6 手机补光灯

(五)其他设备和工具

直播时,尤其是实物带货直播,直播团队需要摆放样品,样品比较多的时候,直播的前景处无法展示全部的产品。这个时候就需要存放直播样品的工具,例如储存架、陈列台等。

此外,根据直播的实际需要,还可以灵活调整直播间所需要的一些设备。

1. 小黑板

小黑板主要是方便主播把活动信息、产品图片及产品宣传册进行展示。主播借助小黑板,将直播时经常要提到的信息,放在上面,提示当日福利产品;也可以借助小黑板提示发货信息或者进行特殊情况处理。这样可以极大提高效率,减少直播或客服的压力。

2. 储存架、陈列台

储存架和陈列台有助于增强直播间的纵深感,提升直播画面饱和感以及活跃直播氛围,如图7-7所示。

图7-7 陈列台

3.两个工作手机

直播时私人手机打开免打扰模式,避免中途因电话、微信信息等打断直播。准备两个工作手机,一个用于直播,一个用于抽奖、查看评论与粉丝互动等。

4.充电宝

充电宝需具备满足直播时长所需的蓄电能力,以确保电量持续充足,避免直播过程中因电量耗尽而导致的黑屏情况,因为直播中断或黑屏会严重影响观众体验,可能导致粉丝流失。

5.音乐

多数商家尚未充分认识到背景音乐在直播中的重要性,而专业的直播团队能够依据直播场景的具体需求,从网络资源中选取与氛围相匹配的音乐类型——包括活泼、抒情、欢快、电子音乐、调皮恶搞或动感等多种风格,并将其导入直播间作为背景音乐,以有效烘托并增强直播氛围。

(6)保证网络畅通

如果Wi-Fi无法保证,优先选用4G/5G网络。

任务二 旅游直播营销策划

案例导入

乌镇作为国内知名旅游景点,一直深受游客的喜爱,乌镇旅游景区官方抖音账号2023年5月份销售额超过400万元,位居景区类抖音账号销售额榜首。该账号主要销售产品为景区成人门票及"酒+景"套餐产品,在固定的时间进行直播,从早上8点到晚上8点,一天三场。乌镇旅游景区主要是采用"短视频宣传推广+直播详解+产品销售"于一体的运营模式。短视频方面以风景拍摄、文化传播、休闲生活方式展现、才艺表演等类型为主,更注重创新,能快速地吸引消费者的注意力。直播方面以实景直播为主,让消费者更全面更详细地了解景区风景及游玩看点,最大限度地提升产品的转化率。

思考:旅游企业如何策划一场直播?

旅游直播营销策划主要包含以下四方面内容。

(1)直播主题:可以根据不同景区特色、季节和活动安排不同的直播主题,如"探秘自然风光""文化古迹探访""美食文化体验"等。

(2)直播内容:除了景区的介绍和游览,还可以加入互动环节、抽奖活动、游客访谈等内容,增加直播的趣味性和参与度。

(3)直播平台选取:可选择多个直播平台进行直播,如抖音、快手、微博、淘宝直播等。在选择平台时需要综合考虑平台的用户基数、受众属性、互动性以及合作成本等因素。

(4)直播营销推广:提前策划宣传、直播签约合作、营销引流等。

直播主题和直播内容通过直播脚本来实施,直播平台则根据旅游企业自主定位进行选择。

一、旅游产品直播脚本

(一)直播脚本的作用

1.提高直播准备工作的效率

直播脚本作为一种管理工具,能够显著提升团队在直播筹备阶段的工作效率,包括明确主播人选和规划直播间活动等关键环节。

2.帮助主播梳理直播流程

在直播前,团队需要事先做好充足的直播规划,包括直播的内容、相关优惠活动设置、直播场景的搭建、直播人员配置等问题。直播脚本能够帮助团队了解直播流程,让每个人各司其职,保证直播工作有条不紊地进行。

3.控制直播预算

直播需要一定的成本,比如直播前的宣传种草、直播时的引流活动和促销活动等。事先制定详细的预算,对于有效降低成本具有积极作用,确保资金能够集中用于最关键和高效的领域。

(二)直播前准备工作策划脚本的编写

以专职主播为例,新农商可以参考表7-1来编写直播前准备工作策划脚本。

表7-1 直播前准备工作策划脚本

时间	工作内容	具体说明
直播前三周	选品	确定直播的旅游产品,提交产品链接、确定产品的折扣价
	确定主播人选	旅游企业自身培养的主播还是MCN机构提供的主播
	确定直播方式	确定直播设备:手机或者电脑
直播前两周	确定直播间活动	确定直播间的互动活动类型和实施方案
直播前1周	寄样品	旅游企业如果请达人主播或专业的MCN机构做直播,需要向对方寄送样品,让主播熟悉旅游产品卖点
直播前5天	创建针对旅游产品直播间所需的相关材料	准备直播间封面图:封面图要符合直播平台的相关要求。 准备直播标题:标题不要过长,要具有吸引力。 准备直播内容简介:用1—2段文字简要概括本场直播的主要内容,要重点突出直播中的利益点,如抽奖、直播专享优惠等。 准备直播间旅游产品链接:直播时要不断地在直播间发布产品链接,便于用户点击链接购买
直播前1—5天	私域公域池宣传预热	采取多种方式,通过微信(朋友圈+社群)、微博、抖音、快手等渠道对直播进行充分的宣传

(三)旅游产品整场直播活动脚本的编写

通常来说,整场直播活动脚本应该包括表7-2所示的几个要点。

表7-2 旅游产品整场直播活动脚本的要点

直播脚本要点	具体说明
直播主题	从用户需求出发,明确直播的主题
直播目标	明确开直播要实现何种目标,是积累用户提升用户进店率,还是宣传新品等
主播介绍	介绍主播、副播的名称、身份等
直播时间	明确直播开始、结束的时间
注意事项	说明直播中需要注意的事项
人员安排	明确参与直播人员的职责,例如,主播负责引导关注、讲解产品、解释活动规则;助理负责互动、回复问题、发放优惠信息等;后台或客服负责修改旅游产品价格、与粉丝沟通转化订单等
直播的流程细节	直播的流程细节要非常具体,详细说明开场预热、旅游产品讲解、优惠信息、用户互动等各个环节的具体内容、如何操作等问题。例如,什么时间讲解第一款产品、具体讲解多长时间,什么时间抽奖等,尽可能把时间都规划好,并按照规划来执行

直播活动脚本的示例如下表7-3所示。

表7-3 直播活动脚本

直播活动概述	
直播主题	"漫步北京"文旅游玩走播
直播目标	3场文旅游玩走播计划带货文旅产品共计约90款
主播、副播	主播：××；副播：××
直播时间	2023年×月×日，10:00—17:30
注意事项	合理把控文旅产品讲解节奏； 注意及时回复用户的提问，多与用户进行互动，避免直播冷场

直播流程				
时间段	流程安排	人员分工		
		主播	副播	后台/客服
10:00—10:10	开场预热	暖场互动，介绍开场截屏抽奖规则，引导用户关注直播间	演示参与截屏抽奖的方法；回复用户的问题	向粉丝群推送开播通知；搜集中奖信息
10:10—10:20	活动剧透	剧透今日文旅产品品类，以及直播间优惠力度	补充主播遗漏的内容	向粉丝群推送本场直播活动
10:20—17:20	讲解文旅产品、互动、福利赠送	每款文旅产品大约5—10分钟，中间可预留3—5分钟互动、5分钟抽奖等	配合主播演示，展示第一款，引导用户下单；引导用户参与互动；演示参与抽奖的方法	在直播间添加文旅产品链接；回复用户关于订单的提问；收集互动信息；收集抽奖信息
17:20—17:30	直播预告	预告下一场直播的时间、福利、直播农产品等	引导用户关注直播间	回复用户关于订单的提问

二、直播中单品脚本的编写

（一）编写单品脚本要点

编写单品直播脚本需要注意以下三点，如图7-8所示。

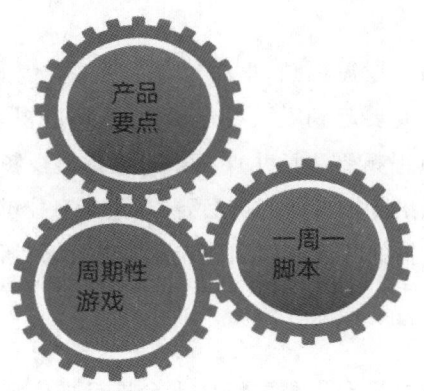

图 7-8　单品直播脚本

1. 做好一周一脚本

为了能够对直播工作做出合理安排,直播团队最好一个星期规划一次单品直播脚本。在减轻运营工作量的同时,实现直播工作实现无缝衔接,为直播后的总结反思提供便利。

2. 坚持周期性游戏

带货直播不能像秀场直播一样,过度展示个人才艺。为了吸引粉丝,主播可以设计一些小游戏,如每周二"秒杀",每周五新品一折等,通过这些周期性的游戏持续吸引观众。

3. 提炼产品要点

单品直播脚本必须有产品要点提炼,而且最好整理成册,以便主播能够在短时间内对产品做出全方位了解。产品要点提炼需要直播团队共同完成,主播最好参与其中。

(二)旅游产品单品脚本编写

单品脚本就是针对单个旅游产品的脚本。直播团队可以将单品脚本设计成表格形式,将旅游产品介绍、旅游产品卖点、直播利益点、直播时的注意事项等内容都呈现在表格中,这样既便于主播全方位地了直播旅游产品,也能有效地避免在人员对接过程中产生疑惑或不清楚的地方。

三、直播营销推广

(一)引流预热

引流预热指在开播之前尽可能地广而告之,尽可能地让更多的人知道要开直播了。以下主要介绍两种预热方式。

知识活页

《福建漳州东山岛旅游欢迎您》脚本

1. 拍摄预热视频

预热视频是指拍摄一段短视频,里面包含下场直播要直播的产品、直播的时间和直播平台。预热视频是要起到吸引粉丝作用的,所以视频要有吸引力,要符合粉丝的属性。在拍摄预热视频要注意几点:第一,给预热视频取一个吸引人眼球的标题;第二,在视频中体现出下场直播的产品要点,最好有能够吸引人的卖点;第三,要在视频中体现出下场直播的具体时间和地点;第四,注意控制视频的时间长度,最好不要超过1分钟。

2. 外网推广

外网推广就是在直播平台以外的媒体平台进行推广宣传。只在直播平台进行开播宣传是不够的,可以通过两种方式实现。一种是将预热视频放到其他媒体平台进行播放,如微信朋友圈、微博等。另一种是设计宣传图片配上宣传方案,宣传方案要表述重点,图文设计要引人注目,内容上要突出直播时间地点,可以着重突出直播中会进行的大爆款,也可以保持神秘感引发兴趣。

(二)直播二次传播

1. 视频剪辑

选择直播中最精彩的部分进行剪辑,制作成短视频,方便用户在社交平台上分享和转发,同时加入品牌或产品的营销信息,增加产品曝光度。

2. 文字传播

将直播中的内容转化成文字的形式进行传播,选择最有价值的信息点,加以简洁地概括,传达到受众中,强调与用户需求紧密相关的信息点,加深用户印象。

3. 图片传播

将直播中的画面截取成图片,在社交平台、微信群等场景中进行传播,同样加入品牌或产品信息,提升曝光率,强调商品特点或产品优势,吸引用户观看。

需要注意的是,直播后的二次传播方式含有一定的商业化成分,因此在文案中需要注重受众需求,结合产品与服务特点,通过恰当的语言表达,增强用户的购买意愿。

课堂实训

一、实训目标

2023年9月22日,记者从北京市文化和旅游局获悉,为丰富中秋、国庆假日文旅产品供给,北京市文化和旅游局将联合东方甄选,于9月24日至27日连续举办四场北京专场直播活动,分别为一场商务定点带货直播和三场"漫步北京"文旅游玩走播。三场"漫步北京"文旅游玩走播分别聚焦漫步中轴线、深度胡同游和攀登八达岭

长城三个不同主题。主播们将游玩景点景区,还将介绍非遗、文博、演艺、美食等。此外,还将体验骑游、citywalk(城市漫步)等不同游玩方式,全方位展现北京优质丰富的文旅资源。在产品上,北京市文化和旅游局会同东方甄选制定了严格的文旅产品选品标准,主要品类设定在旅游线路产品、酒店住宿产品和特色农产品三大类,三场文旅游玩走播计划带货文旅产品共计约90款。首场商务定点带货直播主打"北京老字号"品牌,计划带货100至130款商品。据了解,此次直播活动将在东方甄选App、抖音直播间同时开播,由东方甄选CEO带队,主播团队参与直播。

请为北京市文化和旅游局和东方甄选策划实施本次直播活动。

二、实训准备

项目分组:将学生按每组4—6人分为3组,明确每组工作任务,并完善分组任务表表7-4。

表7-4 学生分组表

组别	工作任务
1	直播前准备工作策划脚本
2	梳理旅游产品整场直播活动脚本的要点
3	撰写"漫步北京"文旅游玩走播脚本

工作准备:登录抖音短视频平台,了解东方甄选以往的直播营销活动。

三、实训操作

1. 梳理直播前准备工作策划脚本

完成直播前准备工作,填写表7-5。

表7-5 直播前准备工作策划脚本

时间	工作内容	具体说明
直播前3周	选品	
	确定主播人选	
	确定直播方式	
直播前2周	确定直播间活动	
直播前1周	寄样品	
直播前5天	准备针对旅游产品直播间所需的相关材料	
直播前1—5天	私域公域池宣传预热	

2. 撰写旅游产品整场直播活动脚本的要点

填写旅游产品整场直播活动脚本的要点，完成表7-6。

表7-6 旅游产品整场直播活动脚本的要点

直播脚本要点	具体说明
直播主题	
直播目标	
主播介绍	
直播时间	
注意事项	
人员安排	
直播的流程细节	

3. "漫步北京"文旅游玩走播脚本

填写"漫步北京"文旅游玩走播脚本，完成表7-7。

表7-7 "漫步北京"文旅游玩走播脚本

主题		备注
直播时间		
直播内容		
直播目的		
直播人员		

直播流程	环节	时间	内容	话术参考	备注
1					
2					
3					
4					
5					
6					

4. 使用剪映完成预热短视频剪辑并发布

5. 做好直播的二次传播

四、实训评价

完成上述内容后，教师填写表7-8对学生进行评价，学生填写表7-9、表7-10，进行实训互评和自评。

表7-8 实训评价表（教师）

序号	评分内容	总分	教师打分	改进意见
1	直播前准备工作策划脚本			
2	梳理旅游产品整场直播活动脚本的要点			
3	撰写"漫步北京"文旅游玩走播脚本			
4	预热短视频			
5	直播二次传播			

表7-9 实训评价表（学生互评）

序号	评分内容	总分	互评	改进意见
1	直播前准备工作策划脚本			
2	梳理旅游产品整场直播活动脚本的要点			
3	撰写"漫步北京"文旅游玩走播脚本			
4	预热短视频			
5	直播二次传播			

表7-10 实训评价表（学生自评）

序号	完成情况	评分	改进意见
1	是否在规定时间内完成（20%）		
2	任务完成效果（50%）		
3	团队合作精神（20%）		
4	材料上交情况（10%）		
5	总分（满分100分）		

五、实训总结

小组推荐代表进行汇报。

实战案例

案例："旅游+直播"：玩转文旅新模式

今年的文旅市场不能用热闹来形容，只能说是"神仙打架"。凭借着"东方甄选"这一旗下厂牌，在直播带货玩得风生水起的新东方，并没有满足于电商的流量变现。而是选择在2023年7月21日,官宣进军旅游领域的决定,砸下10个亿成立了新东方文旅公司。

无独有偶,2023年8月14日,珠海海辰文旅有限公司成立,通过股权分配可发现,该公司由珠海格力海岛投资有限公司全资持股,后者为珠海格力集团有限公司全资子公司,这意味着格力集团正式进军文旅行业。

实际上,无论是抖音还是快手,都早已入局"旅游+直播",为布局线下打下基础。为何巨头们纷纷进军旅游业?有怎样的"打法",又将给旅游市场带来怎样的变化?

1.1.4亿用户撑起抖音旅游生意

抖音全资持股,大有独立大干一场的意思。而2023年上半年,抖音在这方面的动作连连,且层层加码。

2023年3月,抖音生活服务推出酒店旅游商家扶持政策;5月,上线日历房功能,消费者可以在抖音上搜索预订房间;6月,推出酒旅大促IP"好好旅行节";7月,酒旅业务升级抖音生活服务一级部门,与到店业务平行。

很显然,抖音做旅游生意的最大"杀手锏"是其手握7亿日活流量。

据官方数据,2022年抖音平台酒旅行业支付GMV增长12倍、合作酒旅商家增长5.5倍、酒旅订单用户增长9倍。此外,据《2023抖音旅游行业白皮书》显示,截至2023年3月底,抖音上景点、酒店住宿、航空公司、OTA(在线旅游)、旅行社等各类旅游企业账号数量的平均增速超过了20%,其中酒店住宿、商旅票务的账号数量的增速高达64.5%、46%。

相比此前只把旅游作为流量入口,将流量导向与之合作的OTA平台或者旅行社,抖音后来和民宿、城市或者一些文旅品牌合作以及如今成立旅游公司,都被业内视为逐渐向上游供给端发力,甚至想打通整条旅游产业。

事实上,根据抖音官方2023年第一季度数据,有超4亿旅游兴趣用户在抖音观看旅游内容。基于强大的需求,加上抖音发力的供给,抖音线上景区订单量超11.6万单,酒店住宿订单量10.1万单。

2.直播电商纷纷入局旅游业

2022年,小红书也成立了旅游公司,璞真乡里(上海)旅游文化有限公司便是由小红书科技有限公司100%持股。此外,2023年7月19日,北京新东方文旅有限公司成立,注册资本10亿元,由俞敏洪担任法定代表人、董事长,经营范围包括旅游业务、旅游开发项目策划咨询、组织文化艺术交流活动等。

新东方虽然不是电商平台,但其文旅业务却有个强大的流量平台支撑,即东方甄选。

事实上,东方甄选今年在旅游方面的动作也很多。2月初,董宇辉在

"东方甄选看世界"直播间对文旅产品进行带货推介;3月初,张家口崇礼的太舞滑雪小镇联动"东方甄选看世界"抖音账号,在直播带货销售滑雪旅游产品;4月,俞敏洪公开表示,东方甄选接下来将布局文旅产业,未来将会培养一批能讲课的导游;6月底,"东方甄选看世界"账号将首个推荐旅游目的地选在西安。

除此以外,快手这两年在布局文旅方面的步伐也一点不甘人后。

快手联合博主一起打造了《旅行奇遇记》;与四川甘孜、云南玉溪、北京东城等多个文旅局达成战略合作,打造地方内容生态;与美团合作在平台上上线美团小程序,并上线酒店、民宿、景区、剧本杀等多个生活服务品类,为其打造本地旅游板块打下基础。

在研究人士看来,旅游业和电商直播具有很强的匹配性。传统旅游业以照片作为宣传工具,但痕迹太重,而视频直播却能给大家带来更多直观的感受,如今旅游企业自己也开始涉及直播带线路,吸引更多消费者,而电商直播平台在拍摄制作、内容生产上显然更有优势。

3."直播+文旅"模式解读

"直播+文旅"在展示地方风物、打开景点知名度上具有独特优势,打造了一张又一张地方文旅新名片。直播的方式向受众展示即时在线的旅游景观,有效弥补了电视、网页等传统媒介广告中旅游目的地形象单一、产品宣传滞后等缺点。个性化、人性化、互动性强的直播,提高了消费者探寻美景的兴趣和参与文旅传播的欲望。

近年来,无数名不见经传的旅游线路就是在直播的帮助下火了起来,曾经的小众冷门景点频频逆袭成为网红旅游景点,而那些"常在于险远"的奇美瑰怪、"不足为外人道"的民俗民风因直播而传扬四海。

"直播+文旅"还构建了一种新的消费场景,撬开了生活服务售卖入口,通过直播团购实现快速、便捷、优惠的交易,助力打造"短链"文旅经济。

相对于直播带货的目的性,文旅内容创作围绕着目的地的吃、住、行、游、购、娱等多个方面展开,更强调体验与氛围的塑造,更吸引地方政府、媒体、景区商家、本地居民、游客用"千屏千面"展现出文旅地的历史文化、地理沿革、人文民俗、山水风光。

如今,大众在直播间里下单预订旅游地的酒店、团购餐饮,已成为文旅新常态。

直播在与本地生活服务相融的同时,也在推动旅行的日常化、生活化。在传统的文旅宣传中,文旅内容与大众的日常生活存在隔膜。在直播的助力下,文旅业在宣传方式、内容来源、消费方式等方面均打开新的局面。建立起了景区、主播、游客、商家共同参与的全新生态,使得文旅深度嵌入大众的日常生活。人们在旅行中直播,在直播中销售,在观看中体验,在体验中购买,在团购中互动,在互动中贴近。

在培育"线上+线下"新型乡村旅游、民俗文化消费,赋能乡村振兴方面,"直播+文旅"同样发挥了积极的作用。业内人士表示,在直播及短视频时代,数字助农已经成为乡村振兴的重要发展方向,有效拓宽了乡村文旅产业推介的通道,加速了数字乡村发展。

(案例来源:旅游营销策划《"旅游+直播":玩转文旅新模式》。)

思考:旅游企业如何用"直播+文旅"实现"线上种草、线下打卡"?

项目八　旅游小红书营销

项目情景

　　小红书,作为一个以用户生成内容为主导的社交分享平台,已融入旅游业生态中,成为用户交流旅行心得、推荐旅游景点与产品的重要渠道。同时,该平台为旅游从业者提供了宝贵的数据分析工具,助力其深入理解用户偏好与需求,进而塑造更具吸引力的旅游目的地形象,增加旅游产品的市场曝光度,并有效促进用户的购买决策过程。此外,小红书还促进了旅游产品的优化与服务的提升,致力于改善用户体验。在此基础上,与旅游相关的品牌能够借助小红书平台寻找合适的合作伙伴,共同策划并执行旅游产品的高效推广活动。

　　掌握小红书的营销,首先通过任务一认识旅游小红书营销,了解小红书营销概念、营销价值、功能。其次,做好小红书营销准备,包括账号定位、注册账号、养号等。最后,开展小红书营销实施,掌握营销原则和营销方式。

● 1. 知识目标

（1）掌握小红书账号的设置方法；

（2）掌握发布小红书营销信息的技巧和小红书推广策略；

（3）掌握开展小红书营销的方法。

● 2. 能力目标

（1）确定推广时间：根据目标受众的活跃时间和推广活动的特点,选择最佳的推广时间；

（2）确定推广内容：根据目标受众的兴趣和需求,制定有趣的、有吸引力的推广内容。

(3) 确定推广方式：结合目标受众的特点和小红书平台的功能，选择最佳的推广方式，如话题营销、抽奖活动、视频营销等。

3. 素养目标

(1) 强化安全意识、底线意识和法律意识；
(2) 增强文化自信，培养团队协作精神。

思维导图

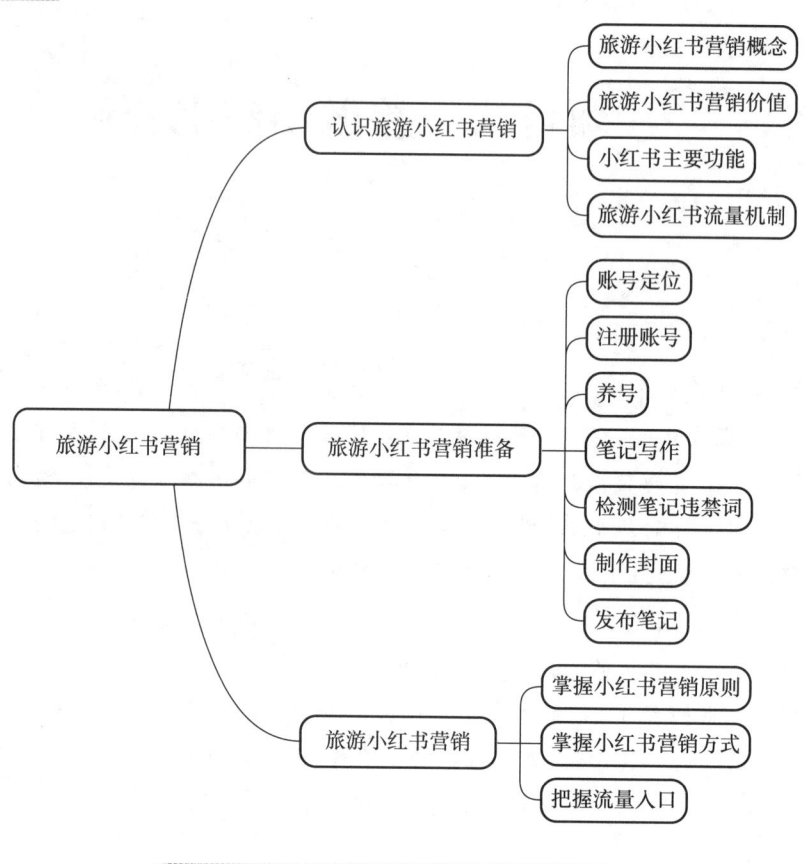

任务一　认识旅游小红书营销

案例导入

小红书账号"阿饶每一天"制作了一个标题为《雪花标本 粉丝礼物》的短视频，封面展示雪花标本样式，与标题对应，特有的雪花标本样式给用户带来眼前一亮的感觉，让用户产生往下观看的兴趣。视频开头给了雪花标本特写，引用了影视片段说明标本的制作过程，特别的开头会吸引用户继续往下观看,视频中美丽的雪景和达人制作标本时遇到的困难,展示了达人制作的真实过程。"雪花作为冬季独有的自然现象,在南方地区比较少见,因此常常激发南方民众的点击观看兴趣。而"雪花标本"作为一种不常见的展示形式,能够引发大众的猎奇心理,吸引广泛用户群体的注意。此外,当"雪花标本"被定位为"粉丝礼物"时,其手工制作的独特性不仅增强了粉丝黏性,同时也因其独特性和创意性吸引了非粉丝用户的关注与兴趣。达人在评论区发布交换雪花活动,增加话题讨论,给笔记带来流量,该视频点赞数16万,收藏量4.9万,评论4065条。

思考:概括《雪花标本 粉丝礼物》短视频成功的原因?

旅行前先上小红书搜一搜,已成为用户习惯。需求的旺盛,推动小红书旅游出行领域内容迅猛增长,"城市浪漫地标打卡"话题浏览量1.4亿,"小众旅行地"话题浏览量更是高达29亿。

一、旅游小红书营销概念

旅游小红书营销是指利用旅游类社交平台小红书进行品牌推广和营销活动的一种营销手段。小红书不仅仅是一个购物平台,更像是一个内容分享平台,用户可以在上面发布带有评论和提示的产品图片,供其他用户阅读、评论,并保存到他们的主页上。

小红书创建于2014年,上线之初,小红书只是一个单纯的UGC(User Generated Content,用户生成内容)购物笔记分享社区。小红书起初是一个专注于海淘购物的平台,随后逐步转型为海购跨境电商平台,并随着发展,其定位拓展至生活方式分享的聚集地,进而演变成为集内容创作与电商交易于一体的社区电商平台。目前,小红书已构建起一个从"种草"(激发购买兴趣)到"拔草"(实现购买行为)的完整商业生态闭环,并融入了电商一体化服务和直播带货等新兴功能。

二、旅游小红书营销价值

小红书是一款以分享旅行和生活经验为主题的社交媒体平台,对于旅游营销来说,小红书可以通过与用户互动、合作推广等方式,提升旅游产品和目的地的曝光度和影响力。

1. 用户活跃度高

小红书拥有庞大的用户群体,用户活跃度较高,特别是年轻一代用户,他们在平台上分享自己的旅行经验、美食推荐、购物心得等,这为旅游营销提供了广阔的舞台。

2. 地域特定性强

小红书的用户分布广泛,但同时也有很强的地域特定性,用户更倾向于分享自己所在地区的旅游景点、特色美食等,这为地方旅游营销提供了有针对性的推广渠道。

3. 影响力大

小红书上的用户多数是旅游爱好者,他们对旅行产品和服务的推荐具有一定的影响力。在小红书上开展合作或者邀请用户进行体验推广,可以有效提升产品或者目的地的知名度和美誉度。

4. 多样化的内容形式

小红书不仅仅是一个图文分享平台,还支持视频、直播等多种内容形式,这为旅游品牌和目的地提供了更多创意和多样性的展示方式,吸引更多用户的关注。

5. 数据分析能力

小红书提供了丰富的数据分析工具,可以帮助旅游品牌和目的地进行用户画像构建、用户偏好分析等,从而更好地了解目标用户,并有针对性地制定营销策略。

三、小红书主要功能

(一) 笔记

笔记是小红书运营的最基础的形式。小红书的用户主要以年轻女性为主,在笔记模块匹配了文字、图片、视频等媒体形式以及非常丰富实用的、契合女性用户需求的美化功能。

1. 美化功能

(1)滤镜。小红书在用户编辑笔记时提供了多种滤镜,用户可以左右滑动页面切换滤镜,也可以选择美颜的类型。

(2)调节。账号主体可以对上传的照片进行亮度、对比度、色温、饱和度等方面的调整。可以左右拉动"拖动条"进行操作,也可以直接关闭,退回到编辑功能页面。适当调节能帮助用户提高笔记图片的质量,吸引更多用户的关注、喜欢、收藏,增加浏览时间及次数,从而达到增加用户黏性的作用。

2. 标签功能

点击照片、视频可以直接添加地点、好友、商品等标签。用户通过点击商品标签可以跳到相应的商品详情页,商品标签直接跳转的功能,减少了用户搜索商品的步骤,优化了用户的购买体验,降低了用户的流失率。

3. 贴纸功能

贴纸可以标记时间、温度等。用户点击贴纸可以改变贴纸的形式,并设置隐藏或显示贴纸。

4. 配乐功能

可以从本地音乐、平台推荐等渠道选择笔记的配乐。可以先进行试听,然后再确认是否使用,提高配乐的容错范围。在选择配乐的过程中可以对音量进行调整。

5. 视频拍摄

小红书在视频拍摄上非常人性化,可以满足用户的各种拍摄习惯,可以翻转镜头、添加滤镜和美颜效果,在视频拍摄的过程中,可以使用"分段"功能,用户中断拍摄后,可以继续中断前的视频拍摄,这给了用户更多的发挥空间。小红书还提供了剪辑功能,帮助用户进行视频剪辑。

此外,小红书的笔记中可以添加标签、话题、地点等信息,也可以@好友进行互动。

(二)品牌号

小红书品牌号是在原有账号基础上的认证,认证后的品牌号可以自定义账号的页面,打造独特的风格,从而传递品牌信息和品牌文化。账号主体可以通过品牌号进行内容运营,创造商业话题,聚合用户进行UGC创作。同时,用户可以通过品牌号直接接入小红书的品牌旗舰店,从而高效地完成从社交到电商的转化。

1. 品牌权威标识

认证后的品牌号,如图8-1所示,会在平台内获得独特的品牌标识,此标识作为品牌身份的有效权威认证。同时,这些品牌号在搜索结果页面、品牌相关话题页面等位置享有更多的展示机会和流量扶持。

2. 笔记推广曝光

认证后的品牌号可以邀请用户合作发布商业推广笔记,且可以被正常曝光,不会因为有潜在的商业行为而被封号。

3. 商业数据分析

认证后的品牌号可以查看粉丝、笔记等多维度的数据,帮助品牌了解粉丝的增长趋势,定位爆款笔记特点,最终实现品牌账号的不断成长。

图8-1 品牌号

4. 直达店铺

品牌号可以与小红书官方品牌店铺进行绑定,且在个人页面增加商品展示栏,品牌触达用户更便捷,从而提高社区流量的转化率,如图8-1所示。

四、旅游小红书流量机制

(一)流量机制

小红书流量分布主要集中在三个板块：关注页、搜索页、发现页。

1. 关注页：流量占比10%

小红书平台的最左侧页面是关注页面，用户若关注了某品牌的笔记，便能直接通过该页面浏览到该品牌的笔记内容。尽管这一路径的流量占比相对较低，但它对整体流量层级的数据结果不产生直接影响。因此，虽然关注页面为品牌提供了一定的曝光机会，但其作用相对有限。

2. 搜索页：流量占比10%—20%

搜索页是流量增长最快的板块，有非常高占比的用户打开小红书直接进行搜索，把小红书当成搜索引擎用。虽然搜索页的流量数据并不能影响笔记的流量层级测试，但搜索页的流量非常长尾，只要关键词配置得当，可以在非常长的周期获得最精准的搜索流量。

3. 发现页：流量占比70%—80%

发现页是笔记的主要流量来源，也是流量层级测试的主阵地，用户可以选择自己喜欢的板块进行阅读、收藏、评论等活动，如图8-2所示。

图8-2 小红书发现页流量分布

(二)分发机制

小红书流量分发机制内容和用户标签匹配。笔记推送给用户后,根据用户的一系列交互行为,给笔记打上内部分数,以决定是否要继续推给其他更多用户。这个评分体系在小红书内部称为CES(Community Engagement Score)。

CES计算方式:CES＝点赞1分＋收藏1分＋转发4分＋评论4分＋关注8分。

粉丝的交互行为间接反映了笔记的内容质量,即便是粉丝数不多的达人,在得分优质的前提下,笔记也会被系统推荐给更多粉丝,形成"阶梯式"算法推荐。

得分高的笔记,还会进一步得到来自小红书站内搜索,以及百度搜索等流量加持。

小红书算法和抖音算法有点类似,但小红书更关注优质内容,内容优质即使粉丝数量少,也能得到相同流量的推荐。

(三)小红书流量层级

与抖音一样,小红书也有流量层级,一共分为8级,如表8-1所示。

表8-1 小红书流量层级

流量层级	内涵
1级流量层级:0—200阅读量	一般只要内容不涉及违规,不管笔记质量如何,都能获得200左右的阅读量
2级流量层级:200—500阅读量	大多数内容数据,内容不被算法喜欢
3级流量层级:500—2000阅读量	账号正常,未被限流,笔记内容质量也是过关的,但互动率/点击率低
4级流量层级:2000—20000阅读量	有小爆款潜质,数据还会再升,不要随意变动内容
5级流量层级:20000—100000阅读量	5级流量池是自然流量的最后一关,如果互动很好,会进入下一个流量层级
6级流量层级:100000—1000000阅读量	热门笔记,说明笔记稀缺性高,用户数据较好
7级流量层级:1000000—5000000阅读量	爆款,会触发人工审核,如果价值观没有什么问题,会进入下一个层级
8级流量层级:大于5000000阅读量	大爆款

任务二 旅游小红书营销准备

案例导入

吉林文旅率先在小红书进行爆改,只因账号"悠游吉林"被网友吐槽名字像山寨,于是连夜把名字郑重地改成了"悠游吉林(吉林省文旅)"。

紧接着在两天内连发八条笔记集思广益,更是在小红书各大评论区暴走留言,委屈道"吉吉听劝"。

小红薯们也是热心肠,直言可以把流量明星找回来站台,再多搞点年轻人爱的项目,比如"长白山＋盗墓笔记"IP进行结合,给张起灵跳"科目三"等。

除此之外,吉吉还拉出了长白山旅游文体局、延边州文旅局、吉林市文旅局下场欢迎全国的大小宝贝,评论区的吉吉也将"听劝型人格"贯彻到底,"吉吉听到了,吉吉努力执行,吉吉摇来了苏翊鸣……"活脱脱地把一个官方账号变成搞笑博主。

思考:吉林文旅借助小红书平台,通过哪些方法助力吉林品牌传播。

小红书平台,作为当代年轻人热衷的标记生活与分享体验的聚集地,拥有极高的日活跃用户数。众多达人在该平台上发布的旅游相关笔记,其中不乏高赞流量作品,成功推动了许多旅游目的地的知名度,激发了大众前往打卡的热情,进而为当地旅游业带来了显著的经济增长。因此,可以客观地说,精心创作的笔记在某种意义上扮演着"创造"旅游景点的角色,为地方旅游经济开辟了广阔的"红海市场"。

一、账号定位

根据小红书流量机制,小红书要做好用户标签和内容标签的匹配。首先要明确小红书的账号定位,主要是确定内容方向、确定用户画像和建立个人形象。

1. 确定账号内容领域

内容领域和方向是账号定位的核心。在选择内容领域时,要结合自身的优势和平台的特性,选择能够发挥自己专长且用户关注度高的领域。例如,如果博主擅长美妆和护肤,那么可以选择这些领域作为内容方向;如果博主有丰富的旅行经验,那么可以分享旅行故事和攻略。在确定内容方向时,要注意保持内容的垂直性和连贯性,以便形成稳定的用户群体和品牌形象。

2. 确定账号内容风格

在确定了账号主题后,需要确定账号的风格,包括账号头像、简介、语言风格、排版风格等,这可以让账号内容更加统一、有特色,也能够更好地吸引目标客户的关注。

二、注册账号

(一)个人号注册

(1)准备手机号:一个手机号注册一个小红书账号,如图8-3所示,选择年龄及性别。

（2）选择感兴趣的内容：选择四个感兴趣的标签，如图8-4所示，即定位的领域、要做的赛道，平台会根据选择进行相关优质内容的推荐，也会是未来笔记的流量来源区。

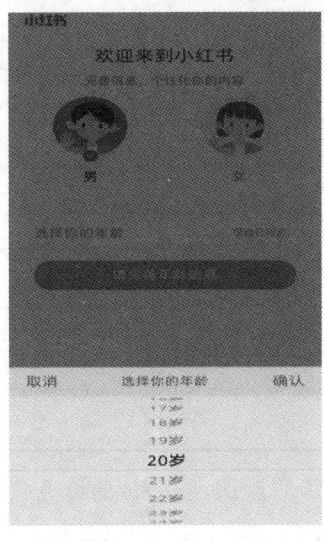

图8-3 小红书注册

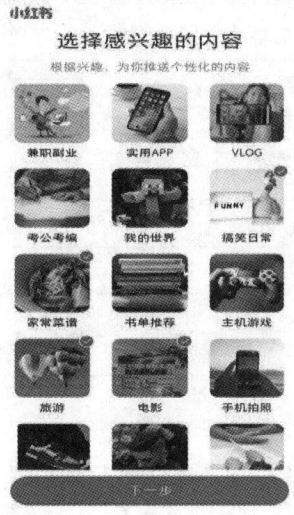

图8-4 选择感兴趣的内容

（3）完善信息：注册完善个人信息、头像名称、个人标签，如图8-5所示，如果还没有想好，可以在后面的养号期间再修改，这里注意，标签里一定不要放敏感信息（如微信号引流信息），会被系统检测到。

（4）实名认证：一个身份证只能实名认证一个小红书账号，如图8-6所示。如果还没确定好账号的内容方向的，或者以后想转让账号进行变现的，可以在内容稳定之后再认证。

图8-5 完善信息

图8-6 实名认证

（二）品牌号注册

1. 资料准备

注册品牌号需要准备资料，如表8-2所示。

表8-2　小红书认证类型及提交材料表

类型	内容
境内企业	营业执照、官方认证申请公函
境内品牌	商标注册证、官方认证申请公函
境内网站	工信部网站备案查询的截图、官方认证申请公函
境内软件/App	供软件著作权登记证书原件彩色扫描件、官方认证申请公函
境外品牌	公司注册文件、官方认证申请公函、商标注册证、认证信息表格（包括认证头像/认证名字/品牌简介）

2. 注册流程

步骤1：登录小红书品牌号平台，按照操作提示注册认证，上传的营业执照和商标注册证，认证中上传的营业执照和商标注册证必须是彩色的，如果是黑白复印件，需要加盖营业执照主体公章且公章不能是电子章。在申请公函中，运营公司盖章与运营人签字缺一不可。

步骤2：填写品牌号的名称。需要基于商标、网站或软件应用的名称来命名，支持与所属行业、地域等具有相关性的拓展命名。绑定店铺时，账号名称需要与店铺名称保持一致。

步骤3：填写品牌简介。要在20个字以内，要客观真实地描述品牌、网站的信息。

步骤4：上传头像。头像要与账号的品牌、产品、应用具有一定的相关性，不得含有网站链接以及各种非官方的加"V"标识。

三、养号

养号主要是让系统判定账号是真人在操作，正常养号时间约7天。

1. 保持账号活跃

每天刷半小时以上，可以选择碎片化时间，先刷推荐页的内容，小红书给你推荐什么，你就刷什么，如果是对标领域的，可以去主页看看其他的内容，但是先不要点赞、评论、关注等。

2. 完善个人信息

尽可能地完善个人信息，比如昵称、简介、头像等。

3. 选择对标账号

为了高效获取行业灵感和选题参考，正常浏览热门话题笔记并搜索特定领域关键词后，可浏览同领域内容，对优质笔记进行点赞和收藏，以便于后续选题。在持续浏览约10分钟后，小红书平台通常会根据兴趣推送大量同行发布的笔记。此时，采取适当的互动策略是可行的，但应保持适度。例如，在浏览的多个作品中，选择性地为大约五分之一的作品点赞，并在每点赞五个作品后，对下一篇笔记进行评论，维持点赞与评论的比例大致为5:1。

四、笔记写作

根据账号定位，选择笔记写作方式，可以选择模板、文字、相册、拍摄、直播等，如图8-7所示。在撰写笔记的正文结尾部分时，可以巧妙地融入与笔记核心内容紧密相关且具有较高热度和浏览量的热门话题标签。

五、检测笔记违禁词

在完成笔记撰写后，建议利用句易网及零克查词等工具进行内容审核，以确保其中不含有任何敏感词汇。若发现敏感词存在，可以采取替换策略，如使用拼音代替、插入表情符号，或者在敏感词汇的两个字之间加入"·"等符号进行分隔，以符合平台发布规范并避免潜在风险。

图8-7 笔记写作方式

六、制作封面

可以选用黄油相机App或醒图App，对封面图片的色号色温曝光度等进行调整。封面图最好用竖屏的，比例为3:4，直观、好看、统一。

七、发布笔记

步骤1：打开小红书，点中间红色的"＋"号，会直接跳转到相册。

步骤2：选择相册图片并选择"下一步"，小红书一共可以发9张图片。

步骤3：写标题和正文（先在文档写好，然后复制粘贴过去，不要超过1000字，包括标点符号）。

步骤4：点击"发布笔记"，就可以成功发布。

> **同步思考**
>
> 旅游博主小红书账号都有清晰的定位,例如旅游博主何洒脱,账号名称体现旅游目的,简介是环游40国加上一句打动人心的语录——热爱可抵岁月漫长,账号内容是通过梦幻般的照片展示诗意生活。
>
> 思考:选取一位旅游博主,分析其账号定位。

任务三　旅游小红书营销

案例导入

小红书爆款文章《南方人第一次到北方搓澡初体验,下次还来!》,内容描述了博主在北方搓澡的过程,包括澡堂的环境、服务、搓澡的感觉等。博主通过幽默和轻松的语言讲述自己的感受,使读者更容易产生共鸣。文章包含关于北方搓澡文化的一些背景信息,让南方读者对这种生活方式有更深入的了解。封面展示了两个人在搓澡馆跳舞的场景,暗示着在北方泡澡真的让人很快乐,这种视觉效果激发了读者想要了解更多关于北方搓澡的好奇心。

思考:该篇文章成为爆款的原因。

一、掌握小红书营销原则

1. 灵活运用内容、社区、电商

内容、社区、电商是小红书的三大模块。内容由用户生产,社区包括笔记,以及围绕其内容衍生出的关注、点赞、评论等行为,电商则是小红书盈利功能的体现,包括产品展现、购买等功能,也实现了功能闭环。灵活运用内容、社区、电商这三大模块,旨在实现三者之间的无缝衔接与协同作用,以优化服务体验,提升用户黏性,并更有效地引导流量与转化,实现更高效的引流与导流效果。

2. 按照目标人群确定运营方向

当前,小红书的主要用户群体集中在一二线城市,以年轻女性为主,这一群体普遍重视个人保养,热爱生活,且对时尚、护肤及生活方式等领域的内容表现出浓厚的兴趣与高度关注,使得小红书在内容定位上倾向于提供相关的指引与分享。

3. 可延伸的内容运营策略

围绕话题,进行关键词裂变,选取对用户最有用、最有吸引力的内容,对关键词进行分析,将其解构成为多个可独立、可参与、可归纳、可整合的子话题,使子话题可以吸引更加具体的客户群。

4. 灵活的内容加工策略

在内容加工的过程中,首先对既有内容进行系统化的分类,依据用户的具体需求将内容细分为不同品类,并借助垂直领域的官方账号来整合并展示这些优质内容。其次,对筛选出的优质内容进行二次编辑与优化,旨在提升用户的阅读体验与满意度。最后,在此基础上,进一步开展话题的专题策划活动,通过精心设计的主题与内容,为相关话题增添热度与关注度。

5. 真实的产品使用体验分享

小红书一直以高质量、真实的用户体验为核心,但小红书的笔记实际上都是对产品的功能、体验、品质的宣传。因此在笔记方面,要做到真实,才能保证用户信任。

6. 通过UGC的方式来留住用户

小红书里,用户分享的核心还是内容,当用户看到喜欢的、有用的内容就会选择分享到自己的主页或是其他社交平台,这样就可以直接为平台引流,而且由于是靠内容吸引到用户,用户对平台的认同感越强,流失率也就越低。

> **同 步 思 考**
>
> 长隆紧抓微度假趋势中的"原地遛娃"热点洞察,针对亲子游人群,精准输出了大量"亲子微度假"内容。按照"看—搜—发"的路径,品牌先通过商业化内容影响核心人群,提升用户认知,并鼓励体验过长隆"亲子游""遛娃"乐趣的用户进行自发分享。随着内容渗透率与"长隆"搜索指数提升,新发的UGC内容扩散至兴趣人群、泛人群,大大提升了UGC种草效率。
>
> 思考:长隆营销方式的特点是什么。

二、掌握小红书营销方式

小红书是一个以内容为导向的平台,因此,优质的内容是吸引用户的关键。商家可以通过发布高质量的笔记、文章、视频等形式的内容,展示产品的特点、使用方法和效果,吸引用户的关注和兴趣。

(一)提升账号权重

账号的权重直接影响着账号的流量匹配,如果账号被降权,将直接影响账号的流量。账号信息越完善,越有助于平台对账号贴标签。有标签的账号,发布的笔记获得的流量更加精准,流量精准后,更多用户会点开笔记,浏览量会大幅提升,随之而来的就是账号的权重越来越高。

1. 完善账号信息

(1) 昵称。

昵称要遵循与众不同、简单好记的原则。旅游博主一般是名字＋领域。比如，图图漫游北极、××旅游攻略、欧洲旅游小队等。小红书对于任何形式的营销行为的遏制力度都是比较大的。如果昵称中带有品牌词，如"××产品总代"，账号会被降权限流。

(2) 头像。

头像要有足够的吸引力。通常来说，头像应该具有简约大气、色调鲜明、关联昵称、直观清晰等特征。

(3) 个人简介。

好的个人简介，一般由四个短句构成。第一句：你是谁？第二句：你主要分享的内容是什么？用户通过看你的小红书，能收获什么价值。第三句：你有哪些特殊的经历？比如曾经获得过哪些成就或业绩。第四句：你的联系方式是什么？便于用户和品牌商找到你。

2. 提升账号等级

小红书的用户等级越高，权重也越高。对于权重越高的账号的内容，系统流量的支持比例就会越大。完成注册以后，要迅速了解账号等级晋升规则，并按照规则提升等级。定期发布优质内容、点赞、关注、评论等行为，可增加账号的活跃度和质量，从而获得更多的平台流量支持。

(二) 发布优质内容

1. 标题优化

在小红书平台的运营实践中，应深入研究并借鉴热门笔记的标题创作技巧，如巧妙运用数字吸引眼球，以及精准植入当前热门的关键词以增强搜索曝光率。对于旅游类笔记，采用贴近生活的口语化表达方式尤为关键，如"我宣布""绝绝子""真香""吹爆""封神"等网络热词频繁出现于标题中，能有效拉近与读者的距离。然而，也需警惕过度夸张或误导性的标题，以免触发平台规则，导致内容被限制推广。因此，在追求标题吸引力的同时，保持内容的真实性与客观性至关重要。

2. 精选话题

发布笔记的时候，可以选择插入话题。每个话题都会有对应的指数，话题也会参与关键词排名。在选择话题的时候，要选择与内容相关的、指数高的话题。选错话题可能使笔记不能通过系统的审核。

3. 图片标准

小红书上的图片全屏显示的尺寸比例是4∶3，在插入图片的时候，清晰是最基本的要求。在保证清晰度的同时，要尽量选用标准尺寸、内容匹配的图片。小红书提供了较为丰富的图片美化工具，可以对笔记图片进行美化处理。

4. 内容原创

小红书标榜的是真实的经历和真实的生活方式的分享,所以在运营过程中,内容要真实原创,同时具有一定的话题性,这才能引发一定程度的互动和讨论。更新的频率和内容的质量要保持稳定。由于小红书的女性用户居多,在内容中可以提高感叹号和表情符号的使用频率,强化情绪渲染。

5. 形式多样

要全方位展示旅游目的地的魅力,可以采用精美或独具特色的图片、视频等形式,生动呈现其美丽的风景、特色的活动及诱人的美食。在内容创作上,除了传统的文字和图片形式外,还应积极探索并尝试音频、直播等新型媒介。具体而言,可以策划并制作旅游攻略系列音频,通过声音引领听众感受旅行的乐趣;利用直播平台实时分享旅行体验,增强与观众之间的互动性和沉浸感;同时,制作高质量、富有吸引力的视频内容,以强烈的视觉冲击力激发观众的兴趣与好奇心。

> **同步思考**
>
> "弱冠年华"这个小红书ID以旅行插画的形式向粉丝们分享旅途与生活中的见闻,4个月时间内,"弱冠年华"粉丝数从1.8万人暴增至10万人。在小红书,"弱冠年华"鲜明的个人风格深受"小红薯"宠爱,但他的绘画技能此前在马蜂窝这种垂直类攻略社区却难以得到施展。
>
> 思考:分析"弱冠年华"鲜明的个人风格在小红书深受欢迎的原因。

6. 精选类型

(1) 合集。

在小红书平台上,合集类笔记因其内容的全面性和数量的充足性,成为一种易于获得广泛关注和传播的内容类型。

合集笔记的写作特点在于其系统性地整合了具有相似风格特点、功能功效或适用于特定人群、场景的物品,进行集中推荐。在撰写过程中,对于每类产品,均需详尽展示其独特的风格特点,并通过总结性的描述,分享作者或用户的使用体验与感受,以便为读者提供全面、客观的参考信息。

合集笔记的封面特点是将多个景点或物品搭配摆放在一起拍摄或者拼图,图片核心主要凸显"多",图8-8展示了一篇旅行合集笔记。

(2) 测评。

测评笔记与合集笔记虽在形式上有所相似,但其核心差异在于测评笔记更侧重于对产品进行区分与评价。合集笔记通常倾向于全面推荐,而测评笔记则通过设立"红黑榜"或采用星级评分系统,对产品进行优劣区分。

测评笔记的写作内容主要包含三个关键部分:首先,通过场景引入,为读者构建产品使用的实际情境;其次,详细阐述每个产品的使用体验,包括其特点、优势及可能存在的不足;最后,进行总结性评价,可能包括产品红黑榜的划分、适用人群的分类,或是从不同维度给予的星级评价。

在测评笔记的封面设计上,常采用对比类封面以直观展示产品间的差异,或在合集类图片上添加明确标识,以区分不同产品的评分及适用人群,如图8-9所示,这种设计有助于读者快速获取关键信息,做出更加明智的选择。

图8-8 旅行合集

图8-9 旅行测评

（3）科普。

科普内容的创作应避免使用晦涩难懂的学术术语堆砌,同样也不应陷入枯燥乏味的传统科普模式。小红书平台上受用户欢迎的科普笔记,往往聚焦于基础且必要的知识点,以易于理解的方式呈现给初学者或"小白"用户。这类笔记可以采取分篇连载的形式,以轻量、直观的方式逐步向读者传递信息;抑或是一次性提供全面详尽的知识汇总,如图8-10所示,满足用户对于系统学习的需求。

在科普笔记的封面设计上,一种常见的特点是采用一张图总结全文核心知识点的方式,直观展示内容的广度与深度;另一种则是通过展现密密麻麻的知识点清单,营造出内容充

图8-10 旅行科普

实、信息量大的第一印象,激发读者的学习兴趣。

（4）避坑。

关于避坑笔记可以纯文字描述,也可以图文并茂,前者更简单一些。对于用户来说可读性高的还是图文并茂的形式。

避坑笔记的内容架构展现为两种可观察的写作模式:一是直接且明确地列出并总结公众容易陷入的常见误区或应避免的行为,明确指出"需警惕的潜在陷阱"及"不应采取的几种做法";二是先系统性地盘点并总结各类雷区与风险点,随后针对每个问题点,提供具体且可行的正确建议或解决方案,以指导读者有效规避。

避坑笔记的封面设计存在明显的特征,即使用纯色背景图、实拍场景照片或精选网络图片作为背景均可,关键在于图片上需融入醒目的标题及装饰性文字（花字）,以此手段来突出笔记的核心主题,确保读者在视觉层面能够迅速捕捉到笔记的关键信息,如图8-11所示。

（5）教程。

教程类笔记一般指需要多少个步骤完成某件事情的流程指南,内容核心是体现出"步骤",标识清楚多少步,以及每步分别要做什么。

教程类笔记的内容构成可以灵活多样,既可以采用纯文字的形式详细描述整个流程,也可以通过图片或视频等多媒体手段来直观展示每一个操作步骤,并辅以相应的文字进行说明。

教程类笔记封面设计的显著特点在于能够直观地展示教程的核心内容,如图8-12所示。

图8-11　旅行避坑

图8-12　旅行教程

（6）攻略。

攻略类笔记一般要从多个维度去总结,每个维度都清晰、详细描述具体操作步骤和对应的注意事项,体现的干货信息点越多越全越好。由于追求内容的全面性和深度,制作教程类笔记的过程相对耗时较多,需要投入大量时间与精力。然而,一旦成功制作出高质量的教程笔记,其吸引力和实用性往往能显著提升,从而增加了成为热门内容或爆款笔记的可能性,如图8-13所示。

图8-13　旅行攻略

> **同步思考**
>
> "如意甘肃"小红书账号发布了甘肃春季景色相关作品,发布笔记累计获赞数超10.7万,其观看互动量均高于同类型作者。例如关于景点张掖的笔记:张掖,西北偏北,一座被低估的小江南。张掖是一个集冰川、雪山、森林、雪原、沙漠、戈壁、绿洲、湿地于一体的宝藏之城,这座大西北低调的城市有着甘肃最独特的人文风情。草原上有雪山,碧水旁有沙漠。张掖,既有金戈铁马、大漠豪情,又有物华天宝,人杰地灵;既有江南风韵,又有塞上风情。
>
> 思考:关于张掖的笔记的写法有什么特点。

三、把握流量入口

(一)流量入口分类

小红书的流量入口有三个:关键词排名、自然展现和相关推荐。在运营小红书账号时,一个客观且必要的步骤是明确账号流量获取的目标领域,即判断应侧重于争夺商域流量(通过广告投放、品牌合作等商业化手段获取的流量)、公域流量(平台内广泛传播、非特定用户群体可见的自然流量)还是私域流量(通过个人或品牌账号的粉丝关系、社群运营等渠道积累的专属流量)。

1. 关键词排名

小红书App自带搜索功能,搜索关键词就会出现对应的内容。一般而言,搜索关键词的客户都是精准的目标客户,争夺关键词排名自然是运营推广的关键一步。关键词排名展现时,分为综合排名、最热排名,最新排名三部分。

2. 自然展现

小红书首页的发现页展现的内容是自然展现。自然展现建立在智能匹配的机制之下,系统会根据用户的身份属性给用户匹配和展现感兴趣的内容。

3. 相关推荐

相关推荐主要出现在每篇笔记的评论底部,一般是跟笔记内容接近或相关的内容。

(二) 把握流量

1. 关注笔记内容

小红书的流量机制对创作者最重要的影响在于,内容要能为用户提供价值。当用户能从笔记中感受到价值后,才会去点赞、收藏,笔记才能进入递增的流量池,在搜索结果页的排序中才能靠前。在小红书社区中,较受欢迎的内容一般提供了两类价值:一是实用价值,二是情绪价值。例如旅行避坑指南,就提供了很强的使用价值。

2. 关注账号内容垂直度

创作者与用户均被赋予标签,其中账号的内容垂直度是构成创作者标签的重要组成部分。平台算法会基于这些标签,将创作者发布的内容优先推送给与其标签相匹配的用户群体。因此,创作者在发布笔记时,专注于某一领域的深度耕耘,有助于展现账号的专业性和特色,进而提升系统识别的准确性。系统在进行内容推荐时,更倾向于选择主题鲜明、特色突出、专业性强的笔记,以优化用户体验。

具体而言,若某创作者的标签设定为"旅游",则其发布的笔记将优先被推送至同样被标记为"旅游"兴趣偏好的用户群体中。这类用户在接触到相关内容后,由于兴趣的高度契合,其点赞、收藏等互动行为的可能性相对较高。反之,若账号内容缺乏垂直性,将导致笔记的受众群体变得混杂,有效互动减少,从而降低了笔记被系统持续推荐的可能性。

3. 关注深度互动数据

在小红书平台上,互动评分机制对于内容流量的分配具有显著影响,因此,创作者在创作笔记时,需要策略性地设计内容以激发用户的多样化互动。这种互动不仅涵盖了基础的点赞、收藏与评论行为,还延伸到了更深层次的互动形式,如因笔记内容而引发的用户关注。观察发现,小红书首页推荐及搜索结果排序前列的笔记,其评论区往往会有很多有深度的评论,部分热门评论能够激发上百条后续回复,彰显了深度交互在提升内容曝光与用户参与度方面的重要作用。

通过以上三种方式,旅游小红书营销可以帮助品牌建立良好的品牌形象,吸引目标用户,并提高产品的销量。

(三) CPC 投放

CPC(Cost Per Click,即点击付费)作为小红书平台上的效果广告模式,旨在通过信息流广告形式推广优质笔记,有效聚焦并引导流量。同时,搜索广告功能允许广告主针对有明确需求的用户群体进行精准投放,以此实现持续流量的获取,进而提升产品销量与市场推广效果。

小红书目前广泛覆盖了多种类型及不同年龄段的用户群体,这一特点为其广告投放提供了显著优势,有助于企业品牌口碑的增强及综合排名的提升。通过小红书的广告投放机制,企业能够更直接地实现投放效果,迅速筛选并匹配目标用户群体,从而有效提升广告转化率,全面增强广告效应。此外,小红书平台上的高质量内容若能吸引用户注意,往往能引发庞大的流量,这对于促进用户转化率具有明显优势,同时也拓宽了企业品牌的推广范围。

影响 CPC 的因素有曝光、点击、私信、转化。其中曝光的影响因素是关键词和预算;点击的影响因素是标题和封面与目标人群;私信的影响因素是笔记内容;转化的影响因素是产品或者客服。

> **同 步 思 考**
>
> 小红书旅游博主"英子同学",粉丝数 22.9 万,点赞数 164.2 万,账号定位为立志走遍中国 500 个乡村的 30 岁全职旅游博主。
>
> 该博主在主页与运营策略上,展现了非常巧妙的封面笔记构图技巧,其设计精美绝伦,尤其擅长运用大气磅礴、美轮美奂的风景照作为主体,并巧妙融合人物元素,配以简洁的白色背景,营造出强烈的故事氛围和艺术美感,有效吸引用户点击进一步探索。笔记内容中,博主以简洁明了的文字介绍所见之景,成功传达了大自然的壮丽与魅力,使观众能够仿佛身临其境,展现了其出色的表现力。内容亮点方面,博主的视频笔记节奏不紧不慢,慢慢叙述自己在旅途中的故事,可以让观众在看视频的时候获得精神上的放松和愉悦。博主最初专注于民宿推荐,随后逐步扩展内容领域,涵盖了乡村打卡、美食探店以及结伴旅行等多个方面,此举有效拓宽了受众群体。同时,博主独特的视频风格也为其吸引了大量粉丝的关注,这些粉丝往往在博主的分享中寻找心灵上的宁静与慰藉。
>
> 思考:模仿小红书旅游博主"英子同学"号拆解方式,分析其他小红书旅游博主账号的特点。

课后自测

课堂实训

一、实训目标

反向旅游现象在节假日期间逐渐兴起,表现为游客选择将"小城"作为旅游目的地,追求一种"不计划、不赶趟、不打卡"的旅行方式。尽管热门旅游城市及全国多个景区在法定假期迎来了客流高峰,但相当一部分旅客却选择避开这些热门地点,转而前往小众城市,享受更为轻松自在的旅游体验。反向旅游已经成为年轻群体出游的一种热潮,他们远离"人从众",远离高消费,一旦从某些社交平台上"get"到让他们心动的理由,便马上"说走就走",让一些三四线非著名旅游小城成为新兴的"冷门好去处"。实际上,"反向旅游"这一概念难以被严格界定,它主要相对于传统旅游模式中的旅游方式和旅游地点而言,代表着一种与传统旅游不同的选择和趋势。当前年轻人,在互联网时代的背景下成长,积极参与网络社会活动,广泛接触多样化的网络信息与观念,塑造了他们价值多元化、兴趣主导的性格特征。对于许多人而言,选择反向旅游的原因在于追求未知、享受轻松,以及体验类似于抽取"盲盒"所带来的意外惊喜。不用做太多攻略,只需一个单纯的目的,就可以成为出行的动力,这个目的可以是一碗粉、一句话,甚至是一个突然的想法。活跃于小红书上的@破产兄弟BrokeBros就是这类优质旅行博主的代表。而让他们最引以为豪,且吸粉无数的,是他们对泉州这座城市的推荐。在小红书平台,如@破产兄弟BorkeBros这样的专业博主非常多,大多都是有想法,会拍照、会剪辑的年轻人。小红书也成为旅游爱好者挖掘新鲜玩法、寻找小众"宝藏"城市的指南。去年大火的citywalk、文化游、徒步等,都是在小红书上被用户捕捉,很快发酵成为新趋势。

二、实训准备

项目分组:将学生按每组4—6人分成7组,明确每组工作任务,并完善分组任务表表8-3。

表8-3 学生分组表

组别	工作任务
1	确定旅游目的地目标
2	搜集信息
3	设计笔记内容
4	拍摄照片
5	撰写笔记
6	添加标签和关键词
7	分享和互动

工作准备:熟悉小红书平台,熟悉拍摄照片的技巧。

三、实训操作

引导问题:查阅反向旅游的爆款笔记不少于5篇,分析这些笔记的优势和特点。

1. 明确目标

选择一个独特的旅游目的地,比如一个不太为人所知的地方或者一个与主流旅游方式相悖的地方,这将成为你的反向旅游目的地。

2. 搜集信息

了解目的地的特点、文化、历史和独特之处。查阅旅游指南和游记等,以便在笔记中提供准确和有用的信息。

3. 设计笔记内容

(1)内容真实原创,分享自己的或别人的真实感受。

(2)用一些比较流行的词汇,使内容有趣生动。

(3)可以适度提高感叹号和表情符号的使用频率,强化情绪渲染,但别过度使用。

(4)内容要具有一定的话题度,才能引发一定程度的互动和讨论,要选择与内容有关、热度高的话题。

(5)优化标题,可运用善用数字、植入热门关键词、打造反差感和新奇感等方法。

4. 拍摄照片

拍摄照片尽量选择独特的角度和景点,以便吸引读者的注意。在选择图片时,清晰是最基本的标准,同时要尽量选用标准尺寸、内容匹配的图片。可利用小红书丰富的图片美化工具对图片进行美化处理。

5. 撰写笔记

在小红书上撰写反向旅游笔记。可以从行程规划、景点介绍、个人感受、特色美食、当地文化等方面展开。尽量用简洁生动的语言描述你的体验,并提供实用的建议和注意事项。

6. 添加标签和关键词

在小红书发布笔记时,添加相关的标签和关键词,以便读者能够更容易地找到你的笔记,如"反向旅游""独特景点""小众旅游"等。

7. 分享和互动

在小红书上积极与其他用户互动,评论和点赞其他反向旅游笔记,并分享你的笔记给其他人。可以在社交媒体上宣传你的笔记,以增加曝光度和影响力。

四、实训评价

完成上述内容后,教师填写表8-4对学生进行评价,学生填写表8-5、表8-6,进行实训互评和自评。

表8-4 实训评价表(教师)

序号	评分内容	总分	教师打分	改进意见
1	旅游目的地是否符合反向旅游有趣、有价值等标准			
2	搜集的信息是否准确、完整,特点突出			
3	笔记内容是否真实原创、有话题度			
4	笔记标题是否有吸引力			
5	正文是否逻辑清楚、表达流畅			
6	图片是否清晰且和主题关联			
7	在评论区是否积极互动,制造话题			

表8-5 实训评价表(学生互评)

序号	评分内容	总分	教师打分	改进意见
1	旅游目标目的地是否符合反向旅游有趣、有价值等标准			
2	搜集的信息是否准确、完整、特点突出			
3	笔记内容是否真实原创、有话题度			
4	笔记标题是否有吸引力			
5	正文是否逻辑清楚、表达流畅			
6	图片是否清晰且和主题关联			
7	在评论区是否积极互动,制造话题			

表8-6 实训评价表(学生自评)

序号	完成情况	评分	改进意见
1	是否在规定时间内完成(20%)		
2	任务完成效果(50%)		
3	团队合作精神(20%)		
4	材料上交情况(10%)		
5	总分(满分100分)		

五、实训总结

小组推荐代表进行汇报。

实战案例

案例1:小红书爆文——被一只白鲸骗走四千块

博主因为外出游玩,被可爱的白鲸吸引,第二天退房之际因为想要跟白鲸亲密接触所产生计划外的消费。笔记内容见图8-14。

图8-14 小红书爆文笔记内容

(笔记数据:点赞量9.9万 收藏量6391 评论2116条)

思考:从标题、封面分析爆款笔记的创作思路。

案例2:小众城市出圈"秘籍",被小红书找到了(节选)

距"五一"假期还有半个月时间,在小红书上到处翻帖子,想找个小众"宝藏"城市躲清闲,不去扎堆的年轻人骤增。

每一篇标题里带着"冷门""小众""推荐"的游记攻略下都有人在问:五一的时候人多吗?

这种反向旅行的趋势,其实代表当下年轻人出游的心态转变——不想人挤人,自己"挖"到的人间烟火气和慵懒松弛感才是真正有意义的度假旅行。近年来,年轻人对新鲜事物的敏锐洞察力与强烈的分享欲望,使那些原本不以旅游为主要特色的小众城市逐渐崭露头角,吸引了广泛关注与热度。

例如被烧烤带火的重工业城市淄博、被"南方小土豆"挤爆的哈尔滨,以及清明节假期时仿佛有"一亿"游客在旅游的甘肃天水、河南开封等。

这些城市可能没有高大上的旅游口号，没有一线城市的光环，但有特色、有体验、有待客的诚意，就会被年轻人所看到，通过新媒体平台放大和发酵，成为一个出圈的"富贵"之城。当成功案例越来越多，谁能成为下一个爆火小城，又该靠什么才能出圈，值得进一步总结经验和探讨。

1. 当小众目的地出圈不再靠赌"运"

如果提到2023年文旅行业值得被记住的重要转折性事件，淄博烧烤的现象级出圈，必然要算一个。

彼时行业内评价这件事时，还会有观点认为这是个例，不具备可复制性，可以火多久以及还会不会有下一个淄博很难说。

然而后续一系列小众旅游城市大火出圈，从甘肃天水麻辣烫，再到开封"王婆说媒"，理由各不相同，但流量效应确实有目共睹。"网红"城市可以套路化，爆火出圈可以人为策划助推，小众城市想"红"也可以不用听天由命"赌"运气，又成为新的主流观点。

这样的说法对也不对，一方面，城市在推广自家旅游资源时，观念和方法都在与时俱进，不再直愣愣地"硬给"，用千篇一律的风景宣传片铺发所有渠道。他们开始主动接受新鲜事物，对新媒体平台特点的学习与重视，让目的地营销变得多元和生动起来。

"显眼包"式的官方账号越来越常见，用互联网化和贴近年轻人更"接地气"的方式来营销自己。这为旅游营销开启了一扇新的大门，尝试着懂流量、有网感，又愿意"听劝"的目的地文旅部门越来越多。

但这也仅是具备爆火可能性的第一步，对于一身"反骨"的年轻人来说，只要发现某个城市"火"得不自然，营销策划的痕迹太重，舆论风向很可能就此逆转。

例如甘肃天水麻辣烫，2023年春节之后没多久就开始出现爆火的苗头，加上当地文旅部门反应及时，很快就把哈尔滨"宠粉"的步骤学了个十成，部分网友觉得，这样的火是"虚火"，官方硬推的痕迹有点重，甚至引发了有关城市文旅营销尺度如何把握，是否要跟风做"网红"的讨论。

没有哪个城市会不想成为下一个淄博、哈尔滨、天水、开封，但从适合的出圈特质、引流路径以及时机看，不同情况的城市一定会有不同的节奏。最关键的是，这座城市积淀了足够多的魅力，待客足够真诚。

以历史文化沉淀深厚的山西省来说，在大众认知里，山西是一个能源大省，尽管"地下文物看陕西，地上文物看山西"的口号广泛传颂，但究竟有何特色，如何精妙，很少有游客能说得清，甚至连山西人自己，可能也难讲得透，更别说安利给外省游客。

但是借助小红书这类内容平台，山西省文旅厅已经在尝试做出改变，并于2023年9月和小红书联合推出了"山西古建入门指南"等系列活动，用年轻人的视角为山西古建提供了更有趣、更接地气的打开方式，用他们愿意看、喜欢看的方式来吸引他们打卡游玩，收获了意想不到的效果，带火了山西部分小众的旅游城市和景点。虽然不是短时爆发的"泼天富贵"，但从长远看，量变引起质变的引流成效只是时间早晚的问题。对于山西文旅来说，完成体验的升级和内容的沉淀后，只需等待一个出圈的契机，或是"碳水"大省的美食吸引，或是地上文物的文化魅力，只要机会出现，属于山西的"泼天富贵"就会到来，并可以被稳稳接住。

2.挖掘城市"新一面"还是要交给年轻人

另一个显著趋势是，各地文旅部门对互联网流量和热度的认知变得更加理性和务实。他们更加开放地接受新事物，并尝试通过新渠道进行推广。同时，这些部门越来越信任年轻人的视角和创意，开始采用年轻人的方式来展示和推介目的地城市。

梳理此前几个成功出圈的城市，不难发现，最先引起关注和讨论的都是年轻人产出的内容和持续不断的"造梗"。

以淄博为例，它最初被关注到，并不是烧烤，而是"特种兵"旅行，当大学生的"特种兵拉练"拉到淄博这一站，才发现这里的烧烤这么好吃，进而又感叹价格这么便宜、量还给得这么多。对于连住宿钱都恨不得省掉，直接住在车站、海底捞的"特种兵"而言，这无疑击中了心坎，逛景点可能都是顺便，但这好吃还不贵的淄博烧烤，必须得"撸"一顿。周末去淄博"撸串"成为一种现象，被更多人所追捧。

还有后来的哈尔滨、天水，"火"起来的路径也相似，好吃不贵、绝不"踩坑"，性价比之王是"硬控"年轻人的强劲吸引力。如果这座城市还恰巧有历史文化，在吃得开心的基础上还能逛得开心、买得开心、玩得开心，那么出圈的机会，可能就摆在眼前了。

但问题是，怎么样才能让更多年轻人看到城市的性价比和可以获取的情绪价值？那些爱玩儿、会玩儿，还会拍视频、写攻略，愿意无私分享的博主们就是触发扩散的关键所在。

活跃于小红书上的"破产兄弟BrokeBros"就是这类优质旅行博主的代表。而让他们最引以为豪，且吸粉无数的，是他们对泉州这座城市的推荐。

那期发布于2022年的视频"趁还没火去泉州"，至今还是他们的主页置顶，2000多万的播放量，让他们有底气说泉州现在的火，有他们当初视频推荐的一份功劳。破产兄弟还表示，泉州这座城市带来的震撼，让他们改变了思路，开始寻找和探访那些默默无闻、非常低调的小城。

原本在他们看来，泉州最大的特色是离厦门近，可能与其他曾经去过的东南亚小城风光景色、人文体验也大同小异，然而真正深度体验和了解泉州之后才发现,是"那些城市像泉州",泉州才是闽南文化的发源地,是全天下闽南人的精神故里,这是这座城被很多人忽视,但值得被更多人看到的独特魅力,也是他们愿意花时间推荐给其他人的理由。而这样的小城,他们已经循着国家历史文化名城名录探访了许多,每一座城都是一次惊艳之旅。

"城市小不小判断的标准是相对的,很多小城并不是真的面积小或者是经济不发达,而是在互联网时代它们没有声量,或者说不懂得营销自己,它们可能因为种种原因没能站在城市化的风口浪尖,却意外地保留了历史文化这些更珍贵的东西,它们缺的是一次展现自己的机会。"

(案例来源:闻旅《小众城市出圈"秘籍",被小红书找到了》)。

思考:分析小众旅游目的地的小红书营销策略。

项目九　旅游今日头条营销

项目情景

今日头条在旅游营销方面的成就体现在其强大的内容分发能力、个性化推荐算法和多样化的合作形式。通过与旅游机构和业务伙伴的合作,今日头条为用户提供了丰富的旅游信息和体验,帮助旅游行业实现了品牌推广和用户增长。

今日头条借助其庞大的用户群体和个性化推荐算法,能够将旅游相关的内容精准地推送给用户。同时,今日头条还通过与旅游机构和目的地合作,推出了一系列旅游相关的活动和特色内容,吸引用户参与和关注。此外,今日头条还开设了旅游直播和短视频等功能,让用户可以通过实时直播和精彩短视频,深入了解旅游目的地的风土人情,激发用户的出游兴趣和购买欲望。

旅游企业或个人要运用好今日头条平台开展营销,一是要做好旅游今日头条营销准备,包括了解今日头条概念、营销价值;掌握今日头条账号搭建及营销的主要方式。二是开展旅游营销策划,熟悉今日头条推荐机制,掌握今日头条运营策略、策划今日头条营销活动。

教学目标

1. 知识目标

(1) 了解今日头条概念及营销价值;
(2) 熟悉今日头条推荐机制。

2.能力目标

(1) 掌握今日头条账号搭建及营销方式；
(2) 掌握今日头条运营策略；
(3) 掌握今日头条营销活动策划方法。

3.素养目标

(1) 强化安全意识、底线意识和法律意识；
(2) 增强文化自信，培养团队协作精神。

思维导图

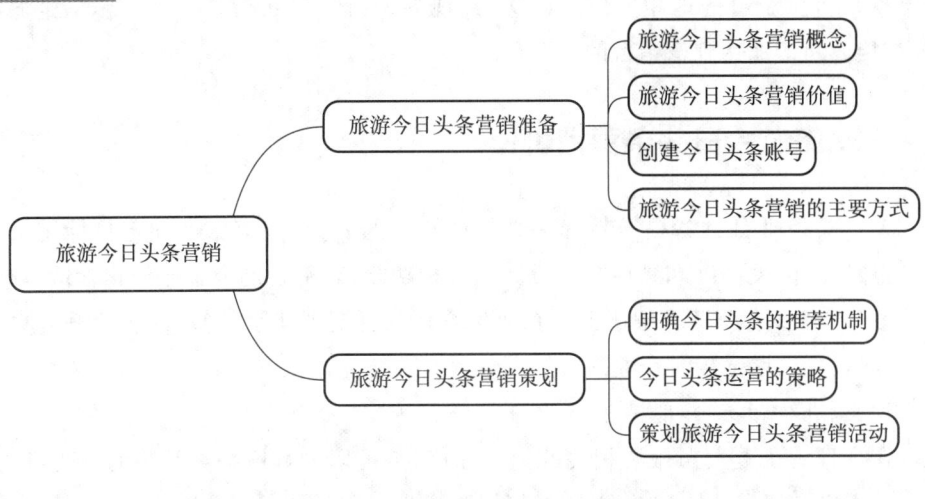

任务一　旅游今日头条营销准备

案例导入

2020年3月，"国家宝藏"的IP官方运营机构北京喜堂文化有限公司与今日头条的历史频道和文化频道合作，推广"国家宝藏"文物周边。目前，有不少名人都在头条平台开设了账号，同时还有@我们爱历史@看鉴等知名自媒体。头条通过发布话题"你好历史"，联合达人参与带动打造品牌内容和话题发酵，上线以后该话题有610多万的阅读量以及上千条评论。发布文创设计大赛，利用微头条进行讨论和探索现代与传统结合的可能性，用户互动达1207条。"国家宝藏"通过PGC（专业生成内容）与UGC（用户生成内容）的展示与传播策略，结合话题讨论与设计大赛等互动形式，有效激发了用户的参与热情，显著增强了其品牌认知度。

思考："国家宝藏"IP品牌传播成功的原因。

今日头条作为中国领先的信息平台之一,拥有庞大的用户基础和广告投放平台。旅游业是今日头条的重要板块之一,该平台为用户提供了丰富的旅游资讯、攻略、景点介绍等内容,同时也为旅游相关的企业提供了广告投放渠道。

一、旅游今日头条营销概念

通过在今日头条检索可以发现,旅游达人、旅游资讯号、旅游企业(酒店、景区、旅行社等)、旅游景区、旅游目的地政府官方账号等均开通了头条号。同时还有微头条、小视频、视频、资讯、图片、直播等内容。其中,小视频大多来自抖音平台。

旅游今日头条营销概念就是旅游目的地以今日头条内容平台为载体,通过今日头条用户将旅游目的地相关信息以文章、视频、直播、发布头条等形式传播给旅游者,直接或间接地达到营销目的。

二、旅游今日头条营销价值

今日头条平台具备提升品牌曝光与认知度的能力,能够精准锁定目标用户群体,增加用户的关注度和黏性。通过数据分析功能,该平台助力企业优化营销策略,提升效果。此外,今日头条还提为企业供合作与联盟的机会,为旅游企业开辟更多商业合作途径,增强旅游企业的市场竞争力和整体商业价值。

1. 品牌曝光和认知度提升

在今日头条上发布旅游相关的内容和广告,可以大幅度提高品牌的曝光度,让更多的用户了解和认知旅游企业或目的地,增加品牌的知名度和影响力。

2. 精准的目标用户定位

今日头条拥有大量用户的数据,可以根据用户的兴趣和行为特征进行精准的目标用户定位,将广告投放给潜在的感兴趣的用户,提高广告的转化率和效果。

3. 提高用户关注度和黏性

发布有价值的旅游资讯、攻略、景点介绍等内容,吸引用户的关注和订阅,增加用户与旅游企业或目的地的互动和参与度,增加用户的黏性,增强用户选择该旅游企业或目的地的意愿。

4. 数据分析和优化

今日头条平台提供了丰富的数据分析功能,旅游企业可以通过分析用户的行为数据和反馈信息,了解用户的兴趣偏好和需求,优化内容发布策略和广告投放策略,提升营销效果和用户满意度。

5. 合作与联盟机会

在今日头条上进行旅游营销,旅游企业还可以与其他旅游相关的合作伙伴或媒体平台进行合作和联盟,共同推广旅游产品和目的地,扩大影响力和市场份额。

三、创建今日头条账号

入驻头条号的账号类型主要有个人、媒体、国家机构、企业和其他组织。通常来说,个人和企业是最常见的。在2018年改版后的头条号平台上,个人可以注册两个头条号,企业可以注册五个头条号。多账号可以有力地帮助用户布局头条账号矩阵。图9-1是福建省文化和旅游厅的今日头条账号信息。

图9-1 账号福建省文化和旅游厅的账号信息

1. 名称

头条号账号的名称为2—10个中文字符,名称具有唯一性,一般要与已有的品牌名一致。需要注意的是,以下名称在头条平台上是违规的:含有"今日""头条"等字样;没有具体含义的"字母+数字"组合;带有明显营销推广目的的名称;涉及政治等敏感词汇的名称;未经授权使用的第三方品牌的名称。

2. 介绍

头条号介绍将会显示在头条号作者的主页上,介绍为10—50个字符,应与申请账号的定位保持一致,要精练概括想要传达给用户的信息。按照规定,头条号介绍不得包含网站链接、微博、微信、邮箱、QQ等;不得出现营销推广信息,个人号不得进行品牌推广;不得出现敏感、涉政、恶俗、消极等类型的信息。

3. 头像

头条号头像是账号的主要标示之一,图片素材的要求是200 px×200 px,大小不超过5MB。以下情况是不允许的:图片中有类似今日头条的logo;个人类型账号使用第三方品牌logo作为头像;头像含有营销推广信息,比如QQ号、二维码等;以国家领导人的照片或漫画形象作为头像;非国家机构使用国旗、国徽、党旗、党徽等作为头像;使用纯色图片作为头像;头像模糊不清。

四、旅游今日头条营销的主要方式

1. 发布图文

头条提供了简单的图文编辑功能,可以实现文字、图片、音频、视频、超链接等的混排。营销人员可以发布旅游攻略、景点介绍、旅行故事、特价优惠等信息,同时结合时事热点和节假日等时机,推出相关主题内容,如图9-2所示。

2. 发布微头条

今日头条平台允许用户发布长度为30—50字的简短文章,并配以6—9张图片,此类内容设计的目的是让读者在移动设备上实现快速加载与便捷阅读,完美契合现代快节奏的生活方式。相较于传统长文,微头条内容强调即时性与易读性,更受读者青睐。作为一款基于"粉丝分发"机制的社交媒体产品,微头条通过智能算法将内容精准推送给粉丝及潜在兴趣用户,其运作模式与微博相似,支持用户设置与参与各类话题讨论,如图9-3所示。

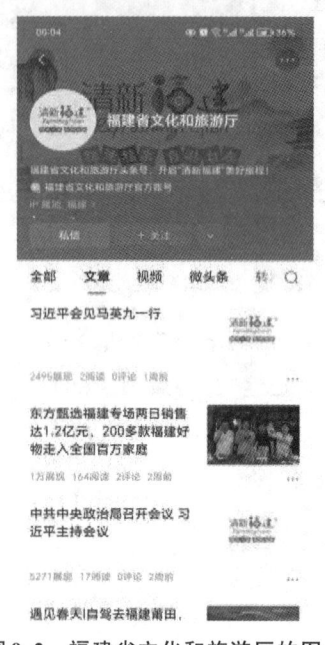 

图9-2　福建省文化和旅游厅的图文　　图9-3　福建省文化和旅游厅的微头条

3. 发布图集

图集是汇集社会观察、旅行日志、自然风光、城市风貌、历史影像、艺术摄影等内容于一体的图片合集,核心在于图片的展示,每次发布至少需包含三张图片。值得注意的是,图集中不应包含占据大面积图片的文字、趋势图表、数据表格或动态图片,否则将被视为不符合要求并可能遭到退回。

4. 发布视频

营销人员在发布旅游视频时,需要注意视频内容的质量、清晰度和时长等,同时结合时事热点和节假日等时机,推出相关主题内容,以吸引更多的观众和潜在客户。

头条号目前不限制每日图文、图集、视频的发文篇数。可以即时发布,也可以定时发布,定时发布可以选择的时间范围为2小时到7天。平台还提供了发文助手功能,可以帮助账号运营者实时地检测内容,提出优化建议,提高推文质量。目前,发文助手支持的检测功能包括标题检测、错别字纠正以及配图推荐。

任务二　旅游今日头条营销策划

案例导入

2023年6月,今日头条旅游频道联合中国国家地理·地道风物团队匠心共创"云游风物之旅"IP,并上线了第二站云南香格里拉的微纪录片——《秘境之路》,携手"侣行""冒险雷探长"等旅行博主及多位民俗、科普专家,带领用户从喧嚣中逃离,在云雾升腾之地,途经盘旋山谷、邂逅日照金山、注视万物生长、回归祥和内心。"云游风物之旅"IP贯穿2023年全年,聚焦贵州、云南等国内10大旅游宝藏省市,通过"头部KOL实地探访＋自然人文微纪录片＋今日头条专属话题＋多期主题有奖征文"等全民互动玩法,在文旅消费加速复苏的热潮下,进一步唤醒亿万用户对宝藏目的地的向往,立体式、全景式、沉浸式呈现大美中国。

思考:今日头条平台的全民互动玩法如何助力文旅企业的营销活动。

今日头条营销活动的目的在于调动用户的参与积极性,取得良好的营销效果。营销人员需要掌握今日头条的推荐机制和运营策略,才能更好地实施营销活动。

一、明确今日头条的推荐机制

今日头条作为资讯类媒体平台的后起之秀,其最大的特点是个性化的智能推荐机制。对大量的用户行为的数据分析与挖掘,将用户的浏览习惯、个人喜好等进行智能化分类,最大限度地保证推送的精准度,尽量保证将对的文章推荐给对的人。同时,今日头条开启了资讯类自媒体的先河。在今日头条的推荐机制中,文章的阅读量和粉丝没有太大的关系,平台会通过分析,把流量分给各个自媒体账号。无论企业或个人的账号拥有多少粉丝,只要创作出的内容符合平台的需求,平台就会对其进行流量分配。

(一)推荐原理

推荐系统的作用就是从一个巨大的内容池里给当前用户匹配感兴趣的文章。

这个内容池中有数以万计的内容,涵盖文章、图片、小视频、问答等各种各样的体裁、形式。系统在进行信息匹配时主要依据三个要素:用户画像、内容刻画、兴趣匹配。

1. 用户画像

今日头条会通过大数据和智能算法从年龄、性别、历史浏览文章、环境特征等多个角度对头条的用户进行用户画像。得益于大数据技术和智能算法的应用,平台能够精准构建用户画像,有效捕捉并分析用户的偏好与需求,从而为后续的内容推荐奠定坚实基础。

2. 内容刻画

头条账号作者创作出的内容分发到头条号平台以后,机器会提取文章中的关键词,或者利用AI技术识别音频与视频的具体内容,将内容进行快速分类。这个过程就是头条在推荐过程中的内容刻画。

3. 兴趣匹配

经过用户画像与内容刻画后,如果用户的阅读标签与分类后的文章标签重合度较高,推荐系统会认定用户可能对该文章感兴趣。系统首先会把文章推荐给一批对其最可能感兴趣的用户,这是基于兴趣的首次推荐。而这批用户产生的阅读数据,将对下一次的推荐起到决定性的作用。

(二) 推荐程序

1. 内容初审

初审是头条系统对账号创作者内容的第一道审核程序,当账号所提交的内容不符合平台规范时,文章、图集、视频将被退回,不予收录,或者被限制推荐。如果出现严重的违规行为,账号将被平台惩罚或者封禁。

2. 冷启动

"冷启动"是推荐系统中的一个专业术语,用于描述系统在初始阶段或用户数据不足时,如何有效启动并为用户提供推荐服务的过程。进行内容推荐之初,系统会先推送给一部分用户,观察这部分用户的点击、分享、点赞等数据的情况。系统根据用户的行为数据判断哪些人群会喜欢这篇文章、这个图集或这个视频,哪些人群不喜欢。这个阶段通常被称为"冷启动"。冷启动过后,后续的流量分配的多少则完全取决于内容是否被用户接受和喜爱。

3. 正常推荐

进入推荐环节的内容会因为推荐机制而获得不同的结果。内容的创作质量以及用户行为,都会影响最终的推荐情况。

4. 复审

在内容被推荐和展示的过程中,如果推荐量很大或负面评论较多,则会被送入复审环节。在复审过程中,如果发现存在"标题党"、"封面党"、低俗、虚假等恶性问题,系统就会停止推荐,严重违规的账号将会受到平台的处罚。

（三）推荐原则

（1）基于相似主题的推荐：通过分析用户的浏览数据，推荐与用户浏览历史相似的内容。

（2）推荐相同城市的新闻：推荐用户所在城市的热门文章。

（3）基于文章关键词的推荐：提取每篇文章的关键词来描述文章的特征，然后匹配用户阅览过的文章的关键词，从而进行匹配推荐。

（4）基于站内热门文章的普适性推荐：根据用户的阅读习惯，形成高热度的文章，向所有没有阅读过该文章的用户进行推荐。

（5）基于社交好友的阅读习惯推荐：获取用户的站内好友转发、评论或发表的文章，将其推荐给用户。

（6）基于用户长期感兴趣的主题推荐：分析用户短期和长期的阅读兴趣，然后进行相关主题的推荐。

（7）基于相似用户阅读习惯的推荐：分析一定时期内的用户动作相似性，进行阅读内容的交叉性推荐。

（8）基于站点分布来源的内容推荐：分析用户阅读的文章来源，为用户计算出固定的、喜欢的新闻来源，然后进行推荐。

今日头条是中国境内算法工程师最密集的互联网公司，其个性化推荐算法在运行的过程中更多地考虑了用户的需求。平台上推送的内容在通过审核后，今日头条的智能推荐引擎会根据质量、特征、首发情况、互动情况、媒体的历史表现、媒体订阅情况等因素为这些内容找到感兴趣的用户，并进行内容推荐。

二、今日头条运营的策略

1. 写好文章的标题

有数据显示，文章标题的阅读量是正文的6倍，好的标题有助于提高文章的点击率与阅读率。今日头条的特点是智能推荐，因此今日头条的标题有自己的特点，比如多用实词便于机器对关键词的抓取，字数尽量控制在16个字以内等。在今日头条后台有专门的基于头条推荐逻辑的"爆款标题"写法的公开课，可以关注学习。

2. 关注影响推荐的要素

文章的点击率和阅读率、图文质量、发文频率、发布时间、站外热点、收藏、转发等都会影响推荐量。在营销人员的日常运营工作中，应聚焦于上述关键维度进行优化与改进。具体而言，站外热门话题或内容在站内的推荐优先级通常会相应提升；此外，当文章被用户收藏时，系统会将其视为一次隐性的转发行为，而无论是点赞还是收藏，均有助于增加内容的推荐曝光量。

三、策划旅游今日头条营销活动

策划旅游今日头条营销活动可以按照以下步骤进行。

1. 明确活动目标

首先,营销人员要明确此次营销活动的目的,即是提高品牌知名度,增加用户黏性,促进旅游产品销售,还是其他目的。这将决定营销人员的策划方向。

2. 分析受众群体

了解企业的目标受众群体是谁,他们的旅游偏好、消费习惯、年龄层次、地理位置等信息。这将帮助营销人员制定更精准的内容策略和定向广告。

3. 创意策划

根据活动目标和受众群体,设计富有创意的活动主题和内容。可以包括旅游攻略、景点介绍、旅游故事、互动问答、用户分享等内容形式。

4. 制定活动流程

设计活动的整体流程,包括活动启动、内容发布、用户参与、互动反馈、奖励机制、活动结束等各个环节。确保活动流程顺畅,能够吸引用户持续参与。

5. 利用今日头条功能

充分利用今日头条的推荐算法、精准定向、数据分析等功能,将活动内容精准推送给目标受众,提高活动的曝光率和参与度。

6. 合作与资源整合

可以考虑与旅游机构、景点、酒店、交通等相关方进行合作,整合旅游资源,为用户提供更丰富的旅游体验。

7. 监测与评估

在活动期间,实时监测活动数据,包括用户参与度、互动量、转化率等指标,根据数据反馈调整活动策略。活动结束后,对活动效果进行评估,总结经验教训,为后续活动提供参考。

8. 总结与反馈

在活动结束后,对整个活动进行总结,分析活动的效果和不足,收集用户反馈,为未来的营销活动提供改进方向。

课后自测

课堂实训

一、实训目标

天门山国家森林公园地处湖南省张家界市永定区境内,为张家界市第二个国家级森林公园,距市城区仅2公里。天门山景区,位于张家界市城区南郊8公里,国家5A级旅游景区,是山岳型自然景区,总面积96平方千米,山顶面积达2平方千米。天门山景区主峰海拔1518.6米,是张家界海拔最高的山,古称嵩梁山,又名梦山、方壶山,最低海拔161米。2005年9月,天门山被亚太旅游联合会、世界华侨华人旅游合作组织评选为"中国最佳森林公园"。2006年3月,网易、环球游报等三十多家媒体联合推选"中国最值得外国人去的50个地方",天门山与长城、兵马俑、黄山、泰山、敦煌等中国顶级旅游品牌并肩获评金奖。2011年9月5日,正式获得国家5A级旅游景区资格,并于6日在北京正式授牌。

　　天门山依据其险峻奇特的地貌,成功策划并举办了包括翼装飞行穿越天门洞、99弯天路漂移竞赛、云纵天梯跑酷大赛在内的一系列大型极限挑战活动,赢得了"世界极限运动胜地"的美誉。既有"老天爷赏的饭"——自然资源,又有"后天的勤奋努力"——软硬件提升和创意营销,天门山成为越来越多国内外游客憧憬的"诗与远方"。资料显示,2016年以来,天门山先后拿下"中国最值得外国人去的50个地方之金奖"、中国旅游总评榜"年度最受欢迎景区"、武陵山十大精品景区等奖项,并多次霸榜携程中国旅行口碑榜,成为最受网友好评的旅游景区。

　　为了进一步巩固天门山景区的品牌地位并吸引更多游客,景区计划充分利用今日头条这一资讯类媒体平台庞大用户群体、精准投放能力、多样化内容展示形式、强大的社交传播效应和丰富的数据分析工具等优势,对天门山景区进行营销推广。本方案旨在为天门山景区提供一套全面的今日头条营销推广策划,以确保其在平台上能够精准触达目标受众,吸引潜在客户,扩大品牌影响力,并实现营销目标,张家界天门山今日头条账号信息如图9-4所示。

图9-4　张家界天门山今日头条账号

二、实训准备

　　项目分组:将学生按每组4—6人分成4组,明确每组工作任务,并完善分组任务表表9-1。

表 9-1　学生分组表

组别	工作任务
1	
2	
3	
4	

工作准备：登录今日头条相关账号，了解天门山景区以往的营销活动，分析其效果和原因。

三、实训操作

（一）明确目标

根据项目参考维度，填写表9-2。

表 9-2　学生目标达成情况表

项目（参考维度）	目标表述
影响力（天门山景区品牌知名度和影响力）	
新增粉丝数	
增加今日头条账号互动率	
推广业务（景区的新兴项目及周边）	

（二）制定推广策略

1. 定期发布高质量内容

在今日头条上定期发布有趣、有用的旅游内容，如旅游攻略、景点介绍、旅行经验分享等，结合图文、视频、互动等多种形式来吸引用户的注意力，旨在吸引并保持用户的兴趣和注意力。我们追求内容的精心策划与呈现，确保语言简洁生动，图片与文字相得益彰，为用户提供高质量的阅读体验。

2. 大数据算法的精准推荐

今日头条平台的技术推荐可以使内容和广告得到精准的传播，我们根据目标用户的兴趣、地理位置等信息进行定向投放，提高内容和广告推送的精准性和效果。

3. 丰富的信息流广告

在今日头条的任意界面，无论是首页还是图集、图文，丰富的信息流广告为景区提供了充足的曝光量，我们综合运用今日头条平台的商域流量、公域流量、私域流量,投放精准、触达率高、转化效果好。

4.数据分析与优化

今日头条提供了丰富的数据分析工具,方便我们了解内容传播和广告投放的效果、用户行为等信息。我们通过一套完整的实时监测、数据分析和用户反馈收集机制,能够及时调整和优化旅游营销策略,提高营销效果和用户体验。

关键指标监控:持续追踪今日头条账号的粉丝数量、互动度(如评论、点赞、转发等)、内容转发等指标,确保数据的实时性和准确性。

数据分析:定期(如每周、每月)对搜集到的数据进行深入分析,通过图表、报告等形式,直观展示账号的运营状态和趋势。

效果评估:根据数据分析结果,评估营销活动的实际效果,包括用户参与度、内容吸引力、转化率等。

5.KOL热点内容的流量叠加

联合众多头条号KOL根据时下热点话题对活动进行内容创作,通过他们的影响力和粉丝群体,形成多传播源的聚合效应,加大活动的曝光和流量助力,提升整个营销活动的影响力。

6.活动策划与互动

举办各类线上线下互动活动,如抽奖、打卡签到、投票等,以增加用户参与度。针对今日头条用户进行定向推送,通过@用户进行互动,增加用户黏性和忠诚度。邀请明星或网络影响力人物进行天门山景区的体验式宣传,吸引更多用户的关注和参与。

(三)撰写天门山景区今日头条营销实施方案

综合以上内容,完成天门山景区今日头条营销实施方案。

四、实训评价

完成上述内容后,教师填写表9-3对学生进行评价,学生填写表9-4、表9-5,进行实训互评和自评。

表9-3 实训评价表(教师)

序号	评分内容	总分	教师打分	改进意见
1	是否明确目标			
2	推广策略是否完整全面			
3	营销实施方案内容是否完整、逻辑是否清晰			

表 9-4 实训评价表（学生互评）

序号	评分内容	总分	互评	改进意见
1	是否明确目标			
2	推广策略是否完整全面			
3	营销实施方案内容是否完整、逻辑是否清晰			

表 9-5 实训评价表（学生自评）

序号	完成情况	评分	改进意见
1	是否在规定时间内完成（20%）		
2	任务完成效果（50%）		
3	团队合作精神（20%）		
4	材料上交情况（10%）		
5	总分（满分100分）		

五、实训总结

小组推荐代表进行汇报。

实战案例

案例1：了不起的城市，千人千面中国行

今日头条始终深耕于内容营销体系的构建，依托其庞大的内容数据库与先进的算法技术，有效连接并整合了内容平台资源，通过技术手段为旅游目的地的内容营销策略提供了强有力的支持与赋能。2017年，今日头条开启了"了不起的城市，千人千面中国行"项目。在天津、重庆、长春、济南、青岛、石家庄、郑州、南京、杭州、绍兴、贵阳、昆明、广州等多地启动，辐射了中国大半的城市。

利用大数据技术识别并提炼出城市的标志性关键词，随后运用短视频、精美图片，以及富有感染力的文字等多种媒介形式，对这些关键词进行广泛宣传，从而有效构建并塑造出城市的独特形象。构建符合城市形象的高质量内容是关键所在，这类优质内容正是吸引用户注意力与兴趣的核心要素。以天津为例，通过大数据分析，能够深入挖掘全国范围内用户以及天津本地用户对于天津这座城市的主要关注点和兴趣所在。天津本地用户以年轻人居多，大家更加关注房价和滨海新区等问题，关注历史名人霍元甲，关注古文化街以及美食煎饼果子；全国范围内用户最关心天

后宫以及美食狗不理包子;天津用户和全国用户同时关注天津曲艺节目相声。洛阳的城市形象中,"牡丹""武则天""科举""洛阳铲""杜甫"等关键词构成了其独特的印象热词。在2018年2月至2019年2月期间,今日头条平台上关于洛阳的文章数量达到了29万篇,这些文章的总阅读次数更是惊人地达到了39亿次。借助大数据分析能力,平台能够精准挖掘用户兴趣,生产出高度个性化的内容,生动且全面地展示了洛阳的城市形象。

在"了不起的城市·天津"项目中,通过积极邀请行业达人、KOL以及自媒体创作者参与,共计创作了1626篇高质量内容,这些文章累计阅读量超过一千万次。此外,项目还邀请了著名作家冯骥才先生撰写了《天津小洋楼的价值》一文,该文一经发布便引发了广泛关注并获得了广泛好评。今日头条作为一个综合性内容平台,本身已汇聚了极为丰富的内容资源,目前其覆盖领域已广泛扩展至超过100个不同方面,并吸引了10万多个专注于垂直领域的优质创作者加入。且其内容平台不乏KOL和名人明星以及优秀的创作者,他们自带粉丝,可以快速引发话题发酵,刺激一般用户的讨论和创作,扩大影响力,增强参与性。

头条联合目的地政府、目的地KOL,头条号自己的城市用户,通过文章、图片、直播,问答等形式进行整合营销,为政府搭建政务头条号。截至2017年4月,绍兴已经有超过4万家各级党政机关开通了政务头条号,天津有超过300家政务机构开通政务头条号,且头条在天津激活用户超过600万,日活跃用户超过120万。同时绍兴还通过联动全市宣传系统、文化旅游系统以及今日头条用户生产内容,展现绍兴特色。今日头条的技术是贯穿始终的基础项。今日头条内容平台提供了大量的流量入口。

(案例来源:①巨量引擎营销观察《今日头条与天津网信办战略合作启动"了不起的城市"天津》;②巨量引擎营销观察《今日头条"了不起的城市"首站落地绍兴 千城千面解读城市风貌》;③巨量引擎营销观察《"了不起的城市"覆盖了大半个中国,与你一起挖掘城市活力》。)

思考:分析本案例中体现的营销策略。

案例2:聚势、智行——2018今日头条营销中国行

2018年"聚势·智行——2018今日头条营销中国行",利用大数据和算法构建起智能营销体系,将文化作为连接纽带,通过打通抖音、西瓜等产品矩阵,以"流量+内容+数据"的整合营销模式,助力在成都、杭州、福州、武汉、广州、北京等多个城市打造自身的城市名片。

今日头条个性化推荐算法不断优化,在海量的数据中,从人、环境、内容三方面进行匹配后进行推荐。城市具有不同的地理位置、社会环境以

及地方文化,但在信息爆炸时代,海量的和碎片化的信息分散了用户的注意力。今日头条智能化的数据优势,以文化为纽带,助力打造特色城市形象。

抖音挑战赛带动大众参与,同时传达城市形象。在抖音上通过"技高话不多"主体挑战,传播成都小郎酒,在一天内吸引了3万多用户参与短视频创作;信息流开屏广告+抖音达人,吸引用户参与的同时扩大影响力。在济南站,信息流开屏该广告获得了1039万多的曝光量,38万多的点击量,抖音"大V"的短视频仅仅置顶5小时便获得了3万多的点赞量和46.1万的播放量;在青岛站,今日头条、抖音短视频、西瓜视频、头条指数等多个产品联动、发布"遇见青岛"专题,通过图片和短视频等方式展现真实的青岛,最终专题总展示量高达3896万多;微话题阅读量超368万,单日最高点击率达12.37%。

(案例来源:搜狐网《今日头条营销中国行经典案例,带你发现区域营销之美!》。)

思考:分析本案例中体现的营销策略。

参考文献

[1] 李宏.旅游目的地新媒体营销:策略、方法与案例[M].北京:旅游教育出版社,2021.

[2] 冯杜娟,王荣,张甲立.新媒体营销[M].长沙:中南大学出版社,2020.

[3] 黄武真,苏家进.新农商直播攻略[M].北京:中国农业出版社,2021.

[4] 华迎.新媒体营销实务[M].北京:人民邮电出版社,2023.

[5] 严志华,贾丽.新媒体营销与运营[M].北京:人民邮电出版社,2023.

[6] 解鹏程,赵丽英.新媒体营销[M].北京:人民邮电出版社,2022.

[7] 朱海燕,赵菲菲.新媒体营销实务[M].北京:人民邮电出版社,2022.

[8] 刘艳红,林靖宇,黄颖等."旅游+互联网"情境下的自媒体营销[M].北京:中国旅游出版社,2018.

[9] 马志峰,刘义龙.新媒体文案策划与写作[M].北京:人民邮电出版社,2023.

[10] 肖凭.新媒体营销实务[M].北京:中国人民大学出版社,2018.

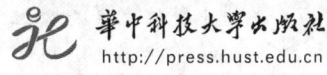

教学支持说明

为了改善教学效果,提高教材的使用效率,满足高校授课教师的教学需求,本套教材备有与纸质教材配套的教学课件和拓展资源(案例库、习题库等)。

为保证本教学课件及相关教学资料仅为教材使用者所得,我们将向使用本套教材的高校授课教师赠送教学课件或者相关教学资料,烦请授课教师通过加入旅游专家俱乐部QQ群或公众号等方式与我们联系,获取"电子资源申请表"文档并认真准确填写后发给我们,我们的联系方式如下:

地址:湖北省武汉市东湖新技术开发区华工科技园华工园六路

邮编:430223

旅游专家俱乐部QQ群号:758712998

旅游专家俱乐部QQ群二维码:

群名称:旅游专家俱乐部5群
群　号:758712998

扫码关注
柚书公众号

电子资源申请表

填表时间：_____年___月___日

1. 以下内容请教师按实际情况写，★为必填项。
2. 根据个人情况如实填写，相关内容可以酌情调整提交。

★姓名		★性别	□男 □女	出生年月		★职务	
						★职称	□教授 □副教授 □讲师 □助教

★学校		★院/系	
★教研室		★专业	
★办公电话		家庭电话		★移动电话	
★E-mail（请填写清晰）			★QQ号/微信号	
★联系地址		★邮编	

★现在主授课程情况	学生人数	教材所属出版社	教材满意度
课程一			□满意 □一般 □不满意
课程二			□满意 □一般 □不满意
课程三			□满意 □一般 □不满意
其 他			□满意 □一般 □不满意

教 材 出 版 信 息		
方向一	□准备写 □写作中 □已成稿 □已出版待修订 □有讲义	
方向二	□准备写 □写作中 □已成稿 □已出版待修订 □有讲义	
方向三	□准备写 □写作中 □已成稿 □已出版待修订 □有讲义	

请教师认真填写表格下列内容，提供索取课件配套教材的相关信息，我社根据每位教师填表信息的完整性、授课情况与索取课件的相关性，以及教材使用的情况赠送教材的配套课件及相关教学资源。

ISBN(书号)	书名	作者	索取课件简要说明	学生人数（如选作教材）
			□教学 □参考	
			□教学 □参考	

★您对与课件配套的纸质教材的意见和建议，希望提供哪些配套教学资源：